Fontes Christiani

AMBROSIUS
ÜBER DIE SAKRAMENTE
ÜBER DIE MYSTERIEN

FONTES CHRISTIANI

Zweisprachige Neuausgabe christlicher Quellentexte
aus Altertum und Mittelalter

Herausgegeben von
Norbert Brox, Wilhelm Geerlings, Gisbert Greshake,
Rainer Ilgner, Rudolf Schieffer

Band 3

AMBROSIUS

ÜBER DIE SAKRAMENTE
ÜBER DIE MYSTERIEN

LATEINISCH
DEUTSCH

HERDER

FREIBURG · BASEL · WIEN
BARCELONA · ROM · NEW YORK

AMBROSIUS

DE SACRAMENTIS
DE MYSTERIIS

ÜBER DIE SAKRAMENTE
ÜBER DIE MYSTERIEN

ÜBERSETZT UND EINGELEITET
VON
JOSEF SCHMITZ CSSR

HERDER

FREIBURG · BASEL · WIEN
BARCELONA · ROM · NEW YORK

Abdruck des von O. Faller edierten lateinischen Textes aus CSEL, Band 73, mit freundlicher Genehmigung der Kommission zur Herausgabe des Corpus der lateinischen Kirchenväter bei der Österreichischen Akademie der Wissenschaften, Wien.

Fontes-Redaktion: Nicolaus Klimek, Volker Meißner

CIP-Titelaufnahme der Deutschen Bibliothek

Ambrosius ‹Mediolanensis›:
De sacramentis = Über die Sakramente. De mysteriis = Über die Mysterien. [Lateinisch, deutsch] / Ambrosius. Übers. und eingeleitet von Josef Schmitz. – Freiburg (Breisgau); Basel; Wien; Barcelona; Rom; New York: Herder, 1990
  (Fontes Christiani; Bd. 3)
  ISBN 3-451-22103-9 kartoniert
  ISBN 3-451-22203-5 gebunden
NE: Schmitz, Josef [Übers.]; Ambrosius ‹Mediolanensis›: [Sammlung]; GT

Umschlagbild: Marmorplatte eines Lesepults,
Ravenna, S. Apollinare Nuovo, 6. Jh.

Alle Rechte vorbehalten – Printed in Germany
© Verlag Herder Freiburg im Breisgau 1990
Satz: Nicolaus Klimek, Volker Meißner, Bochum
Herstellung: Freiburger Graphische Betriebe 1990
ISBN 3-451-22103-9 kartoniert
ISBN 3-451-22203-5 gebunden

INHALTSVERZEICHNIS

Einleitung

I. Die Schriften De sacramentis und De mysteriis … 7
  1. Autorschaft … 7
  2. Form und Inhalt … 9
    a) Zur Form … 9
    b) Zum Inhalt … 10
  3. Das Verhältnis von De sacramentis und
    De mysteriis … 13
  4. Entstehungszeit … 14

II. Die christliche Initiation nach Ambrosius … 15
  1. Vorbereitung … 15
    a) Katechumenat … 15
    b) Kompetentenzeit … 17
      Nomendatio 17 Sündenbekenntnis 19 Buße 20
      Katechese 21 Skrutinien 23 Traditio symboli 24
      Redditio symboli 27
  2. Initiationsfeier … 28
    a) Taufe … 28
      Mysterium der Öffnung 28 Taufwasserweihe 30
      Präbaptismale Salbung 32 Abrenuntiation 33 Taufakt 34 Durchzug durch den Taufbrunnen 39 Salbung des Hauptes 40 Lesung der Perikope Joh 13 42
      Fußwaschung 43 Überreichung des weißen Taufkleides 46 Siegelung mit dem Heiligen Geist 46
    b) Taufeucharistie … 51
      Gabendarbringung 51 Bereitung des Kelches 53 Eucharistisches Hochgebet 55 Vaterunser und Doxologie 58 Kommunion 59 Kommuniongesang 63

III. Die mystagogischen Katechesen als Vollendung
    der Initiation … 63
  1. Zeitpunkt des Vortrags … 64
  2. Bedeutung … 66

INHALTSVERZEICHNIS

Erläuterungen zum Apparat

Übersicht der Codices 69
Abkürzungen im kritischen Apparat 73

Text und Übersetzung

De sacramentis 76
Über die Sakramente 77

   Sermo primus 76
   Erste Katechese 77

   Sermo secundus 96
   Zweite Katechese 97

   Sermo tertius 116
   Dritte Katechese 117

   Sermo quartus 132
   Vierte Katechese 133

   Sermo quintus 156
   Fünfte Katechese 157

   Sermo sextus 180
   Sechste Katechese 181

De mysteriis 206
Über die Mysterien 207

Anhang

Abkürzungen 256
Bibliographie 260
Register 269
   Bibelstellen 269
   Personen 274
   Begriffe 275
   Sachen 276

EINLEITUNG

Die in diesem Band enthaltenen Werke *De sacramentis (sacr.)* und *De mysteriis (myst.)* des Bischofs Ambrosius von Mailand († 397)[1] bilden zwei liturgiegeschichtlich bedeutsame Quellen, da sie uns detaillierten Aufschluß über den Verlauf der österlichen Initiationsfeier und den Sinn der einzelnen Riten geben. Darüber hinaus sind sie auch von besonderem dogmenhistorischem Wert. So gibt Ambrosius zum Beispiel dort als erster westlicher Autor genau an, welcher Teil des eucharistischen Hochgebets seiner Auffassung nach für die Konsekration von Brot und Wein entscheidend ist.

I. Die Schriften De sacramentis und De mysteriis

1. Autorschaft

Daß die Schrift *myst.* auf Ambrosius von Mailand zurückgeht, ist in der Fachwelt — von einigen wenigen Ausnahmen abgesehen — seit jeher einhellig vertreten worden. Anders verhält es sich dagegen mit *sacr.* Während bis in die Neuzeit hinein der Kirchenvater als Autor der Katechesen *sacr.* galt[2], hat man seit dem 16. Jahrhundert die Verfasserschaft des Ambrosius zunehmend bestritten[3].

---

[1] Zu Leben und Werk des Bischofs und Kirchenvaters vgl. DASSMANN, *Ambrosius*.

[2] Vgl. FALLER, *Handschriften*.

[3] Vgl. [MAURINER,] *In libros* 409–415; RAUSCHEN, *Ps.-Ambrosii De sacramentis* 98–100.

Allmählich eine Meinungsänderung herbeigeführt zu haben ist das Verdienst O. Fallers[4] und H. Connollys[5], die beide unabhängig voneinander den Nachweis erbracht haben, daß *sacr.* wirklich von Ambrosius stammt. Fallers Beweisführung basiert hauptsächlich auf drei Argumenten, die er durch eine eindrucksvolle Zahl an Belegen stützt:

(1) Die in *sacr.* verwendete Bibelübersetzung stimmt an charakteristischen Stellen mit dem auch sonst von Ambrosius benutzten Schrifttext überein. Selbst Unterschiede in den Schriftzitaten zwischen *sacr.* und *myst.* beziehungsweise den anderen echten Werken des Ambrosius sprechen dafür, daß *sacr.* auf den Kirchenvater zurückgeht, da die Art, in der der Verfasser von *sacr.* die Schrift anführt, der des Ambrosius genau entspricht.

(2) Für die sprachlichen Eigentümlichkeiten, durch die sich *sacr.* angeblich von den übrigen Ambrosiusschriften abheben soll, wie etwa ständig wiederkehrende Fragen oder die Aufforderungen an die Zuhörer zur Aufmerksamkeit, gibt es bei Ambrosius eine Fülle von Parallelen.

(3) Zwischen *sacr.* und den sonstigen Schriften des Ambrosius besteht eine große Zahl von inhaltlichen Entsprechungen, die auf freier Anlehnung beruhen und kaum von einem Nachahmer stammen können.

In jüngster Zeit hat es offenbar nur noch einen einzigen Autor gegeben, der *sacr.* Ambrosius abgesprochen hat, und zwar K. Gamber. Er hat die Auffassung vertreten, die Schrift *sacr.* gehe auf Nicetas von Remesiana zurück. Eine ausführliche Begründung seiner Ansicht hat Gamber zunächst in mehreren Aufsätzen geboten[6], die er dann in

---

[4] Vgl. FALLER, *Ambrosius*.
[5] Vgl. CONNOLLY, *De Sacramentis (1941)*; ders., *De Sacramentis (1942)*.
[6] Vgl. GAMBER, *Niceta*; ders., *Ad competentes*; ders., *Zur Schrift*; ders., *Canon-Text*; ders., *Autorschaft (1966)*; ders., *Eucharistiegebet*.

2. Form und Inhalt

Lange Zeit hindurch hat man immer wieder auf die Unterschiede zwischen *sacr.* und *myst.* hingewiesen, ohne genügend zu beachten, daß es zwischen ihnen auch weitgehende Übereinstimmungen gibt. Außerdem lassen sich die bedeutsamen Abweichungen sinnvoll erklären.

a) Zur Form

Formale Verschiedenheiten zwischen *sacr.* und *myst.* bestehen zum Beispiel in bezug auf den Stil und die Gedankenführung[9].

Während Ambrosius in *sacr.* mit der Syntax sehr frei umgeht, hält er sich in *myst.* stärker an deren Regeln. Im Unterschied zu *myst.* ist *sacr.* durchsetzt von kurzen, aus zwei oder drei Wörtern bestehenden Fragen, die keinen konkreten Inhalt besitzen, sondern reine Überleitungsfloskeln darstellen. Ferner ist in *myst.* das in *sacr.* häufig wiederkehrende *ergo* vermieden, das lediglich dazu dient, den Gedankengang zu markieren. Außerdem sind in *sacr.* beigeordnete Fügungen häufiger anzutreffen als in *myst.* Kurz zusammengefaßt läßt sich sagen: *Sacr.* ist ganz vom

---

[7] Vgl. GAMBER, *Autorschaft (1967)*.
[8] Vgl. SCHMITZ, *Autor*. In seiner Antwort auf die kritischen Einwände hat GAMBER diese nicht ausräumen können, vgl. GAMBER, *Zur Frage*; SCHMITZ, *Nachwort*. Siehe dazu das Urteil von MOHRMANN, *Observations* 107. Zu GAMBERS wissenschaftlicher Methode vgl. ferner KLAUSER, *Rez. K. Gamber*.
[9] Vgl. zum folgenden MOHRMANN, *Style*; dies., *Observations*. Siehe ergänzend dazu LAZZATI, *L'autenticità* 27–33.

Sprechstil geprägt, während *myst.* eine deutliche Tendenz zum Schreibstil hin zeigt.

Was die Gedankenführung betrifft, so ist der Inhalt in *myst.* systematischer geordnet als in *sacr.* Das gilt etwa für die Reihe der Taufparadigmen, die in *myst.* in ihrer heilsgeschichtlichen Folge zusammengestellt sind, während Ambrosius in *sacr.*, wie er selbst 2,12 bemerkt, keine bestimmte Ordnung einhält[10].

Diese und andere die Form betreffende Differenzen erklären sich aus der unterschiedlichen Gattung der beiden Werke: In *sacr.* liegt die unbearbeitete Mitschrift von Taufkatechesen vor, die Ambrosius während einer nicht näher datierbaren Osterwoche für Neugetaufte gehalten hat. *Myst.* dagegen ist ein schriftstellerisches Erzeugnis, das zwar die Gestalt einer gesprochenen Katechese trägt, doch handelt es sich dabei um eine literarische Fiktion.

b) Zum Inhalt

In *sacr.* behandelt Ambrosius zwei Themengebiete, die sich ihrerseits jeweils in zwei Teilbereiche untergliedern lassen:
(1) Die Sakramente
 — die Taufe: 1,2 – 3,10; 4,1–4; 6,5–10;
 — die Eucharistiefeier: 3,11–15; 4,5 – 5,17; 6,1–4.
(2) Das christliche Beten
 — das Vaterunser: 5,18–30;
 — die Ordnung des täglichen Gebets: 6,11–25.

Im Unterschied dazu bietet *myst.* nur eine Einführung in den Sinn der Sakramente (Taufe: 3–42; Eucharistiefeier: 43–58).

Daß *myst.* keine Erläuterung des Vaterunsers enthält, ist durch die von Ambrosius geübte Geheimhaltung be-

---

[10] Vgl. *sacr.* 1,12–14.20–23; 2,1.3–13 mit *myst.* 9–24. Siehe dazu LAZZATI, *L'autenticità* 29.

dingt, die er auch von den Gläubigen seiner Kirche erwartet[11]. So mahnt er etwa in der Schrift *De Cain et Abel:* „Hüte dich davor, unvorsichtigerweise die Geheimnisse des Symbolums oder des Gebets des Herrn allen bekanntzumachen."[12]

Die Frage, warum in *myst.* auch eine allgemeine Einführung in das christliche Beten fehlt, meinte G. Lazzati nur mit der Vermutung, Ambrosius habe das Werk unvollendet gelassen, beantworten zu können[13]. Dagegen spricht aber, daß *myst.* 59 mit einem eindeutigen Schlußwort endet. Lazzati hat übersehen, daß Ambrosius die Frage in *Cain et Ab.* selbst beantwortet: „Es gehört zur Ordnung des empfehlenswerten Gebetes und des Gelübdes, daß wir das Gebet nicht allen preisgeben, sondern die Geheimnisse verborgen halten."[14] Also nicht nur das Vaterunser, sondern überhaupt die Art und Weise des christlichen Gebets unterlag der Geheimhaltung.

Ebenfalls auf die Geheimhaltungspraxis ist zurückzuführen, daß Ambrosius in *myst.* keinen der liturgischen Texte anführt, die er in *sacr.* wörtlich zitiert (zum Beispiel die Abrenuntiationsformel, die Taufformel, den zentralen Teil des eucharistischen Hochgebets). Der Kirchenvater schreibt *myst.* 2, die Riten und Texte der Initiation vor der Feier zu erklären, werde als Verrat angesehen.

Nicht das Schweigegebot, sondern ein anderer Grund hat Ambrosius bewogen, in *myst.* darauf zu verzichten, den Brauch der Tauffußwaschung, der von der liturgischen Ordnung der römischen Kirche abwich[15], zu verteidigen.

---

[11] Vgl. JACOB, *Arkandisziplin* 121–129.
[12] *Cain et Ab.* 1,37 (CSEL 32/1, 370).
[13] Vgl. LAZZATI, *L'autenticità* 22f. Daraus erklärt er auch die Tatsache, daß *sacr.* neben *myst.* erhalten geblieben ist. AMBROSIUS habe, so meint LAZZATI, *sacr.* aufbewahrt, weil er die Absicht hatte, seine Ausführungen zu vervollständigen.
[14] *Cain et Ab.* 1,35 (CSEL 32/1, 369). [15] Vgl. *sacr.* 3,5f.

Der Bischof war bestrebt, den „Streit" um seine Eigenständigkeit nicht zu schüren.

Mehr als durch die fehlenden Teile wird *myst.* in seinem Inhalt durch Erweiterungen charakterisiert, die C. Mohrmann als literarische Ergänzungen betrachtet, welche die Spiritualität des Ambrosius widerspiegeln[16]. So bietet *myst.* im Rahmen der Erklärung des weißen Kleides der Neugetauften[17] und der Eucharistiefeier[18] eine Reihe Zitate aus dem Hohenlied, die man in *sacr.* vergebens sucht. Nach alter Überlieferung wendet der Kirchenvater das darin geschilderte Verhältnis von Bräutigam und Braut auf die Beziehung zwischen Christus und der Kirche respektive zwischen Christus und der Seele des einzelnen Gläubigen an[19].

Ferner ist hier die Paradigmenreihe zu nennen, mit der Ambrosius nachzuweisen sucht, daß durch die Konsekrationsworte das Brot in den Leib und der Wein in das Blut Christi verwandelt werden[20]. Bei diesen Paradigmen handelt es sich weithin um gebräuchliche Tauftypologien, die an dieser Stelle jedoch in einer anderen Funktion erscheinen[21]. Ambrosius war sehr viel daran gelegen, die Neugetauften davon zu überzeugen, daß in der Eucharistiefeier eine Wesensverwandlung von Brot und Wein erfolgt[22].

Bisher war nur von Auslassungen und Ergänzungen in *myst.* die Rede. Daneben ist jedoch auch eine Lücke in *sacr.* zu beobachten. Dort findet sich keine Deutung des weißen Kleides[23]. Wohl spielt der Bischof auf das Gewand der Neugetauften an, wenn er sie als *familia candidata* bezeichnet[24]. Das Schweigen ist möglicherweise durch den

---

[16] Vgl. MOHRMANN, *Observations* 120–122.
[17] Vgl. *myst.* 34–41.   [18] Vgl. *myst.* 55–58.
[19] AMBROSIUS besaß eine besondere Vorliebe für das Hohelied; vgl. dazu DASSMANN, *Frömmigkeit* 135–200.
[20] Vgl. *myst.* 50–53.   [21] Vgl. MOHRMANN, *Observations* 122.
[22] Vgl. *sacr.* 4,14–25; 6,1–4.   [23] Vgl. *myst.* 34.   [24] *Sacr.* 5,14.

Umstand bedingt, daß das Anlegen des weißen Kleides formlos geschah[25].

Erheblich umfangreicher und zugleich bedeutsamer als die Differenzen zwischen *sacr.* und *myst.* sind die inhaltlichen Parallelen, die in der nachfolgenden Tabelle zusammengestellt sind:

sacr.	*myst.*	*sacr.*	*myst.*	*sacr.*	*myst.*
1,1	2	2,16	8	4,15f	52
1,2f	3f	2,20	28	4,17	53
1,4–8	5–7	2,24	29f	4,18	51
1,9f	8			4,21–23	54
1,12	12f	3,1	29f	4,24	48
1,13–15	16–19	3,4–7	31–33	4,25	54
1,17–19	24f	3,8–10	42		
1,20–22	12f	3,11	43	5,1	45f
1,23	10			5,3	48f; 51
		4,2	56	5,9f	29
2,1	10f	4,3	30	5,13	43
2,3–7	22–24	4,5	35; 44	5,14f	56f
2,8	18	4,6	34		
2,11	26f	4,7	43	6,6	41f
2,12f	14	4,8–12	44–46		
2,14	8; 27	4,14	50; 52; 54		

3. Das Verhältnis von *De sacramentis* und *De mysteriis*

Große Prediger und Schriftsteller haben sich in der Alten Kirche vielfach sogenannter Schnellschreiber bedient, die ihre Ansprachen beziehungsweise ihr Diktat aufzeichneten, damit sie den Text nachher überarbeiten und in verbesserter oder ergänzter Form publizieren konnten[26]. C. Mohrmann und andere gehen davon aus, daß in *myst.*

---

[25] Vgl. dazu unten 46.
[26] Vgl. MOHRMANN, *Observations* 107–112; LAZZATI, *L'autenticità* 22f.

die korrigierte Fassung der stenographischen Mitschrift *sacr.* vorliegt[27].

Allerdings läßt sich eine solche direkte Abhängigkeit trotz der zahlreichen Übereinstimmungen zwischen *sacr.* und *myst.* kaum beweisen. Es ist durchaus denkbar, daß Ambrosius *myst.* ohne schriftliche Vorlage abgefaßt hat:
(1) Der Bischof stand in einer katechetischen Tradition, an die er sich gebunden fühlte, wie unter anderem die Parallelen zwischen seinen Erläuterungen und den mystagogischen Katechesen des Cyrill (Johannes) von Jerusalem erkennen lassen[28].
(2) Die Taufkatechesen, deren Inhalt durch die Liturgie zum großen Teil festgelegt war, kehrten Jahr für Jahr wieder.
(3) Ambrosius besaß nachweislich ein gutes Gedächtnis[29].
Trotzdem ist es durchaus berechtigt, *myst.* mit *sacr.* zu vergleichen, da *myst.* in jedem Fall aus den mündlich vorgetragenen Taufkatechesen hervorgegangen ist, von denen uns *sacr.* Zeugnis gibt.

4. Entstehungszeit

Weder für *sacr.* noch für *myst.* läßt sich ein genaues Entstehungsjahr angeben. Man kann nur sehr allgemein formulieren: Die beiden Werke stammen vermutlich aus den späteren Lebensjahren des Bischofs, der 397 gestorben ist.

---

[27] Vgl. MOHRMANN, *Observations* 112.
[28] Vgl. MOHRMANN, *Observations* 112; PIÉDAGNEL, *Cyrille de Jérusalem: Catéchèses mystagogiques* 73 f.
[29] Vgl. FALLER, *Ambrosius* 92.

II. Die christliche Initiation nach Ambrosius

Ambrosius beschränkt sich zwar bei seinen Ausführungen in *sacr.* und *myst.* — von gelegentlichen Bemerkungen abgesehen — auf die eigentliche Initiationsfeier, dennoch soll hier auch ein Überblick über die Vorbereitung auf die Feier der Eingliederung geboten werden, da beide eine Einheit bildeten.

1. Vorbereitung

Die Vorbereitung auf die Initiationsfeier gliederte sich in zwei Abschnitte: eine entfernte Vorbereitung, das Katechumenat, und eine unmittelbare Vorbereitung, die Kompetentenzeit[30].

a) Katechumenat

Wollte ein Heide oder ein Jude in die Kirche eintreten, so war es zunächst erforderlich, ihn mit den wichtigsten Glaubenswahrheiten vertraut zu machen. Das geschah in einer Einführungskatechese, über die Ambrosius in der *Expositio Evangelii secundum Lucam* Aufschluß gibt. Als Grundlage für die Unterweisung der Heiden empfiehlt er dort die Areopagrede des Apostels Paulus (Apg 17, 22–31)[31]. Für die Belehrung der Juden rät er, sich nach dem Vorbild der Apostel auf die Autorität der Schrift zu berufen[32].

Es scheint, daß die Einführungskatechese nicht einem bestimmten Personenkreis, etwa den Klerikern, vorbehalten war, sondern von allen (erfahrenen) Gläubigen erteilt werden konnte. Darauf läßt die Tatsache schließen, daß

---

[30] Eine ausführliche Darstellung mit näheren Einzelheiten und weiteren Belegen findet sich bei SCHMITZ, *Gottesdienst* 35–76.
[31] Vgl. *in Luc.* 6, 104 f (CCL 14, 211 f).
[32] Vgl. *in Luc.* 6, 106 (CCL 14, 212 f).

Ambrosius *in Luc.* unterschiedslos alle Zuhörer und Leser anspricht und darüber belehrt, wie sie bei der Glaubensunterweisung vorgehen sollen. Wenn diese Schlußfolgerung zutrifft, erfolgte die Vermittlung der grundlegenden Glaubenswahrheiten wohl in Form von Einzel- oder Gruppenunterricht.

Ob die Einführungskatechese wie etwa in Hippo[33] dem Eintritt ins Katechumenat voraufging, ihm erst folgte oder vorher begann und während der Vorbereitungszeit weitergeführt wurde, gibt Ambrosius nicht an.

Die Aufnahme ins Katechumenat war in der Alten Kirche vielerorts vom Ergebnis einer Prüfung des bisherigen Lebenswandels und der Motive für die Bewerbung um Zulassung zum Kreis der Katechumenen abhängig. Wahrscheinlich hielt man es in Mailand — jedenfalls zur Zeit des Ambrosius — nicht so, da noch nicht einmal die Aufnahme unter die Kompetenten an besondere Vorleistungen geknüpft war[34].

Die Zulassung zum Katechumenat erfolgte in den ersten christlichen Jahrhunderten gewöhnlich durch einen eigenen liturgischen Ritus, ein Brauch, den auch Ambrosius gekannt und befolgt hat. Eine Anspielung darauf ist in dem Wort enthalten: „Es glaubt ... auch der Katechumene an das Kreuz des Herrn Jesus, mit dem er selbst bezeichnet wird."[35] Verschiedene Zeugnisse belegen, daß an einigen Orten die Taufbewerber zu Beginn des Katechumenats auf der Stirn mit einem Kreuz bezeichnet wurden. Das angeführte Zitat darf in diesem Sinn verstanden werden, da spezielle liturgische Riten während des Katechumenats für Mailand nicht bezeugt sind. Dies ist darauf zurückzuführen, daß das Katechumenat als Institution in der Kirche des Römischen Reiches schon lange vor der Amtszeit des Ambrosius als Bischof von Mailand verfallen war.

---

[33] Vgl. ROETZER, *Augustinus* 138f.   [34] Vgl. unten 19f.   [35] *Myst.* 20.

Nach Ambrosius bedeutet der Eintritt ins Katechumenat bereits eine Aufnahme in die Gemeinschaft der Kirche. Der Taufbewerber befindet sich gleichsam im Mutterschoß der Kirche. Bewegen ihn Häretiker oder Schismatiker zum Glaubensabfall, so entspricht das einer Abtreibung[36].

Die Dauer des Katechumenats war in Mailand nicht festgelegt. Sie zu normieren hätte auch kaum Zweck gehabt, da nicht wenige Katechumenen den Empfang der Initiation längere Zeit hinausschoben. Der Kirchenvater bemerkt einmal, „daß gewisse Leute sagen, sie bewahrten die Gnade der Taufe ... bis zum Tod auf"[37].

Da sich das Katechumenat also oft über Jahre, ja sogar Jahrzehnte erstreckte, ist anzunehmen, daß es in Mailand neben der Einführungskatechese keinen eigenen Unterricht für Taufbewerber gegeben hat. Ambrosius sagt jedenfalls nichts darüber. Er läßt nur erkennen, daß die Katechumenen am Wortgottesdienst der Messe, einschließlich der Predigt, also an der normalen Unterweisung der Gläubigen in der Glaubens- und Sittenlehre, teilnehmen konnten.

b) Kompetentenzeit

Gegen Ende des 4. Jahrhunderts fiel die unmittelbare Vorbereitung auf die Initiationsfeier meist mit der vierzigtägigen Vorbereitungszeit auf Ostern zusammen. So war es vermutlich auch in Mailand, wo die Quadragesima am 6. Sonntag vor Ostern begann.

Nomendatio

In der Antike bestand die Sitte, die beweglichen Feste, deren Termin Jahr für Jahr neu berechnet werden mußte,

---

[36] Vgl. *in Luc.* 10, 28 (CCL 14, 353 f).
[37] *In Luc.* 7, 221 (CCL 14, 290). Vgl. dazu JOHANNES CHRYSOSTOMUS, *ad ill. cat.* 1, 1 (PG 49, 224 f).

jeweils vorher öffentlich anzukündigen. Dieser Brauch ist von der christlichen Kirche übernommen worden. Dort pflegte man — gewöhnlich an Epiphanie — im Gottesdienst den Termin des beweglichen Osterfestes mündlich bekanntzugeben. Da die Osternacht Tauftermin war, nutzte Ambrosius wie auch andere Bischöfe die Ankündigung dieses Festes, um die Katechumenen aufzufordern, sich zum Empfang der Initiation zu melden[38].

Die Anmeldung zur Initiation umschreibt Ambrosius mit dem Ausdruck *nomen (suum) dare* (den [seinen] Namen angeben)[39], dem wir in der Alten Kirche häufig begegnen. Er entstammt der Militärsprache und bezeichnete ursprünglich die Anmeldung zum Kriegsdienst.

Über den Termin der Nomendatio gibt Ambrosius keine Auskunft. Es scheint, daß sich die Katechumenen von Epiphanie an zu einem ihnen genehmen Zeitpunkt melden konnten. Wahrscheinlich lief die Anmeldefrist mit Beginn der Quadragesima ab.

Die Anmeldung zum Empfang der Initiation erfolgte in der Weise, daß sich die Taufbewerber persönlich in die Liste der Kompetenten eintrugen. Ambrosius interpretiert diesen Akt als Anmeldung für den Wettkampf Christi[40]. Damit ist die Bedeutung der Nomendatio aus der Sicht des Kirchenvaters aber noch nicht hinreichend beschrieben. Die Unterschrift, die der Taufbewerber leistet, hat zur Folge, daß Christus dessen innere Augen öffnet[41]. Wie bei der Heilung des Blinden (vgl. Joh 9,6) nimmt er „befeuchtete Erde" und streicht sie auf „die Augen des Herzens", das heißt, er schenkt „Ehrfurcht, Klugheit und Erwägung deiner Gebrechlichkeit", und versetzt den Taufbewerber so in die Lage, sehen zu können, was ihm bisher verborgen

---

[38] Vgl. *in Luc.* 4,76 (CCL 14, 134). [39] Vgl. z. B. *sacr.* 3,12.
[40] Vgl. *Hel.* 79 (CSEL 32/2, 460).
[41] Zu den inneren Sinnen des Menschen vgl. MADEC, *L'homme intérieur*.

war, nämlich das, was „in den Bereich der Sakramente gehört". Das bedeutet: Er wird von Christus befähigt, seine Sünden zu erkennen, sie zu bekennen und für sie Buße zu tun[42].

Sündenbekenntnis
Mit dem gerade erwähnten Sündenbekenntnis ist keineswegs ein bloß inneres Eingeständnis gemeint. Vielmehr wurde in Verbindung mit oder kurz nach der Nomendatio — der genaue Zeitpunkt läßt sich nicht ermitteln — von den Initiationsbewerbern ein ausdrückliches Bekenntnis ihrer Sünden erwartet. Konkrete Angaben über Art, Ort und Umstände des Sündenbekenntnisses fehlen in den Schriften des Ambrosius. Allerdings war ein solches Sündenbekenntnis nicht absolut verpflichtend, denn der Bischof bemerkt: „Wenn aber jemand, der zur Taufe kommt, seine Sünde nicht bekennt, so würde er dennoch schon dadurch ein Bekenntnis aller Sünden ablegen, daß er um die Taufe bittet, damit er gerechtfertigt werde, das heißt, von der Schuld zur Gnade gelange."[43]

Das mündliche Sündenbekenntnis vor der Initiation war kein Sonderbrauch Mailands. Vielmehr wird es von mehreren altchristlichen Dokumenten verschiedener Orte bezeugt[44].

Es hat den Anschein, als habe das Sündenbekenntnis in Mailand und anderswo die sonst bezeugte Prüfung des bisherigen Lebenswandels der Katechumenen ersetzt. Darauf deuten jene Quellen hin, in denen einzig auf die in dem Sündenbekenntnis und der Buße zum Ausdruck kommende Bekehrung Wert gelegt wird, gleichgültig, welches Leben die Taufbewerber vorher geführt haben. Ambrosius setzt als selbstverständlich voraus, daß die Katechumenen

---

[42] Vgl. *sacr.* 3, 12–14. [43] *Sacr.* 3, 12.
[44] Vgl. SCHMITZ, *Gottesdienst* 51 f.

Sünden begangen, ja sich in manchen Fällen sogar schwerer Vergehen schuldig gemacht haben[45]. Offenbar erwartete er von den Taufbewerbern keine besonderen sittlichen Leistungen, deren Erfüllung Gegenstand einer Prüfung hätte sein können, um dann über die Würdigkeit des einzelnen zu befinden. Ihm kam es darauf an, daß die Initiationsbewerber mit der Nomendatio und dann endgültig mit der Feier der Eingliederung ein neues Leben begannen[46].

Buße
Dem Bekenntnis der Sünden folgte die Buße, durch die die Kompetenten Sühne für ihre Sünden leisten, ihre Bekehrung zum Ausdruck bringen und sich so intensiv auf die Initiationsfeier vorbereiten sollten[47]. Die Buße umfaßte verschiedene Elemente: Beweinen der Sünden, häufigeres Beten und Fasten. Während Ambrosius das Beweinen der Sünden und das häufigere Beten nur in allgemeiner Form erwähnt, erfahren wir von ihm über das Fasten gewisse Einzelheiten:

(1) Es erstreckte sich über fünf Tage der Woche; Samstag und Sonntag waren davon ausgenommen. Mailand stand damit im Gegensatz zu Rom, wo man das Fasten nur am Sonntag unterbrach. Das fünftägige Fasten entsprach einer ostkirchlichen Tradition, nach der dem Samstag als biblischem Sabbat Festtagscharakter zuerkannt wurde.

(2) An den Fasttagen mußten sich die Gläubigen bis zum Abend der Speise enthalten. Doch Hungern allein, so führt Ambrosius aus, bilde noch kein Gott wohlgefälliges Fasten. Dies sei erst gegeben, wenn es, wie Jes 58, 3–7 zeige, von der Gottesfurcht getragen sei und durch gute Werke

---

[45] Vgl. *Abr.* 1,23 (CSEL 32/1, 518).
[46] Vgl. *Hel.* 83 (CSEL 32/2, 463); *in psalm. 118* 4,9f (CSEL 62, 72).
[47] Buße für die begangenen Sünden verlangte auch JOHANNES CHRYSOSTOMUS von den Taufbewerbern, vgl. *ad ill. cat.* 2,3 (PG 49, 234).

ergänzt werde. Zusätzlich verlangt er Enthaltsamkeit von allem, was den Menschen am Gebet und an der Betrachtung des göttlichen Gesetzes hindert.

(3) Den Sinn des Fastens sieht Ambrosius vor allem darin, die Tugend zu festigen.

Katechese
Eines der Hauptelemente der unmittelbaren Vorbereitung auf die Initiationsfeier war die Unterweisung in der Glaubens- und Sittenlehre.

Wie in bezug auf die Einführungskatechese vor oder zu Beginn des Katechumenats so ist auch im Hinblick auf die Glaubensunterweisung während der Kompetentenzeit anzunehmen, daß sie von erfahrenen Gläubigen in Einzel- oder Gruppenunterricht erteilt wurde, denn Ambrosius umschreibt *in Luc.* auch den Inhalt der Glaubenslehre, der während der unmittelbaren Vorbereitung auf die Initiation vermittelt werden sollte. Vor allem erwartete er von seinen Zuhörern und Lesern, daß sie eine ausführliche Darlegung der Erlösung durch das Kreuzesopfer Jesu boten[48].

Zusätzlich zur Glaubensunterweisung durch geeignete Gemeindemitglieder hielt Ambrosius allen Kompetenten gemeinsam Katechesen über die Sittenlehre, die an Schriftlesungen aus der Patriarchengeschichte und dem Buch der Sprichwörter anknüpften[49]. Dabei beschränkte er sich jedoch nicht auf Themen der christlichen Moral. Sofern die Perikopen Anknüpfungspunkte boten, ging er auch auf Glaubensfragen ein[50].

Unklar bleibt, ob sich die genannten Lesungen über die ganze Quadragesima erstreckten oder ob für die Woche vor Ostern andere Schrifttexte als Grundlage der bischöflichen Unterweisung der Taufbewerber vorgesehen waren.

---

[48] Vgl. *in Luc.* 6,107–109 (CCL 14, 213 f).
[49] Vgl. *myst.* 1; siehe ferner *in psalm. 118* 16,22 (CSEL 62, 364).
[50] Vgl. Mesot, *Heidenbekehrung* 98–103.

Nur soviel läßt sich ausmachen: Ambrosius hat in einer Karwoche um 387–390 neun Homilien über den Schöpfungsbericht gehalten[51], die wahrscheinlich für Kompetenten bestimmt waren, wenn er sie auch nicht ausdrücklich anredet[52]. Als Lesung für die Karwoche erwähnt er darin Gen 1[53].

Offen bleibt ferner, ob die bischöflichen Katechesen innerhalb oder/und außerhalb der Meßfeier ihren Platz hatten. Wie dem auch sei, jedenfalls waren die Predigten jedermann zugänglich. Ambrosius wendet sich nämlich beispielsweise im ersten Buch von *De Abraham* hauptsächlich an Kompetenten, doch darüber hinaus an alle anwesenden Männer[54].

Ihre Bedeutung erhielten die Katechesen von der Initiation her, auf die sie hingeordnet waren. Eine vertiefende Unterweisung über die wichtigsten Glaubenswahrheiten war deshalb angebracht, weil der Glaube die notwendige Voraussetzung für den fruchtbaren Empfang der Initiationssakramente darstellt[55]. Daß Ambrosius *in Luc.* die Erlösung durch das Kreuzesopfer Jesu als zentrales Thema der Katechesen über den christlichen Glauben bezeichnet, ist ebenfalls in der Initiation begründet. In der Taufe erleiden die Initianden symbolisch mit Christus Kreuzigung, Tod und Begräbnis und erhalten auf diese Weise Anteil an der durch den Kreuzestod verwirklichten Erlösung. Die ausführliche Erklärung des Kreuzesopfers Jesu diente dazu, den Glauben an das entscheidende Heilsereignis zu begründen und zu festigen und damit zugleich auch das Verständnis für das Taufgeschehen zu erschließen.

---

[51] Daraus ist die Schrift *Exameron* hervorgegangen.
[52] Vgl. MESOT, *Heidenbekehrung* 96–98.
[53] Vgl. SCHMITZ, *Gottesdienst* 330.
[54] Vgl. *Abr.* 1,25 (CSEL 32/1, 519). [55] Vgl. *sacr.* 1,1.

Ziel der Unterweisung in der christlichen Sittenlehre war es, die Zuhörer zu ermuntern, dem Beispiel der Vorfahren zu folgen und so ein Leben zu führen, das sich für Getaufte ziemt[56].

Skrutinien

Neben den Katechesen umfaßte die Zeit der unmittelbaren Vorbereitung auch eigene liturgische Akte für die Kompetenten: eine unbekannte Zahl von Skrutinien sowie die Übergabe und Rückgabe des Glaubensbekenntnisses.

Zu den Skrutinien bemerkt Ambrosius: „Bis jetzt (das heißt: bis zum Tag der Übergabe des Glaubensbekenntnisses) sind die Mysterien der Skrutinien gefeiert worden. Es sind Prüfungen vorgenommen worden, (um sicher zu gehen,) daß keine Unreinheit im Körper irgendeines (sc. Kompetenten) haften blieb. Durch den Exorzismus ist nicht nur Heiligung des Körpers, sondern auch der Seele erbeten und vermittelt worden."[57] Nach dieser Bemerkung bestanden also die Skrutinien aus einer Prüfung, deren Zweck es war, festzustellen, ob die Körper aller Initiationsbewerber rein seien, und einem Exorzismus mit heiligender Wirkung.

Prüfung und Exorzismus bildeten keine zwei verschiedenen Akte, sondern einen einzigen; denn die Prüfung wurde durch den Exorzismus vorgenommen. Das geht zwar nicht aus der Mitteilung des Ambrosius hervor, ergibt sich aber aus einem Vergleich mit anderen Texten, nach denen der Bischof kurz vor der Initiation die Bewerber exorzisierte, um sich davon zu überzeugen, daß sie rein seien. Dabei handelte es sich um den sogenannten Prüfungsexorzismus, der von den gewöhnlichen Exorzismen, die während der Katechumenats- oder Kompetentenzeit häufig, mancherorts sogar täglich, wiederholt wurden, zu

---

[56] Vgl. *myst.* 1.   [57] *Symb.* 1 (CSEL 73, 3).

unterscheiden ist. Ambrosius gibt keine Auskunft darüber, ob in Mailand diese gewöhnlichen Exorzismen während der Kompetentenzeit üblich waren.

Als Beweis der Unreinheit betrachtete man das auffällige Verhalten eines Initiationsbewerbers während des Exorzismus, etwa daß jemand „in Unruhe versetzt wird, sich plötzlich aufrichtet und weint oder schreit oder Schaum ausstößt oder mit den Zähnen knirscht oder frech dreinschaut oder sich völlig erhebt oder, mit heftiger Gewalt fortgerissen, sich entfernt"[58]. Eine solche Reaktion galt als Indiz für die Anwesenheit des Teufels im Körper des Betreffenden.

Zum Text des ambrosianischen Beschwörungsgebets läßt sich nur soviel sagen: Da der Exorzismus nicht bloß apotropäische Wirkung besaß, sondern durch ihn auch Heiligung erbeten und vermittelt wurde, enthielt das Gebet neben der Beschwörungsformel wohl auch eine Bitte um Mitteilung von Gnade. Begleitet wurde er wahrscheinlich von der Handauflegung, die Ambrosius als Gestus bei Exorzismen geläufig war[59].

Vermutlich hat in Mailand wie an anderen Orten der Bischof die Prüfungsexorzismen selbst vorgenommen, um sich als Spender der Initiation vorher Gewißheit zu verschaffen, daß kein Hindernis für deren fruchtbaren Empfang vorlag.

Traditio symboli
Nachdem die Reihe der Skrutinien abgeschlossen war, folgte als nächster liturgischer Akt die Übergabe des Glaubensbekenntnisses *(traditio symboli)*[60]. Sie fand am Sonntag vor Ostern im Anschluß an die Lesungen, die Predigt

---

[58] So *Test. Dom.* 2,7 (125 RAHMANI).
[59] Vgl. *epist.* 77 (22), 2.21 f (CSEL 82/3, 128; 138 f); PAULINUS VON MAILAND, *vita Ambr.* 28; 43 (92; 114 PELLEGRINO).
[60] Vgl. *symb.* 1 (CSEL 73, 3).

und die Entlassung der Katechumenen während der Meßfeier in der zum Baptisterium gehörenden Basilika statt[61].

Die Übergabe des Glaubensbekenntnisses bestand aus einer Ansprache, in deren Verlauf der Bischof mehrmals das Credo vortrug, damit die Kompetenten sich den Text einprägen konnten. Eine dieser Predigten, die Ambrosius während seiner Amtszeit gehalten hat, liegt in einer nicht genau datierbaren Mitschrift eines Unbekannten vor[62]. Sie hatte folgenden Inhalt: Der Bischof begann mit einigen Bemerkungen über den Namen *symbolum* und den Ursprung des Glaubensbekenntnisses. Dann forderte er die Kompetenten auf, das Kreuzzeichen zu machen. Anschließend trug er das Symbolum vor. Dem ließ er eine kurze Erklärung des Geheimnisses der Dreifaltigkeit und der Inkarnation folgen. Nun rezitierte er das Glaubensbekenntnis zum zweiten Mal. Nachdem er darauf hingewiesen hatte, daß die Aussagen des Symbolums mit der Heiligen Schrift übereinstimmen, wandte er sich gegen antihäretische Zusätze, besonders gegen den Zusatz *invisibilem et inpassibilem* zu *Credo in Deum patrem omnipotentem*, und gab einige Erläuterungen zu den einzelnen Glaubensartikeln. Danach betonte Ambrosius, daß der Text des Credo apostolischer Herkunft sei und deshalb weder ergänzt noch verkürzt werden dürfe, forderte die Kompetenten wiederum auf, das Kreuzzeichen zu machen, und trug das Glaubensbekenntnis in vier Abschnitten vor, die er jeweils mit ein paar Worten zusammenfaßte. Den Schluß der *traditio symboli* bildete die Mahnung, das Glaubensbekenntnis nicht aufzuschreiben, sondern auswendig zu lernen und häufig zu wiederholen, allerdings nur innerlich, damit es Katechumenen und Häretikern nicht bekannt werde.

---

[61] Vgl. *epist.* 76 (20), 4 (CSEL 82/3, 109f).
[62] Vgl. *symb.* (CSEL 73, 3–12).

Die Bezeichnung mit dem Kreuzzeichen vor dem Aussprechen des Glaubensbekenntnisses war keine Besonderheit der ambrosianischen Liturgie; sie entsprach einem weitverbreiteten Brauch.

Da das Symbolum der Geheimhaltung unterlag und nicht aufgeschrieben werden durfte, hat der Schnellschreiber, der die Ansprache des Ambrosius festgehalten hat, den Text des Glaubensbekenntnisses an keiner Stelle vollständig wiedergegeben, sondern nur Anfangs- und Schlußworte einzelner Artikel aufgeführt. Aus seinen Angaben und den erklärenden Worten des Ambrosius läßt sich das Credo trotzdem rekonstruieren. Es hatte folgenden Wortlaut[63]:

Credo in deum patrem omnipotentem,	Ich glaube an Gott, den allmächtigen Vater,
et in Iesum Christum, filium eius unicum, dominum nostrum,	und an Jesus Christus, seinen einzigen Sohn, unseren Herrn,
qui natus de spiritu sancto ex Maria virgine,	der vom Heiligen Geist aus der Jungfrau Maria geboren wurde,
sub Pontio Pilato passus mortuus et sepultus,	unter Pontius Pilatus gelitten hat, gestorben ist und begraben wurde,
tertia die resurrexit a mortuis,	am dritten Tag von den Toten auferstanden ist,
ascendit ad caelos,	in den Himmel aufgefahren ist,
sedet ad dexteram patris,	zur Rechten des Vaters sitzt,
unde venturus est iudicare vivos et mortuos,	von wo er kommen wird, die Lebenden und die Toten zu richten,
et in spiritum sanctum,	und an den Heiligen Geist,
sanctam ecclesiam,	die heilige Kirche,
remissionem peccatorum,	die Vergebung der Sünden,
carnis resurrectionem.	die Auferstehung des Fleisches.

---

[63] Zitiert nach FALLER, *Prolegomena* 19*.

Dieses Glaubensbekenntnis stimmt nach Aussage des Ambrosius mit dem der römischen Kirche überein[64]. Möglicherweise gab es dennoch zwischen beiden einen kleinen Unterschied, insofern es im römischen Credo nicht *passus*, sondern *crucifixus* hieß.

Die Übergabe des Glaubensbekenntnisses hatte für Ambrosius eine doppelte Bedeutung:

(1) Sie vermittelte zunächst den Initiationsbewerbern eine kurze Zusammenfassung des Glaubensinhalts, die leicht zu behalten und deshalb geeignet war, die Getauften vor einem Vergessen wesentlicher Glaubensstücke zu bewahren[65].

(2) Sie stellte ein „starkes Schutzmittel" zur Verfügung, von dem der Bischof sagt: „Es treten Unbeholfenheiten des Geistes und des Körpers auf, eine Versuchung durch den Gegner, der niemals ruht, ein gewisses Zittern des Körpers, eine Kraftlosigkeit des Mundes: Sage das Glaubensbekenntnis auf und durchforsche dich innerlich."[66] Vermutlich meint Ambrosius hier keine Krankheiten im eigentlichen Sinn, sondern „Versuchungen" und — wie in der Schrift *De virginibus* — Angstzustände[67], die nach seiner Überzeugung durch die Rezitation des Symbolums überwunden werden können.

Redditio symboli

Im Unterschied zur *traditio symboli* sind wir über die Rückgabe des Glaubensbekenntnisses *(redditio symboli)* sehr schlecht unterrichtet. Nach der Übergabe des Glaubensbekenntnisses hatten die Kompetenten einige Tage Zeit, sich endgültig mit dem Text vertraut zu machen. Wann, wo und wie die Rückgabe des Symbolums erfolgte, teilt Ambrosius nicht mit. Er erwähnt nur die Tatsache,

---

[64] Vgl. *symb.* 4; 7 (CSEL 73, 6; 10). [65] Vgl. *symb.* 2 (CSEL 73, 3f).
[66] *Symb.* 9 (CSEL 73, 12); vgl. *symb.* 1 (CSEL 73, 3).
[67] Vgl. *virg.* 3, 20 (66 CAZZANIGA).

daß es eine *redditio* gab[68]. Wie in anderen Kirchen, so diente gewiß auch in Mailand die Rückgabe des Glaubensbekenntnisses der Kontrolle, ob die Initiationsbewerber den Text gelernt hatten. Die *redditio symboli* war allgemein der letzte liturgische Ritus der Kompetentenzeit.

2. Initiationsfeier

Die Initiationsfeier[69] fand in Mailand zur Zeit des Ambrosius während der Osternacht statt[70]. Im Gegensatz zu anderen Orten war dies der einzige Tauftermin im Laufe eines Jahres; denn Ambrosius spricht davon, daß der Bischof das Baptisterium nur einmal im Jahr betritt[71]. Zu welcher Uhrzeit sich die Gläubigen versammelten, erwähnt der Kirchenvater nicht. Wohl erfahren wir von ihm Näheres über Inhalt und Verlauf der Feier.

a) Taufe

Mysterium der Öffnung

Die Initiation begann am „Samstag" mit dem „Mysterium der Öffnung"[72], das außerhalb des Baptisteriums[73], wegen der Geheimhaltungspraxis[74] wohl in der nahegelegenen Basilika, vollzogen wurde[75]. Es bestand aus einer Berührung der Ohren und der Nase durch den Bischof[76]. Die Erläuterungen des Ambrosius lassen vermuten, daß die Berührung ohne Verwendung von Speichel oder Öl erfolgte.

---

[68] Vgl. *symb.* 9 (CSEL 73, 11).
[69] Vgl. SCHMITZ, *Gottesdienst* 77–213, und CAPRIOLI, *Battesimo* 43–91.
[70] Vgl. *sacr.* 1, 2; *Hel.* 34 (CSEL 32/2, 430); *in psalm. 118* Prol. 2 (CSEL 62, 4); *Noe* 60 (CSEL 32/1, 456); *Isaac* 35 (CSEL 32/1, 663).
[71] Vgl. *sacr.* 4, 2. Der gleiche Brauch scheint in Antiochien bestanden zu haben, siehe JOHANNES CHRYSOSTOMUS, *ad ill. cat.* 1, 2 (PG 49, 225).
[72] Vgl. *sacr.* 1, 2 f; *myst.* 3 f.   [73] Vgl. *myst.* 5.   [74] Vgl. dazu unten 64 f.
[75] Einen abgetrennten Vorraum besaß das Baptisterium des AMBROSIUS nicht. Vgl. MIRABELLA ROBERTI, *Battistero* 18.
[76] Zur Übersetzung von *sacerdos* mit Bischof vgl. unten 77 Anm. 2.

Ambrosius, der diesen Ritus als erster erwähnt, führt ihn auf die Heilung des Taubstummen in Mk 7,32–35 zurück. Allerdings entsprach der liturgische Akt nicht in allem dem Vorgehen Jesu. Nach dem biblischen Bericht hat Jesus nämlich Ohren und Mund des Taubstummen berührt. Ambrosius begründet die Änderung mit dem Argument, der Bischof dürfe den Mund von Frauen nicht berühren.

Die Berührung der Ohren und der Nase begleitete der Bischof mit einer Formel, deren Wortlaut nicht eindeutig zu bestimmen ist. In *myst.* schreibt Ambrosius, er habe beim Vollzug des Mysteriums der Öffnung gesprochen: *Effetha, quod est adaperire.*[77] Aus dem Zusammenhang geht nicht hervor, ob *quod est adaperire* zur liturgischen Formel gehörte oder eine von Ambrosius in den Taufkatechesen beigefügte Erklärung darstellt.

In der Umschreibung des Sinngehalts der Berührung der Nase stimmen *sacr.* und *myst.* überein: Sie soll die Initianden befähigen, die durch die Sakramente vermittelte Gnade in sich aufzunehmen und daraus zu leben. Die Berührung der Ohren dagegen interpretiert Ambrosius unterschiedlich: Nach *myst.* soll sie die Taufbewerber in die Lage versetzen, die Fragen, die bei der Initiationsfeier gestellt werden, zu verstehen und die darauf gegebenen Antworten das ganze Leben hindurch im Gedächtnis zu behalten. Nach *sacr.* dient sie dazu, diese Sinnesorgane für die Predigt und den Zuspruch des Bischofs zu öffnen. Man ginge sicherlich fehl, wollte man zwischen den Begründungen einen Gegensatz sehen. Wahrscheinlich nennt Ambrosius jeweils nur einen Teilaspekt.

Obwohl der Effata-Ritus erstmals von Ambrosius erwähnt wird, ist anzunehmen, daß er nicht von ihm in die Initiationsfeier eingeführt worden ist. Ferner drängt sich

---

[77] *Myst.* 3.

die Vermutung auf, die Zeremonie sei nicht ursprünglich von Mk 7,32–35 inspiriert. Die deutlich erkennbare Verlegenheit des Kirchenvaters, der Berührung der Nase eine sinnvolle Deutung zu geben, läßt vielmehr darauf schließen, daß ein schon länger bestehender Ritus, über dessen Ursprung wir nichts wissen, mit Hilfe von Mk 7,32–35 uminterpretiert worden ist[78].

Nach dem Geheimnis der Öffnung zog der Bischof mit seinen Assistenten und den Initianden — wahrscheinlich in einer Prozession — zum Baptisterium, das nun aufgeschlossen wurde[79].

Taufwasserweihe

Im Baptisterium, von Ambrosius als „Allerheiligstes" (*sancta sanctorum*) und „Heiligtum der Wiedergeburt" (*regenerationis sacrarium*) bezeichnet[80], fand als erstes die Taufwasserweihe statt, die vom Bischof vorgenommen wurde[81].

Das Weihegebet bestand aus zwei Hauptteilen: einem Exorzismus und einem Konsekrationstext. Der Konsekrationstext gliederte sich seinerseits in zwei Abschnitte, deren Reihenfolge unklar bleibt: eine Dreifaltigkeitsepiklese und einen Lobpreis.

Über die Beschwörungsformel, die das Weihegebet eröffnete, bemerkt der Kirchenvater, sie sei ein „Exorzismus entsprechend der geschaffenen Substanz des Wassers" gewesen[82]. Dieser Hinweis läßt zwar spontan an die Wendung *Exorcizo te, creatura aquae* denken, mit der der Exorzismus zur Segnung des Wassers im Rituale Romanum

---

[78] Vgl. KRETSCHMAR, *Geschichte* 225f.   [79] Vgl. *myst.* 5.
[80] *Myst.* 5. Die Bezeichnung „Allerheiligstes" findet sich auch bei CYRILL VON JERUSALEM, *myst. cat.* 1,11 (SCh 126bis, 102).
[81] Vgl. *sacr.* 1,18; *myst.* 8. Zur Stellung der Taufwasserweihe in der Abfolge der Initiationsriten vgl. SCHMITZ, *Gottesdienst* 85–87.
[82] *Sacr.* 1,18.

von 1614 beginnt[83]. Da Ambrosius jedoch über Inhalt und Form schweigt, ist nicht auszumachen, ob hier eine direkte Beschwörung des Wassers oder eine Beschwörung des Teufels, der als im Wasser hausend gedacht wurde, gemeint ist. Deshalb läßt sich auch nichts über die kosmologischen Anschauungen sagen, die dem ambrosianischen Exorzismus zugrunde lagen.

Nach dem Exorzismus, so fährt Ambrosius in *sacr.* fort, „spricht er (*sc.* der Bischof) eine Anrufung, verbunden mit der Bitte, daß der Taufbrunnen geheiligt werde und die ewige Dreifaltigkeit anwesend sei"[84]. Aus *sacr.* 2,14 geht hervor, daß die Ausdrücke „Anrufung" und „Bitte" nicht auf zwei verschiedene Abschnitte des Taufwasserweihegebets verweisen, sondern ein einziges Teilstück umschreiben, das man als „Dreifaltigkeitsepiklese" bezeichnen kann.

Analog zum eucharistischen Hochgebet bildete das Kernstück dieses Abschnitts des Taufwasserweihegebets nicht ein vom Bischof formulierter Text, sondern ein Wort Christi, nämlich der Taufbefehl Mt 28,19. Hinter der Verwendung eines Schriftzitats stand die Überzeugung, ein Wort Christi besitze größere Wirkkraft als ein menschliches Wort[85].

Bei dem Lobpreis handelte es sich um eine rühmende Preisung des Kreuzes Christi[86], über die wir ebenfalls keine Einzelheiten erfahren.

Die Bedeutung der Taufwasserweihe umschreibt Ambrosius unterschiedlich: Sie bewirkt, daß der Vater und der Sohn dem Wasser den Heiligen Geist eingießen[87], und dient dazu, die drei Zeugen Wasser, Blut (Tod Christi) und

---

[83] Vgl. *Ordo ad faciendam aquam benedictam* (*Rit. Rom.*, *Tit.* 8,2).
[84] *Sacr.* 1,18.   [85] Vgl. *sacr.* 2,14.
[86] Vgl. *myst.* 14; *sacr.* 3,14; siehe ferner *sacr.* 2,13.
[87] Vgl. *spir.* 1,89f (CSEL 79, 53f); *sacr.* 1,15.

Geist (vgl. 1 Joh 5, 8) zu vereinen und so das Sakrament der Taufe zu konstituieren[88].

Obwohl Ambrosius der Überzeugung war, daß alles Wasser durch die Taufe Jesu gereinigt und auf diese Weise befähigt worden ist, als Mittel der Taufspendung zu dienen[89], hielt er in Übereinstimmung mit zahlreichen anderen Theologen des Altertums bei der feierlichen Taufe (über die Nottaufe spricht er nicht) eine eigene Taufwasserweihe für unverzichtbar; denn nach seiner Auffassung schenkt nicht jedes Wasser Heilung: „Nur das Wasser heilt, in dem die Gnade Christi wohnt", die ihm aufgrund des Weihegebets vermittelt wird[90].

Vergleicht man die Aussagen des Ambrosius über die Taufwasserweihe mit denen über die eucharistische Konsekration, so zeigt sich eine deutliche Analogie. In beiden Fällen erfolgt nach ihm eine Umwandlung der Natur.

Präbaptismale Salbung

Bei der präbaptismalen Salbung[91] handelte es sich offenbar um eine Salbung des ganzen Körpers; dies legt der Vergleich mit der Athletensalbung nahe[92]. Vollzogen wurde sie von einem Diakon und einem Presbyter. Eine Begleitformel scheint es nicht gegeben zu haben. Der Ritus hatte den Sinn, die Täuflinge für den lebenslangen Kampf mit dem Satan und der Welt zu rüsten.

---

[88] Vgl. *myst.* 20.   [89] Vgl. *in Luc.* 2,83 (CCL 14, 67).
[90] Vgl. *sacr.* 1,15; *myst.* 14; 19f.   [91] Vgl. *sacr.* 1,4.
[92] Eine präbaptismale Ganzsalbung, die allerdings der Abrenuntiation folgte, bezeugen ferner CYRILL VON JERUSALEM, *myst. cat.* 2,3 (SCh 126bis, 106–108), und JOHANNES CHRYSOSTOMUS, *cat. ad ill.* 2,24 (SCh 50bis, 147). Darüber hinaus erwähnt dieser noch eine Stirnsalbung, die am Freitag vor Ostern vorgenommen wurde, vgl. *cat. ult. ad bapt.* 7 (173 PAPADOPOULOS-KERAMEUS); *cat. ad ill.* 2,22f (SCh 50bis, 145–147).

Abrenuntiation

Wie die Ringkämpfer sogleich nach ihrer Salbung die Arena betraten, um sich ihren Gegnern zu stellen, so auch die Taufbewerber: Der präbaptismalen Salbung folgte die Abrenuntiation, in der sich die Initianden vom Teufel und der Welt lossagten[93]. Dazu wandten sie sich nach Westen, das heißt, sie nahmen den Feind in den Blick[94]. Der Westen als die Himmelsrichtung, in der die Sonne untergeht, galt in der Antike als Ort der finsteren Mächte und Dämonen, bei den Christen entsprechend als Ort Satans. Die Absage hatte folgenden Wortlaut[95]:

Frage:
  „Widersagst du dem Teufel und seinen Werken?"
Antwort:
  „Ich widersage."
Frage:
  „Widersagst du der Welt und ihren Vergnügungen?"
Antwort:
  „Ich widersage."

Auffällig an dieser Formel ist die Zweigliedrigkeit, die sonst nirgends in der Alten Kirche bezeugt ist. Die Doppelfrage mit jeweils zwei Gliedern ist in Mailand noch lange nach Ambrosius üblich gewesen[96].

Allem Anschein nach sind die Abrenuntiationsfragen von einem Diakon gestellt worden; denn Ambrosius bemerkt in *sacr.* 1,6: „Bedenke, wo du dein Versprechen abgelegt und wem du es gegeben hast! Du hast einen Leviten gesehen; er ist jedoch ein Diener Christi. Du hast ihn vor dem Altar Dienst tun sehen. Also wird dein Schuld-

---

[93] Vgl. *sacr.* 1,5–8; *myst.* 5–7.
[94] Vgl. *myst.* 7. Die Ausrichtung nach Westen bei der Abrenuntiation kennt auch CYRILL VON JERUSALEM, *myst. cat.* 1,2 (SCh 126bis, 84).
[95] *Sacr.* 1,5.   [96] Vgl. KIRSTEN, *Taufabsage* 64 f.

schein nicht auf der Erde, sondern im Himmel aufbewahrt."

Das erste Glied der Abrenuntiationsformel beinhaltet die Absage an den „Fürsten dieser Welt", den „Urheber jeder Sünde", dessen Werke in allen Arten von Vergehen und Lastern bestehen. Im zweiten Glied sagte sich der Initiand zunächst vom „Herrschaftsgebiet des Teufels" los, in dem Bosheit, Habsucht und Ungerechtigkeiten herrschen, wo es nichts anderes als Versuchungen gibt. Dann versprach er, Vergnügungssucht, Genußsucht, Prunkliebe, Ausschweifung, Zügellosigkeit und ähnliches zu meiden.

Ambrosius betont nachdrücklich, daß die Neugetauften mit diesem Akt eine strenge Verpflichtung eingegangen sind, der sie sich nicht ungestraft entziehen können[97].

Im Anschluß an die Abrenuntiation drehten sich die Initianden nach Osten um und schauten in die Richtung Christi[98]. Diese Ausrichtung hielten sie während des folgenden Taufakts bei.

Taufakt
Nachdem die Initianden sich nach Osten gewandt hatten, ging der Bischof, vermutlich von einem Diakon begleitet, an die Ostseite oberhalb der Piszine, wo sich die Taufstelle befand[99]. Ferner stiegen ein Presbyter und mehrere (wenigstens zwei) Diakone in das Innere des Taufbeckens hinab[100]. Dann begaben sich die Täuflinge einzeln nacheinander in das Wasser[101] und gingen zur Taufstelle. Dort

---

[97] Vgl. *sacr.* 1,5.8. Siehe dazu CYRILL VON JERUSALEM, *myst. cat.* 1,5 (SCh 126bis, 90). Als Gegenstück zur Abschwörung bezeugt JOHANNES CHRYSOSTOMUS, *cat. ult. ad bapt.* 6 (172 PAPADOPOULOS-KERAMEUS) sowie *cat. ad ill.* 2,21 (SCh 50bis, 145), eine Zusage an Christus.
[98] Vgl. *myst.* 7. So ebenfalls CYRILL VON JERUSALEM, *myst. cat.* 1,9 (SCh 126bis, 98).
[99] Vgl. *sacr.* 1,9f.   [100] Vgl. *sacr.* 2,16.
[101] Vgl. *sacr.* 1,9f.18; 2,16; *myst.* 28.

angekommen, stellte ihnen der Bischof damaligem Brauch gemäß drei Fragen[102]:

„Glaubst du an Gott, den allmächtigen Vater?"
„Glaubst du an unseren Herrn Jesus Christus und sein Kreuz?"
„Glaubst du auch an den Heiligen Geist?"

Auf jede der drei Fragen antwortete der Täufling: „Ich glaube" und vollzog eine *mersio*.

Ungewöhnlich an dem Taufbekenntnis ist die Erweiterung der zweiten Frage. Die Erwähnung des Kreuzes ist offensichtlich ein Sonderbrauch der Liturgie des Ambrosius gewesen; denn sie wird sonst nirgends in der Alten Kirche bezeugt. Das ausdrückliche Bekenntnis des Täuflings zum Kreuz Christi erinnert an die Ausführungen über die Taufwasserweihe, in denen der Kirchenvater die Notwendigkeit der *praedicatio crucis* betont[103]. Wie das Taufwasser ohne die rühmende Erwähnung des Kreuzes in der Weiheformel keine heilsame Wirkung ausüben kann, so kann auch die Taufe ohne den Glauben an das Kreuz kein Heil vermitteln. Im Kreuz Christi hat ja die Taufe ihren Ursprung[104], und von ihm empfängt sie ihre heilbringende Kraft. Die Taufe ist nach Ambrosius geradezu das „Sakrament des Kreuzes"[105].

Als Begründung dafür, daß der Taufritus nicht bloß ein einmaliges, sondern ein dreifaches Bekenntnis vorsieht, führt Ambrosius an: Damit die zahlreichen Vergehen des früheren Lebens vergeben werden[106]. Dieses Argument stützt sich auf die symbolische Bedeutung der Zahl Drei.

---

[102] *Sacr.* 2,20; vgl. *myst.* 21; 28. Auf ein interrogatorisches Taufbekenntnis verweist auch CYRILL VON JERUSALEM, *myst. cat.* 2,4 (SCh 126bis, 110), während JOHANNES CHRYSOSTOMUS, *cat. ult. ad bapt.* 3 (170 PAPADOPOULOS-KERAMEUS) und *cat. ad ill.* 2,26 (SCh 50bis, 147), eine deklaratorische Taufformel bezeugt.
[103] S. o. 31. [104] Vgl. *sacr.* 2,6. [105] *Sacr.* 2,23. [106] Vgl. *sacr.* 2,20.

In der griechisch-römischen Antike war „drei" gleichbedeutend mit „viel". Von daher entspricht dann das dreimalige Bekenntnis der Vielzahl von Sünden.

Den äußeren Taufvorgang beschreibt Ambrosius in *sacr.* 3,1 mit *recipimur, demergimur* und *resurgimus,* in *sacr.* 3,2 mit *mergis* und *resurgis. Mergere* beziehungsweise *demergi* und *resurgere* beziehen sich auf die eigentliche Taufhandlung, während *recipi* die dafür notwendige Voraussetzung meint, nämlich das Hinabsteigen des Täuflings in den Taufbrunnen.

Als Gegenstücke zu *resurgere* (wieder aufstehen, sich wieder aufrichten, sich wieder erheben, wieder hervorkommen, wieder emporkommen) können die Ausdrücke *mergere / demergi* weder „taufen"/„getauft werden" noch „übergießen"/„übergossen werden", sondern nur „eintauchen"/„eingetaucht werden" oder „untertauchen"/„untergetaucht werden" bedeuten, zumal Ambrosius in *sacr.* 3,1 von *demergi in fontem* (in den Taufbrunnen sinken) spricht. Ähnlich formuliert er in *sacr.* 2,19 und 3,3.

Damit stimmt der sonstige Sprachgebrauch des Ambrosius überein. Er erwähnt in seinen Katechesen an drei Stellen die Klinge, die sich von der Axt des Prophetenschülers gelöst hat und ins Wasser gefallen ist. Von ihr sagt er: *ferrum demersum est*[107], beziehungsweise: *ferrum ... mersum est*[108]. *Mergi* und *demergi* haben hier eindeutig den Sinn von „untergehen", „versinken".

Wie oben schon erwähnt, betraten vor Beginn der Taufzeremonie ein Presbyter und mehrere (wenigstens zwei) Diakone das Taufbecken. Ambrosius sagt zwar nicht, zu welchem Zweck sie in die Piszine hinabstiegen, doch muß man annehmen, daß sie dort während der Taufhandlung bestimmte Aufgaben zu erfüllen hatten, die darin bestanden haben können, daß nach jeder der drei Glaubensfra-

---

[107] *Sacr.* 2,11; vgl. 4,18. [108] *Myst.* 51.

gen, die vom Bischof gestellt und vom Täufling beantwortet wurden, der Presbyter dem Initiand die Hände auflegte und die Diakone ihn in das Wasser hineinlegten und wieder aufrichteten. Die inneren Maße des Taufbeckens[109] und die Wassertiefe ließen ein solches Vorgehen zu.

Die Ansicht, in Mailand sei zur Zeit des Ambrosius die Taufe in Form eines Tauchbades gespendet worden, ist von verschiedenen Autoren mit dem Hinweis auf die geringe Wassertiefe der Piszine des von Ambrosius errichteten Baptisteriums der *Basilica maior* von höchstens 80 cm[110] zurückgewiesen worden. B. Kleinheyer schreibt über den Taufvorgang in Piszinen dieser Art: Aufgrund des archäologischen „Befundes geht das recht einhellige Urteil der Fachwelt dahin, daß durch Eintauchen ins Wasser und durch Übergießen mit Wasser (*immersio* und *infusio*) getauft wurde, nicht aber durch Untertauchung *(submersio);* nur so konnte man bei dieser Höhe des Wasserspiegels eine würdige Haltung beim Taufgeschehen wahren"[111]. Dem kann man folgendes entgegenhalten:
(1) Mit der Annahme, zur Zeit des Ambrosius sei in Mailand die Taufe durch Übergießen des im Wasser stehenden Täuflings gespendet worden, lassen sich die Hinweise des Kirchenvaters auf das äußere Taufgeschehen nicht vereinbaren.
(2) Die in einigen christlichen Sekten bis in die Gegenwart geübte Taufpraxis belegt, daß ein Untertauchen nicht von der Höhe des Wasserspiegels abhängt. Bei hohem Wasserstand werden in diesen Gemeinschaften die Täuflinge vom Täufer allein, bei niedrigem Wasserstand zusammen mit Helfern nach hinten ins Wasser gelegt. Dadurch wird keineswegs die Würde des Taufgeschehens verletzt.

---

[109] Der Abstand zweier gegenüberliegender Seiten betrug 5,16 m. Die Seiten besaßen eine Länge von 2,14 m. Vgl. MIRABELLA ROBERTI, *Battistero* 19.
[110] Vgl. ebd.   [111] KLEINHEYER, *Feiern* 60; vgl. ebd. 72f.

(3) Ergänzend sei hier noch hinzugefügt: Nur wenn man ein echtes Untertauchen annimmt, werden die Ausführungen des Ambrosius über das Schriftwort: „Erde bist du, und zur Erde wirst du zurückkehren" (Gen 3, 19)[112], sowie über das Begrabenwerden mit Christus[113] verständlich.

Zwar stellt Ambrosius gelegentlich die Taufe als Reinigungsbad dar, dennoch stehen in seinen Taufkatechesen und den übrigen Schriften eindeutig das sinnbildliche Sterben, Gekreuzigt- und Begrabenwerden sowie das Auferstehen mit Christus im Vordergrund[114]. Dies ist um so bemerkenswerter, als er der erste westliche Autor ist, der die Taufe von Röm 6 her interpretiert. Vermutlich hat Ambrosius die Anregung dazu aus dem Osten erhalten, wo man schon früher begonnen hatte, im Rahmen der Tauferklärung Röm 6 zu zitieren[115].

Als Wirkung des Sterbens, Gekreuzigt- und Begrabenwerdens gibt Ambrosius das „Ende der Sünde" an; die Auferstehung bedeutet für ihn „die Wiederherstellung der Natur"[116]. Das Ende der Sünde durch den Tauftod ist nach Ambrosius gleichzusetzen mit der Vergebung aller Sünden, ein Vorgang, den er auch als Reinigung, Ausziehen des alten Menschen oder Heilung bezeichnet. Die Wiederherstellung der Natur in der Auferstehung umschreibt Ambrosius mit Erneuerung, Wiedergeburt, Rechtfertigung und Anziehen des neuen Menschen. Der Täufling empfängt Gnade, die ihn in ein neues Geschöpf verwandelt und ihm neues Leben verleiht. Ferner schenkt die Taufe Erleuchtung. Auf dem Weg der Adoption wird der Täuf-

---

[112] Vgl. *sacr.* 2, 17–19.   [113] Vgl. *sacr.* 2, 20.
[114] Der Gedanke von der Teilhabe am Paschamysterium Christi durch die Taufe findet sich ebenfalls bei CYRILL VON JERUSALEM, *myst. cat.* 2, 4. 6 f; 3, 2 (SCh 126bis, 110–112. 114–118; 124), und JOHANNES CHRYSOSTOMUS, *ad ill. cat.* 1, 2 (PG 49, 225), *cat. de iur.* 3–5 (169–172 PAPADOPOULOS-KERAMEUS) und *cat. ad ill.* 2, 11; 7, 21 f (SCh 50bis, 139; 239 f).
[115] Vgl. KRETSCHMAR, *Geschichte* 93. 174.   [116] Vgl. *sacr.* 2, 17.

ling ein Kind Gottes, Bruder Christi und zugleich Erbe Gottes und Miterbe Christi.

Obwohl Ambrosius die Anwesenheit und das Wirken des Geistes beim Taufakt nachdrücklich hervorhebt[117], spricht er nirgendwo davon, daß den Täuflingen durch den Taufakt der Heilige Geist verliehen werde. Er folgt vielmehr einer alten Tradition, die den Geistempfang mit einem Ritus nach dem Taufbad verbindet[118]. Diese Zweigliederung der Taufe ist letztlich darauf zurückzuführen, daß die Sakramentenlehre noch in ihren Anfängen steckte.

Durchzug durch den Taufbrunnen

In dem Durchschreiten des Taufbeckens, bei dem die Initianden aufeinander folgten, sieht Ambrosius eine Nachbildung des Durchzugs der Israeliten durch das Rote Meer (vgl. Ex 14)[119]. „Die feierliche Taufspendung in der Zeit des Pascha legte diese Symbolik nahe, da ja auch das jüdische Pascha an den denkwürdigen Auszug aus Ägypten erinnern sollte."[120] In Anlehnung an Philo von Alexandrien, der den Ausdruck „Pascha" als Übergang im Sinn von Hinübergang interpretierte[121], gibt Ambrosius dieses Wort in *sacr.* mit *transitus* wieder[122]. Er deutet es hier allerdings nicht mit Philo im moralischen Sinn als Übergang von der Leidenschaft zur Übung der Tugend, sondern im symbolischen Sinn als Darstellung der unsichtbaren gnadenhaften Umwandlung des Menschen[123].

---

[117] Vgl. *sacr.* 1,15.17–19.22; 2,14f; *myst.* 9; 11; 13; 19; 22–24; 59.
[118] Vgl. KRETSCHMAR, *Geschichte* 105f. CYRILL VON JERUSALEM schreibt die Geistmitteilung der postbaptismalen Salbung zu; siehe *myst. cat.* 3,1–6 (SCh 126bis, 120–130). Anders JOHANNES CHRYSOSTOMUS: Nach ihm erfolgt die Herabkunft des Geistes beim Taufakt selbst; vgl. *cat. ad ill.* 2,25 (SCh 50bis, 147).
[119] Vgl. *sacr.* 1,12.   [120] DÖLGER, *Durchzug* 63.
[121] Vgl. DÖLGER, *Durchzug* 63; MOHRMANN, *Pascha* 214f.
[122] Vgl. *sacr.* 1,12.   [123] Vgl. dazu JACOB, *Arkandisziplin* 212–218.

Salbung des Hauptes

Nachdem die Neugetauften das Taufbecken verlassen hatten, folgte ein Ritus, von dem Ambrosius erklärt, er habe den Schriftworten Ps 133,2 und Hld 1,3 entsprochen[124]. Das heißt: Es schloß sich die Salbung des Hauptes an, bei der der Bischof so viel Öl auf den Kopf der Neugetauften goß, daß es herabfließen konnte. Eine zusätzliche Signation der Stirn war nicht üblich[125].

Ambrosius begründet die Salbung des Hauptes in *sacr.* 3,1 mit den Worten: „Du empfängst ferner das Myron, das ist ein Salböl, auf das Haupt. Warum auf das Haupt? Weil ‚die Sinne des Weisen in seinem Haupt sind' (Koh 2,14), sagt Salomo. Die Weisheit ist nämlich ohne Gnade unwirksam. Aber sobald die Weisheit Gnade empfangen hat, beginnt ihr Werk vollkommen zu sein. Das nennt man Wiedergeburt." Der Wortlaut des Schrifttextes, auf den sich Ambrosius beruft, bedarf einer Erläuterung. Der Kirchenvater führt Koh 2,14 insgesamt 16mal in seinen Schriften an. Viermal liest er „Sinne des Weisen" statt „Augen des Weisen". Sehr wahrscheinlich handelt es sich dabei um eine Anwendung des biblischen Textes, die von ihm selbst stammt; denn die genannte Wendung ist außerhalb der ambrosianischen Schriften nirgends bezeugt. Der Bischof begleitete die Salbung mit folgender Formel, deren Herkunft unbekannt ist:

> „Gott, der allmächtige Vater, der dich aus dem Wasser und dem Geist wiedergeboren und dir deine Sünden vergeben hat, salbt dich selbst zum ewigen Leben." [126]

---

[124] Vgl. *myst.* 29.
[125] Zur postbaptismalen Salbung bei CYRILL VON JERUSALEM vgl. *myst. cat.* 3 (SCh 126bis, 120–132). JOHANNES CHRYSOSTOMUS erwähnt diese Salbung nicht. Nach seinen Worten folgen auf den Taufakt Friedenskuß und Eucharistiefeier; vgl. *cat. ult. ad bapt.* 10 (175 PAPADOPOULOS-KERAMEUS) sowie *cat. ad ill.* 2,27 (SCh 50bis, 148f.).
[126] *Sacr.* 2,24.

Eine ähnliche Formel findet sich in römischen, norditalienischen und gallischen Sakramentaren.

Nach unserer heutigen theologischen Auffassung stellt die postbaptismale Salbung einen ausdeutenden Ritus dar, der veranschaulicht, was im Taufakt geschehen ist. Für Ambrosius war sie dagegen eine wirkmächtige Handlung, die den Taufakt ergänzt: Durch die Salbung des Hauptes wird den Neugetauften Gnade geschenkt, die die menschliche Weisheit vervollkommnet und dadurch die im Taufakt begonnene Wiedergeburt abschließt[127]. Wie dies näher zu verstehen ist, erläutert Ambrosius in der Schrift *De Helia et ieiunio:* Der Mensch wird durch die aufgrund der Salbung verliehene Gnade befähigt, die Geheimnisse Gottes zu erfassen[128]. Diese Deutung der Salbung geht, wie schon gesagt, auf Ambrosius selbst zurück.

Anders verhält es sich bei der zweiten Wirkung, die Ambrosius der postbaptismalen Salbung zuschreibt. In Anlehnung an 1 Petr 2, 9 deutet er sie als einen Akt, durch den die Neugetauften die Würde des geistlichen Priestertums und des geistlichen Königtums erhalten[129]. Diese Interpretation ist in der Tradition verankert und beruht auf der Nachahmung der alttestamentlichen Priestersalbung.

Nur wenige Male bezeichnet Ambrosius die Gläubigen ausdrücklich als Priester, spricht aber an zahlreichen Stellen von deren priesterlichem Handeln[130]. Von 1 Petr 2, 5 und Röm 12, 1 ausgehend betrachtet er als grundlegenden priesterlichen Dienst der Getauften, sich selbst Gott als geistliches Opfer darzubringen. Dieses Opfer beginnt in der Taufe, die der Kirchenvater mit der Darbringung der Erstlingsgaben im Alten Bund vergleicht, und muß sich

---

[127] Vgl. *sacr.* 3,1.   [128] Vgl. *Hel.* 36 (CSEL 32/2, 433).
[129] Vgl. *sacr.* 4,3; *myst.* 30.
[130] Vgl. dazu GRYSON, *Prêtre* 66–95; STUDER, *Sacerdozio.*

das ganze Leben hindurch fortsetzen. Opfer der Gläubigen nennt er ferner das Gebet, insbesondere die Fürbitte, die Buße, die ein Sünder verrichtet, das Martyrium und die Jungfräulichkeit. Darüber hinaus kennt er auch ein priesterliches Handeln der Gläubigen im Rahmen der Liturgie, und zwar die Gabendarbringung zu Beginn der Eucharistiefeier, die er als Opferdarbringung charakterisiert[131].

Ihr Königtum verwirklichen die Getauften, indem sie ihren Körper und dessen Leidenschaften beherrschen[132].

Die dritte Bedeutung der postbaptismalen Salbung, die ebenfalls aus der Überlieferung stammt, kommt in der Begleitformel zur Sprache, wo das Übergießen des Hauptes mit Chrisam als „Salbung zum ewigen Leben" bezeichnet wird. Das Bindeglied zwischen der Salbung und dem ewigen Leben bildet der Wohlgeruch des Myron, der als Symbol des „Wohlgeruchs des ewigen Lebens"[133] beziehungsweise des „Wohlgeruchs der Auferstehung"[134] galt.

Was Ambrosius unter der „Salbung zum ewigen Leben" verstanden hat, geht aus den kurzen Bemerkungen, die er der Salbungsformel folgen läßt, nicht klar hervor. Er fordert darin die Zuhörer auf, sich nicht vom Glauben abbringen zu lassen und stets das zu wählen, was dem ewigen Leben, das sie in der Taufe empfangen haben, entspricht[135]. Vielleicht hat der Kirchenvater mit der Salbung eine von Gott ausgehende Stärkung verbunden, die den Getauften helfen soll, die jeweils richtige Entscheidung zu treffen.

Lesung der Perikope Joh 13
Auf die Salbung des Hauptes folgte eine Lesung aus Joh 13[136]. Vorgetragen wurde der Abschnitt über die Fußwaschung der Apostel. Der Umfang der Perikope ist den

---

[131] Siehe dazu unten 52f.
[132] Vgl. *in psalm. 118* 14, 30 (CSEL 62, 318); *Isaac* 16 (CSEL 32/1, 653f). Siehe dazu SEIBEL, *Fleisch und Geist* 43.
[133] *Myst.* 3.   [134] *Myst.* 29.   [135] Vgl. *sacr.* 2, 24.   [136] Vgl. *sacr.* 3, 4.

Katechesen des Ambrosius nicht genau zu entnehmen. Nur so viel geht aus *sacr.* und *myst.* hervor, daß sie die Verse 4–14 enthielt[137]. Wer das Evangelium verkündet hat, wird ebenfalls nicht gesagt. Wir dürfen aber davon ausgehen, daß es ein Diakon gewesen ist.

Fußwaschung
An die Verkündigung des Evangeliums schloß sich sogleich die Fußwaschung an. Dabei nahm der Bischof die Waschung vor, und Presbyter trockneten die Füße der Neugetauften ab[138].

Man hat Ambrosius den Vorwurf gemacht, die Tauffußwaschung widerspräche der Gewohnheit der römischen Kirche. Er selbst war jedoch von der Richtigkeit seines Tuns überzeugt und verteidigt deshalb mit Leidenschaft die mailändische Sitte[139].

Auf den Sinn der Fußwaschung kommt Ambrosius außer in den Taufkatechesen noch in drei weiteren Schriften, *De virginitate*, *De Spiritu Sancto* und *Explanatio super psalmos 12*, zu sprechen[140]. Schon allein diese Tatsache zeigt, daß er der Fußwaschung eine große Bedeutung beigemessen hat. Wir beschränken uns hier in der Hauptsache auf die betreffenden Textpassagen in *sacr.* und *myst.* und ziehen andere Werke nur heran, soweit sie einen Beitrag zum besseren Verständnis der Ausführungen in den Taufkatechesen leisten.

Die liturgische Praxis und die Theologie der Fußwaschung, denen wir bei Ambrosius begegnen, sind geprägt von dessen Auslegung von Joh 13.

An erster Stelle steht hier das Wort Jesu: „Wenn ich dir die Füße nicht wasche, wirst du keinen Anteil an mir

---

[137] Vgl. *sacr.* 3,4–7; *myst.* 31–33.   [138] Vgl. *sacr.* 3,4.
[139] Vgl. *sacr.* 3,5f.
[140] Vgl. *virginit.* 57f (26f CAZZANIGA); *spir.* 1, Prol. 12–16 (CSEL 79, 20–22); *in psalm.* 48,8f (CSEL 64, 365f).

haben" (Joh 13,8), das Ambrosius nicht nur auf Petrus, sondern auf jeden Getauften bezieht. Aus diesem Wort folgert er, daß die Fußwaschung ein Mysterium ist, das Heiligung bewirkt, indem es Anteil an Christus gewährt[141]. Ja, er geht sogar noch einen Schritt weiter: Wer an Christus Anteil haben will, muß sich die Füße waschen lassen[142]. Da es Sinn der Initiationsfeier ist, den Taufbewerbern die volle Gemeinschaft mit Christus zu vermitteln, bildet für Ambrosius die Fußwaschung ein unverzichtbares Element der Feier.

An zweiter Stelle steht Joh 13,14: „Wenn ich, der Herr und Meister, euch die Füße gewaschen habe", wieviel mehr „müßt auch ihr einander die Füße waschen." Ambrosius sieht darin einen Auftrag Jesu, den auszuführen er im Gehorsam verpflichtet ist. Würde er ihn unterlassen, müßte er sich in der Feier der Mysterien und damit vor Christus schämen[143].

Hinsichtlich der reinigenden Funktion, die der Fußwaschung nach dem Johannesevangelium zukommt, erklärt Ambrosius in *sacr.*, durch sie werde „das Gift der Schlange abgewaschen"[144]. Dahinter steht die Auffassung, der Teufel habe in Gestalt der Schlange auf Adams Füße Gift gespritzt, das die menschlichen Affekte in Aufruhr versetzte. Indem das Gift durch die Fußwaschung beseitigt wird, sollen also die menschlichen Affekte zur Ruhe gebracht werden. Diese Reinigung stellt nach Ambrosius zugleich eine Stärkung des Neugetauften dar, damit er in Zukunft nicht mehr vom Teufel zu Fall gebracht werden, also in der Gnade verharren kann.

Was die Wirkung der Fußwaschung betrifft, so scheint die Erläuterung in *myst.* 32 erheblich von der in *sacr.* ab-

---

[141] Vgl. *sacr.* 3,4f; *myst.* 31. [142] Vgl. *virginit.* 57 (26f CAZZANIGA).
[143] Vgl. *myst.* 33; *sacr.* 3,7. [144] *Sacr.* 3,7.

zuweichen[145]. Ambrosius schreibt dort nämlich, die eigenen Sünden *(peccata propria)* würden durch die Taufe, die ererbten Sünden *(peccata hereditaria)* durch die Fußwaschung nachgelassen. Einen Gegensatz zwischen *myst.* und *sacr.* kann jedoch nur sehen, wer den Ausdruck „ererbte Sünden" mit unserem heutigen Begriff „Erbsünde" gleichsetzt — was unzulässig ist. Mit den „ererbten Sünden" meint Ambrosius an der angegebenen Stelle den Hang zum Bösen (Konkupiszenz), den er in *De Iacob et vita beata* ausdrücklich als Sünde bezeichnet[146].

Eine wichtige Hilfe zum Verständnis von *myst.* 32 bietet *in psalm.* 48. Dort unterscheidet Ambrosius zwei Arten von Ungerechtigkeit: unsere und die unserer Ferse[147]. Die erste entspricht den *peccata propria* und die zweite den *peccata hereditaria*. Die „Ungerechtigkeit unserer Ferse" ist eine unverschuldete Erbschaft Adams, die auf alle Menschen übergeht. Sie besteht in der „Neigung zum Sündigen". Die Wirkung der Fußwaschung besteht darin, daß sie die unverschuldete Erbschaft, also die Neigung zum Sündigen, beseitigt und dadurch Standhaftigkeit in der Tugend vermittelt. Ambrosius bietet folglich in *sacr.* und *myst.* die gleiche Interpretation der Fußwaschung, wenn auch mit unterschiedlichen Worten.

Wenn der Kirchenvater in *myst.* sagt, durch die Fußwaschung werde die Konkupiszenz weggenommen oder aufgehoben, so liegt darin eine rhetorische Übertreibung; denn er wußte sehr wohl um die verbleibende Schwäche des Menschen[148]. Mit *sacr.* ist die Aussage in dem Sinn zu verstehen, daß die Fußwaschung den Neugetauften die Kraft verleiht, ihrer Neigung widerstehen zu können.

---

[145] Vgl. zum folgenden HUHN, *Ambrosiuswort*.
[146] Vgl. *Iac.* 1, 13 (CSEL 32/2, 13).
[147] Vgl. *in psalm.* 48, 8 f (CSEL 64, 365 f).
[148] Vgl. DASSMANN, *Frömmigkeit* 268 f.

Die Tauffußwaschung ist zwar für verschiedene Orte der Alten Kirche bezeugt, doch konnte bislang nicht geklärt werden, wie der Brauch entstanden ist. Ferner gibt es keinerlei Hinweise darauf, wann und durch wen er in Mailand eingeführt worden ist. Im Unterschied zur liturgischen Praxis steht die ambrosianische Theologie der Fußwaschung einzig da.

Überreichung des weißen Taufkleides
Nach der Fußwaschung, so berichtet Ambrosius in *myst.*, empfingen die Neugetauften ein weißes Taufkleid[149]. In *sacr.* schweigt er darüber, spielt aber darauf an, wenn er die Gruppe der Neugetauften als *familia candidata* bezeichnet[150].

In welcher Weise die Übergabe des Taufkleides erfolgte, sagt Ambrosius nicht. Möglicherweise wurde der Akt formlos vollzogen. Darauf könnte außer dem Schweigen des Ambrosius in *sacr.* die Tatsache hindeuten, daß die spätere mailändische Liturgie bis zum Rituale des heiligen Carlo Borromeo keine eigene Zeremonie der Überreichung des weißen Kleides kannte.

In der Taufsymbolik der Alten Kirche spielte vor allem die Farbe des Kleides eine Rolle. Antiken Vorstellungen entsprechend galt die weiße Farbe als Sinnbild der durch die Taufe bewirkten inneren Reinheit. Diese Vorstellung begegnet uns auch bei Ambrosius, der das weiße Kleid als Zeichen dafür deutet, „daß du die Hülle der Sünden ausgezogen und das reine Gewand der Unschuld angelegt hast"[151].

Siegelung mit dem Heiligen Geist
An die Überreichung des weißen Kleides schloß sich ein Ritus an, dessen Sinn darin bestand, die Neophyten mit dem Heiligen Geist zu „siegeln"[152].

---

[149] Vgl. *myst.* 34.   [150] *Sacr.* 5,14.   [151] *Myst.* 34.   [152] Vgl. *sacr.* 3,10.

CHRISTLICHE INITIATION

H. Caprioli hat sich eingehend mit den Texten befaßt, in denen Ambrosius vom „geistlichen Siegel" spricht, um dessen Bedeutung aus der Sicht des Kirchenvaters zu erhellen[153]. Dabei stützt er sich auf eine Untersuchung von I. de la Potterie über 2 Kor 1, 21 f[154], eine Stelle, die Ambrosius in Verbindung mit dem „geistlichen Siegel" zitiert. Jedoch sind die Ausführungen Capriolis wenig vertrauenswürdig, da er verschiedene Aussagen Potteries falsch interpretiert hat und dadurch bei der Auslegung von Ambrosiustexten verschiedentlich zu Fehlschlüssen gekommen ist.

Der Ritus der geistlichen Siegelung bestand zunächst einmal aus einer Epiklese, in der der Bischof Gott darum bat, den Neugetauften den Heiligen Geist einzugießen, das heißt, ihnen das „geistliche Siegel" *(signaculum spiritale)* einzuprägen[155]. Anders als bei der Erklärung der postbaptismalen Salbung teilt Ambrosius den Wortlaut des Gebets zur Siegelung nicht mit. Die Ausführungen in *sacr.* und *myst.* lassen vermuten, daß das Gebet eine Aufzählung der sieben Gaben des Heiligen Geistes nach Jes 11, 2 f enthielt. Dies wäre für die zweite Hälfte des 4. Jahrhunderts nichts Ungewöhnliches; denn der Brauch, in der „Firmungs-Epiklese" die sieben Gaben des Heiligen Geistes einzeln zu nennen, ist schon vor Ambrosius bezeugt.

Als zweites Element umfaßte der Ritus der geistlichen Siegelung die Bezeichnung der Neophyten mit dem Kreuzzeichen, die wohl auf der Stirn vorgenommen wurde. Darauf verweist Ambrosius in *sacr.* 6, 7, wenn er sagt: „Christus hat dir das Siegel eingeprägt. Wieso? Weil du mit dem Zeichen seines Kreuzes besiegelt worden bist, mit dem (Zeichen) seines Leidens."

---

[153] Vgl. CAPRIOLI, *Battesimo* 83–91.
[154] Vgl. POTTERIE, *L'onction du chrétien*.
[155] Vgl. *sacr.* 3, 8; *myst.* 42; *spir.* 1, 79 f (CSEL 79, 48).

Weniger deutlich als in *sacr.* äußert sich Ambrosius über die mit der inneren Siegelung verbundene körperliche Siegelung in seiner Schrift *De Spiritu Sancto*[156]. Darin wendet er sich gegen Häretiker, die aus der Tatsache, daß „wir im Wasser und im Geist getauft werden", die Schlußfolgerung zogen, Wasser und Geist besäßen die gleiche Natur. Zunächst weist Ambrosius anhand des Taufakts nach, daß Wasser und Geist ihrer Natur nach verschieden sind, da ihnen unterschiedliche Funktionen zukommen[157], um dann am Beispiel der Siegelung aufzuzeigen, daß der Geist mit Gott, dem Vater, und mit Christus vereint und somit göttlicher Natur ist[158]. Wörtlich schreibt Ambrosius: „Wir sind also von Gott mit dem Geist gesiegelt worden. Wie wir nämlich in Christus sterben, damit wir wiedergeboren werden, so werden wir auch mit dem Geist gesiegelt, damit wir seine Herrlichkeit und sein Bild und die Gnade bewahren können. Das ist schlechterdings das geistliche Siegel. Denn wenn wir auch dem Anschein nach am Körper gesiegelt werden, in Wirklichkeit werden wir jedoch im Herzen gesiegelt, damit der Heilige Geist in uns das Abbild des ‚himmlischen Bildes' deutlich hervortreten läßt."[159]

H. Caprioli bezieht die körperliche Siegelung, von der hier die Rede ist, auf den Taufakt und meint, wie zuvor Wasser und Geist[160], so seien in dem angeführten Zitat die körperliche Siegelung durch den Taufakt und die Siegelung des Herzens durch den Heiligen Geist einander gegenübergestellt. Diese Deutung ergibt aber im Zusammenhang der Ausführungen des Ambrosius keinen rechten Sinn. Anders verhält es sich, wenn man die Bemerkung

---

[156] Vgl. *spir.* 1,76–80 (CSEL 79, 47f).
[157] Vgl. *spir.* 1,76f (CSEL 79, 47).
[158] Vgl. *spir.* 1,78–80 (CSEL 79, 47f).
[159] *Spir.* 1,79 (CSEL 79, 48). [160] Vgl. *spir.* 1,76f (CSEL 79, 47).

über die Siegelung des Körpers und die Siegelung des Herzens auf ein und denselben Ritus bezieht: die postbaptismale Geistverleihung. Ambrosius war sehr darauf bedacht, daß der Blick seiner Zuhörer und Leser nicht an den sichtbaren Gegenständen oder Vorgängen haftenblieb. Er hebt deshalb in seinen Taufkatechesen immer wieder die überragende Bedeutung des Unsichtbaren hervor[161] und betont nachdrücklich: „Das aber, was unsichtbar ist, ist viel bedeutsamer als das, was sichtbar ist, da ‚das Sichtbare zeitlich, das Unsichtbare aber ewig ist' (2 Kor 4,18)"[162]. Das gleiche tut Ambrosius in dem zitierten Abschnitt aus *spir.*; denn er fährt fort mit den Worten: „Übrigens, damit wir wissen, daß dies mehr ein Siegel unseres Herzens als des Körpers ist, lehrt der Prophet, der sagt: ‚Eingeprägt ist in uns das Licht deines Angesichts, Herr; du hast mir Freude ins Herz gegeben' (Ps 4,7f)"[163].

Von *sacr.* 6,7 her ist das „Siegel des Körpers" nicht anders denn als Kreuzzeichen (auf der Stirn) zu deuten. Nach *spir.* ist es Sinn des „geistlichen Siegels", das Abbild Christi im Herzen deutlich hervortreten zu lassen. Ambrosius legte wie auch andere Bischöfe Wert darauf, daß der äußere Vorgang der inneren Wirkung entsprach.

Daß mit dem Kreuzzeichen eine Salbung verbunden war, wird in den Schriften des Ambrosius weder ausdrücklich gesagt noch auch nur angedeutet. Das gleiche gilt für den Gestus der Handauflegung.

Ambrosius bezeichnet die postbaptismale Siegelung als „Vollendung" der Taufe[164]. Ursprung und Entwicklung dieser Charakterisierung der Siegelung mit dem Heiligen Geist sind bis heute nicht ausreichend untersucht. Mögli-

---

[161] In bezug auf das Taufwasser vgl. *sacr.* 1,10.14; *myst.* 8; 15; 19; in bezug auf Brot und Wein vgl. *sacr.* 4,8.20; *myst.* 44; 50.
[162] *Sacr.* 1,10; vgl. *myst.* 8; 15.   [163] *Spir.* 1,80 (CSEL 79, 48).
[164] Vgl. *sacr.* 3,8.

cherweise kommt sie aus dem profangriechischen Sprachgebrauch. Wie zum Beispiel ein Vertrag oder ein Brief durch das Anbringen des Siegelabdrucks ihren Abschluß, ihre Vollendung finden[165], so bei Ambrosius die Taufhandlung durch die Einprägung des „geistlichen Siegels". Damit erreicht das Sakrament der Taufe seine Fülle[166].

An einigen Stellen von *sacr.* und *myst.* geht aus dem Kontext nicht eindeutig hervor, ob der Begriff *signaculum (spiritale)* im Sinn des Prägestempels oder des Siegelabdrucks zu verstehen ist. Daher bleibt dort das Verhältnis Christi und des Geistes im Rahmen der geistlichen Siegelung unklar[167]. Anders verhält es sich mit *spir.* Danach ist der Heilige Geist, der den Neugetauften von Gott eingegossen wird, gleichsam der Prägestempel, mit dem das Abbild des „himmlischen Bildes" in die Herzen eingedrückt wird[168]. Das eigentliche *signaculum spiritale* ist also das Bild Christi, durch das wir an der göttlichen Natur Anteil erhalten[169].

Mit der Einprägung des „geistlichen Siegels" verbindet Ambrosius auf der Linie der altkirchlichen Tradition zwei Verpflichtungen: erstens das Siegel unversehrt zu bewahren und zweitens missionarisch tätig zu werden. In *myst.* mahnt er seine Leser, die empfangene Gabe zu schützen[170]. Dabei sind die Gläubigen nicht auf sich allein gestellt. Nach *spir.* erhalten sie mit der Verleihung des „geistlichen Siegels" die Kraft, die Herrlichkeit und das Bild Christi sowie die Taufgnade bewahren zu können[171]. Der Verlust des Siegels hat den Ausschluß von der Eucharistie zur

---

[165] Vgl. DÖLGER, *Sphragis* 159f.   [166] Vgl. *myst.* 41.
[167] Vgl. *sacr.* 3,8–10; 6,5–8; *myst.* 41f.
[168] Vgl. *spir.* 1,79f (CSEL 79, 48).   [169] Vgl. dazu *sacr.* 6,7.
[170] Vgl. *myst.* 42.
[171] Vgl. *spir.* 1,79 (CSEL 79, 48). Siehe dazu *exam.* 6,39 (CSEL 32/1, 231); *in psalm. 118* 10,16 (CSEL 62, 212); *virg.* 1,48 (26 CAZZANIGA).

Folge[172]. Sollte das Siegel im Laufe des Lebens verlorengehen, so kann der Sünder es im Bußsakrament vom Vater zurückerhalten[173].

Offenbar angeregt durch die in Hld 8,6 erwähnten beiden Siegel, nämlich auf dem Herzen und auf dem Arm, die er in den Katechesen um ein drittes Siegel, und zwar auf der Stirn, ergänzt, fordert er die Neophyten auf, auf dreifache Weise apostolisch tätig zu sein: durch das öffentliche Bekenntnis des Glaubens, durch Liebe und durch gute Werke. So soll das dem Herzen eingeprägte Bild Christi — wenn möglich, in seiner umfassenden Gestalt — nach außen in Erscheinung treten[174].

b) Taufeucharistie

Nach der Siegelung mit dem Heiligen Geist begaben sich die Neophyten vom Baptisterium in die benachbarte Basilika, um dort zum ersten Mal die Eucharistie mitzufeiern[175]. Wahrscheinlich erfolgte der Einzug in die Kirche in Prozessionsform. Wir erfahren jedoch nichts Näheres darüber. Ebenfalls geben uns die Schriften des Ambrosius keine Auskunft, ob der Eucharistiefeier ein eigener Wortgottesdienst voranging oder nicht. Lückenhaft bleibt ferner unsere Vorstellung von der Eucharistiefeier selbst, da Ambrosius kein Gesamtbild vermittelt.

Gabendarbringung

Der erste Akt der Eucharistiefeier, den Ambrosius erwähnt, ist die Gabendarbringung, an der sich in der Osternacht die Neugetauften jedoch nicht beteiligen durften —

---

[172] Vgl. *in Luc.* 7, 232 (CCL 14, 294).
[173] Vgl. *paenit.* 2,18 (CSEL 73, 171); *in psalm. 118* 10, 16 (CSEL 62, 212 f).
[174] Vgl. *myst.* 41; *Iob* 4(2),36 (CSEL 32/2, 295 f); *Isaac* 75 (CSEL 32/1, 693 f); *in psalm. 118* 22,34 (CSEL 62, 505).
[175] Vgl. *sacr.* 3,11.

eine Eigentümlichkeit der ambrosianischen Liturgie, auf die später näher eingegangen wird[176]. Mit ziemlicher Sicherheit dürfen wir davon ausgehen, daß die in früheren Jahren getauften Gläubigen Brot und Wein überreichten. Ob es in Mailand wie an anderen Orten üblich war, darüber hinaus auch Gaben für die Kirche und die Armen zum Altar zu bringen, sagt Ambrosius nicht.

Bei dem zum eucharistischen Mahl bestimmten Brot handelte es sich um die gleiche Art, die bei den häuslichen Mahlzeiten verwendet wurde[177]. Dies war auch in Afrika der Fall. Das bezeugt Augustinus in einer Predigt, die er an einem Ostersonntag gehalten hat, wenn er sagt: „Was ihr auf dem Tisch des Herrn seht, das seid ihr — soweit die Gestalt der Dinge selber in Betracht kommt — auf euren Tischen zu sehen gewohnt. Es ist das gleiche Aussehen, aber nicht die gleiche Wirkkraft."[178]

In Frage kommen hier wohl vor allem die sogenannten *Corona*-Brote und die mehrteiligen runden Brote, von denen die vierteiligen, mit einer Kreuzkerbe versehen *(panis quadratus)*, die bekanntesten waren[179].

Bei dem zur Eucharistiefeier verwendeten Wein dürfte es sich, nach damals weithin üblichem Brauch, um Rotwein gehandelt haben[180].

Die Deutung, die Ambrosius der Oblation gibt, bewegt sich auf der Linie der Tradition. Er bezeichnet den Akt als „Darbringen eines Opfers". In welchem Zusammenhang das Opfer der Gläubigen mit dem eucharistischen Opfer und dem geistigen Opfer steht, das die Getauften während ihres ganzen Lebens darbringen sollen, führt er nicht aus.

---

[176] Vgl. unten 66 f. [177] Vgl. *sacr.* 4, 14.
[178] AUGUSTINUS, *serm. Guelf.* 7 (PLS 2, 554).
[179] Zur Form des antiken Brotes vgl. DÖLGER, *Brotstempel* 35–43; JUNGMANN, *Missarum Sollemnia* 2 41 f.
[180] Vgl. JUNGMANN, *Missarum Sollemnia* 2 47 f.

Daß Ambrosius die Gabendarbringung als Ausdruck des „geistigen Opfers" betrachtet habe, wie R. Gryson schreibt[181], mag zutreffen, geht aber aus den Werken des Kirchenvaters nicht hervor. Wohl erklärt Ambrosius, das Schriftwort Gen 4,7 („Wenn du deine Gabe richtig darbringst, aber nicht richtig teilst, hast du gesündigt. Schweige!") sei ein Hinweis darauf, „daß Gott nicht an den dargebrachten Gaben Gefallen habe, sondern an der Gesinnung des Darbringenden"[182]. Ferner weist er darauf hin, daß das Opfer nur rein sei, wenn die Christen die Gnade bewahren, die sie in der Initiation empfangen haben[183].

Bereitung des Kelches
Zur Eucharistie wurden nach den Worten des Ambrosius „auf dem Altar ein Kelch und Brot bereitgestellt"[184]. An dieser Bemerkung ist auffällig, daß nur von einem einzigen Kelch die Rede ist. Bei einer größeren Zahl von Gottesdienstteilnehmern dürfte ein Kelch allein aber wohl kaum ausgereicht haben, um den Wein fassen zu können, den die Gläubigen am Altar überreichten. Deshalb ist anzunehmen, daß in der Nähe des Altars wenigstens ein weiteres Gefäß stand, in das man den übrigen Wein hineingoß.

Nur einen Kelch auf den Altar zu stellen und ihn allein durch das eucharistische Hochgebet zu konsekrieren, stellt einen Brauch dar, der durch Zeugnisse des Ostens wie des Westens belegt ist. Er geht zurück auf das Pauluswort: „Weil ein Brot, sind wir, die vielen, ein Leib" (1 Kor 10,17) und die Mahnung des Ignatius von Antiochien: „Seid bestrebt, (nur) an einer Eucharistie teilzunehmen; gibt es doch (auch nur) ein Fleisch unseres Herrn Jesus

---

[181] Vgl. GRYSON, Prêtre 76.
[182] Cain et Ab. 2,18 (CSEL 32/1, 394); ähnlich *incarn*. 3f (CSEL 79, 225f).
[183] Vgl. *sacr*. 6,26.
[184] *Sacr*. 5,2; vgl. *sacr*. 4,23. Zum folgenden siehe SCHMITZ, Gottesdienst 378–381.

Christus und (nur) einen Becher zur Vereinigung mit seinem Blut."[185]

Um sowohl an der Einzahl des Kelches als auch an der Kommunion unter beiden Gestalten für alle Eucharistiefeiernden festhalten zu können, ist in der Alten Kirche eine Lösung entwickelt worden, die zeigt, daß die Eucharistielehre noch in den Anfängen steckte: die sogenannte Kontaktkonsekration durch den Ritus der *immixtio*. Darunter ist die Konsekration von Wein durch Beimischung einer Partikel der konsekrierten Hostie und/oder einer kleinen Menge konsekrierten Weines zu verstehen. Dies war ein Brauch, der lange Zeit hindurch geübt worden ist und weite Verbreitung gefunden hat. Er scheint auch in Mailand zur Zeit des Ambrosius üblich gewesen zu sein[186].

Wenn der Kelch auf den Altar gestellt war, wurde zunächst Wein hineingegossen, dann Wasser[187]. Die Beimengung von Wasser entsprach der allgemeinen Gewohnheit, Wein nur mit Wasser vermischt zu trinken.

In der liturgischen Feier erhielt die Vermischung von Wein und Wasser schon früh eine symbolische Bedeutung. Cyprian von Karthago etwa versteht unter dem Wasser das Volk und sieht im Wein das Blut Christi angedeutet[188]. Ambrosius deutet die Vermischung von Wein und Wasser als Hinweis auf Blut und Wasser, die nach Joh 19,34 aus der Seite Jesu geflossen sind[189].

Wie für andere liturgische Riten, so kennt Ambrosius auch für die Vermischung von Wein und Wasser ein alttestamentliches Vorbild: das Wasser aus dem Felsen (vgl. Ex 17,1–7)[190]. Der Bezug zum Alten Testament wirkt allerdings recht gekünstelt. Den Vergleichspunkt scheint

---

[185] IGNATIUS VON ANTIOCHIEN, *Philad.* 4 (126 FISCHER).
[186] Vgl. dazu SCHMITZ, *Gottesdienst* 415–418. [187] Vgl. *sacr.* 5,2.
[188] Vgl. CYPRIAN, *epist.* 63,13 (CSEL 3/2, 711).
[189] Vgl. *sacr.* 5,4. [190] Vgl. *sacr.* 5,2f.

Ambrosius in der lebenspendenden Kraft des Wassers zu sehen. Das Wasser aus dem Felsen bewahrte die Israeliten vor dem Tod durch Verdursten, das Wasser im Kelch schenkt aufgrund der Konsekration ewiges Leben. Dem liegt offenbar die Vorstellung zugrunde, daß das Wasser als eigenständiges Element im Wein erhalten bleibt und daß ihm durch die Konsekrationsworte des Hochgebets — wie bei der Taufwasserweihe — heilbringende Kraft verliehen wird, die es dann zusammen mit dem verwandelten Wein ausübt.

Eucharistisches Hochgebet
Die Angaben des Ambrosius über das eucharistische Hochgebet seiner Kirche sind die ausführlichsten eines Schriftstellers der Westkirche seit Hippolyt von Rom († 235) und die ersten, die nähere Einzelheiten über einen lateinischen Text bieten[191]. Allerdings erfahren wir nicht den vollständigen Wortlaut. Ambrosius zitiert *sacr.* 4,21f und 4,26f nur das Kernstück, das inhaltlich den Abschnitten *Quam oblationem* bis *Supplices* des ersten Römischen Hochgebets entspricht. Es besteht aus der Bitte um Heiligung der Gaben, dem Einsetzungsbericht, der Anamnese und der Annahmebitte.

Über den Autor oder den Entstehungsort des von Ambrosius erwähnten Hochgebets lassen sich aufgrund der schlechten Quellenlage keine exakten Angaben machen. Fest steht nur, daß der Text im Bereich der lateinischen Liturgie verfaßt worden ist, und zwar von jemandem, der mit der Juristensprache und dem heidnisch-römischen Gebetsstil vertraut war.

Dem Kernstück des eucharistischen Hochgebets gingen Abschnitte voraus, die Ambrosius so charakterisiert: *Laus deo defertur oratio petitur pro populo pro regibus pro*

---

[191] Vgl. dazu SCHMITZ, *Gottesdienst* 381–412.

ceteris[192]. Die Interpunktierung dieses Textes bereitet gewisse Schwierigkeiten, die in der Vergangenheit unterschiedlich gelöst worden sind. Mit O. Faller, dem Herausgeber der kritischen Ausgabe von *sacr.*, ist anzunehmen, daß die Wendung aus drei Gliedern besteht und daß das Prädikat des ersten Glieds ausgefallen ist[193]. Faller schlägt vor, *dicitur* zu ergänzen. Somit ergibt sich folgende Aufteilung:

Laus deo (dicitur),	Gott wird Lobpreis dargebracht,
defertur oratio,	es wird ein Gebet verrichtet,
petitur	es werden Bitten vorgetragen
pro populo,	für das Volk,
pro regibus,	für die Herrscher (und)
pro ceteris.	für die übrigen.

Mit der Antwort auf die Frage nach der Interpunktion stellt sich sofort ein neues Problem: Wie viele verschiedene Gebetsabschnitte sind in dieser Aufzählung genannt? An erster Stelle steht ein Lobpreis. Das ist eindeutig. Die Frage lautet näherhin: Folgt ihm ein Gebet, dessen Inhalt hier nicht angegeben ist *(oratio)*, und diesem ein Fürbittgebet *(petitur pro ...)*, oder ist die *oratio* selbst das Fürbittgebet? Vom Wortlaut her sind beide Deutungen möglich. Da klärende Hinweise fehlen, muß die Frage offenbleiben.

Das Lobgebet dürfte mit unserer Präfation gleichzusetzen sein. Was die Fürbitten betrifft, so stellte es gegen Ende des 4. Jahrhunderts nichts Außergewöhnliches dar, innerhalb des eucharistischen Hochgebets für bestimmte Personen und Anliegen zu beten. Das zeigen östliche Anaphoren zur Genüge. Ambrosius verrichtete nach eigenen Angaben Fürbitten für das Volk, für die Herrscher und für die übrigen. Die Bitte für das Volk war wohl eine Bitte für

---

[192] *Sacr.* 4,14. [193] Vgl. unten 142 Apparat zur Stelle.

das „Volk Gottes", die Kirche, so daß bei den „übrigen" an alle Menschen außerhalb der Kirche zu denken ist.

Ambrosius beendet das Zitat aus dem eucharistischen Hochgebet in *sacr.* mit dem Anamnese- und Darbringungsgebet. Ob sich daran noch weitere Gebetsabschnitte anschlossen, ist nicht bekannt. Ambrosius schweigt darüber. Dies wird verständlich, wenn man berücksichtigt, welche Absicht er in der vierten Taufkatechese verfolgt. Es geht dem Kirchenvater nicht darum, den genauen Ablauf der Eucharistiefeier darzustellen, sondern das Geheimnis der Konsekration zu erläutern. Auf den Text des Hochgebets geht er deshalb nur ein, soweit dieser mit der Konsekration in engerem Zusammenhang steht.

Die Erläuterungen, die Ambrosius in seinen Taufkatechesen gibt, sind liturgiegeschichtlich nicht nur deshalb bedeutsam, weil sie uns die Kenntnis wichtiger Textpassagen vermitteln, sondern auch, weil in ihnen zum ersten Mal ein westlicher Autor genau angibt, wodurch nach seiner Überzeugung die Konsekration bewirkt wird, nämlich durch die Herrenworte des Einsetzungsberichts[194]. Mit dieser Auffassung steht Ambrosius nicht allein. Fast zur gleichen Zeit wie er im Westen bezeichnet Johannes Chrysostomus im Osten ebenfalls die Worte Jesu als Konsekrationsworte. Allerdings vertritt er in seinen Werken keine einheitliche Meinung. An einigen Stellen schreibt er die Konsekration der Geistepiklese zu[195].

Wann, an welchem Ort, durch wen und aus welchen Überlegungen heraus die Lehre von der verwandelnden Kraft der Jesusworte entwickelt worden ist, konnte bisher nicht geklärt werden. Weder Ambrosius noch Johannes Chrysostomus bieten uns dazu einen Hinweis.

---

[194] Vgl. *sacr.* 4, 14. 23; *myst.* 52; ferner *patr.* 38 (CSEL 32/2, 147); *in psalm.* 38, 25 (CSEL 64, 203). Einzelheiten bei SCHMITZ, *Gottesdienst* 407–409.
[195] Vgl. SCHMITZ, *Gottesdienst* 409f.

Vaterunser und Doxologie

Das Vaterunser hatte in der Meßfeier des 4. Jahrhunderts einen so festen Platz, daß Hieronymus auf eine Anordnung Jesu meinte schließen zu können[196]. Augustinus berichtet, in fast allen Kirchen beschließe das Gebet des Herrn das eucharistische Hochgebet[197]. So scheint es damals auch in Mailand gewesen zu sein. Ambrosius erklärt nämlich in *sacr.* 5, 24: „Ich habe euch (*sc.* den Neugetauften) erläutert, daß vor den Worten Christi das, was dargebracht wird, Brot heißt. Sobald aber die Worte Christi gesprochen sind, bezeichnet man es nicht mehr als Brot, sondern nennt es Leib. Warum heißt es dann im Gebet des Herrn, das später folgt, ‚unser Brot'?"

Auffällig an der mailändischen Fassung des Vaterunsers, das von Ambrosius *sacr.* 5, 18 wörtlich wiedergegeben wird, ist die Formulierung der sechsten Bitte *et ne nos patiaris induci in temptationem*. Sie ist allerdings keine Besonderheit der Liturgie des Ambrosius gewesen, sondern war, wie wir wiederum von Augustinus erfahren, an verschiedenen Orten bekannt[198].

Nach Ambrosius ist das Vaterunser das Bindeglied zwischen dem eucharistischen Hochgebet (der Konsekration) und der Kommunion. Ähnlich wie auch andere Kirchenschriftsteller bezieht er die Brotbitte auf den Empfang der Eucharistie, indem er das Brot auf den Leib Christi deutet und seine Zuhörer auffordert, gemäß der Bitte des Vaterunsers täglich davon zu genießen[199]. Eine Beziehung zwischen der Vergebungsbitte des Vaterunsers und der Kommunion stellt Ambrosius nicht her.

---

[196] Vgl. HIERONYMUS, *adv. Pelag.* 3, 15 (PL 23, 585).
[197] Vgl. AUGUSTINUS, *epist.* 149, 16 (CSEL 44, 362). So z. B. in Jerusalem; siehe CYRILL VON JERUSALEM, *myst. cat.* 5, 11 (SCh 126bis, 160).
[198] AUGUSTINUS, *persev.* 6, 12 (PL 45, 1000); vgl. LECLERCQ, *Oraison* 2250.
[199] Vgl. *sacr.* 5, 24 f.

CHRISTLICHE INITIATION

Unmittelbar im Anschluß an das Vaterunser trug der Bischof eine feierliche Doxologie vor[200], deren Gliederung vom herkömmlichen Typ des Lobpreises auffällig abweicht. Nach dem traditionellen Schema wurde der Lobpreis durch Christus, unseren Hohenpriester und Mittler, im (oder: mit dem) Heiligen Geist dem Vater dargebracht. Dabei kam die Mittlerschaft häufig in einer zweigliedrigen Wendung zum Ausdruck: „durch Christus ..., durch den ..."[201] In der ambrosianischen Doxologie der Eucharistiefeier ist nun das *per quem* durch *in quo* und *cum quo* ersetzt, so daß der Gedanke der Mittlerschaft Christi nur noch abgeschwächt erscheint[202]. Diese Abänderung des traditionellen Doxologieschemas stellt eine Reaktion gegen den Arianismus dar, der in Mailand zahlreiche Anhänger hatte. Die Arianer suchten ihre Lehre von der Unterordnung Christi unter den Vater[203] mit dem Hinweis auf liturgische Formeln zu stützen, in denen davon die Rede ist, daß das Gebet dem Vater durch den Sohn dargebracht wird[204]. Um ihnen dieses Argument zu entziehen, hat Ambrosius die Doxologie so umgestaltet, daß der Lobpreis der versammelten Gemeinde nicht mehr nur dem Vater gilt, sondern dem Vater mit dem Sohn und mit dem Heiligen Geist[205].

Kommunion
Ambrosius erwähnt mehrfach, daß die Neophyten in der Osternacht die Kommunion am Altar empfangen haben[206]. Dies war kein Sonderbrauch bei der Initiation, sondern so

---

[200] Vgl. *sacr.* 6,24.   [201] STUIBER, *Doxologie* 215–221.
[202] Zu ähnlichen Formeln im Osten vgl. JUNGMANN, *Gebet* 154–178.
[203] Vgl. dazu RITTER, *Arianismus* 700–702.
[204] Vgl. JUNGMANN, *Gebet* 152f.
[205] In *sacr.* 4,29 findet sich eine verwandte Doxologie mit antiarianischer Tendenz.
[206] Vgl. *sacr.* 3,11.15; 4,5.7f; 5,5.12.14; *myst.* 43; *Hel.* 34 (CSEL 32/2, 430).

geschah es in jeder Meßfeier[207]. Das gleiche wird uns von anderen Orten berichtet.

Wie in den ersten christlichen Jahrhunderten allgemein üblich, empfingen die Gläubigen Mailands die Kommunion unter beiden Gestalten[208].

Das eucharistische Brot wurde von den Gläubigen mit der Hand entgegengenommen[209], den eucharistischen Wein nahmen sie zu sich, indem sie aus einem (Spende-)Kelch tranken[210]. Beides entsprach der damaligen Gepflogenheit.

In bezug auf die Spender der Kommunion erfahren wir nur, daß der Bischof den Gläubigen das eucharistische Brot austeilte[211]. Wer den Kelch darbot, sagt Ambrosius nicht. Doch geht man wohl nicht fehl, wenn man annimmt, daß es — einer weitverbreiteten Praxis gemäß — ein oder mehrere Diakone waren.

Nach *sacr.* überreichte der Bischof das Brot mit den Worten: *Corpus Christi*, worauf die Gläubigen mit *Amen* antworteten[212]. Ähnlich äußert sich der Kirchenvater in *myst.*, nur mit dem Unterschied, daß er dort keinen ausdrücklichen Bezug zur Kommunion herstellt[213].

In *sacr.* spricht Ambrosius nur von der Formel bei der Spendung des eucharistischen Brotes. Der Zusammenhang in *myst.* legt jedoch die Annahme nahe, daß es wie an anderen Orten für die Spendung des eucharistischen Weines ebenfalls eine entsprechende Formel gegeben hat. Sie dürfte *Sanguis Christi* gelautet haben und ebenfalls mit *Amen* beantwortet worden sein.

---

[207] Vgl. *exam.* 6,69 (CSEL 32/1, 257); PAULINUS VON MAILAND, *vita Ambr.* 44 (114–116 PELLEGRINO).

[208] Vgl. *sacr.* 4,20; 5,17; 6,1–4; *myst.* 43; 48; 58.

[209] Vgl. *exam.* 6,69 (CSEL 32/1, 257); *in Luc.* 6,76 (CCL 14, 201).

[210] Vgl. *sacr.* 4,20; 5,17; *myst.* 43; 58.   [211] Vgl. *sacr.* 4,25.

[212] Vgl. *sacr.* 4,25. Siehe zum folgenden SCHMITZ, *Gottesdienst* 423 f.

[213] Vgl. *myst.* 54.

Gleich zahlreichen anderen altchristlichen Autoren interpretiert Ambrosius die Spendeformel als Bekenntnisformel: Durch das *Amen* bekundet der Empfänger seinen Glauben an die Gegenwart Christi unter den Gestalten von Brot und Wein.

Aus dem 4. Jahrhundert sind sowohl von östlichen als auch von westlichen Kirchenvätern Klagen überliefert, aus denen hervorgeht, daß zahlreiche Christen nur selten die Kommunion empfingen[214]. Die Gründe für dieses Verhalten waren unterschiedlich[215]. Unter anderem sind hier zu nennen: der mangelnde Eifer vieler Christen, die nach dem Mailänder Toleranzedikt nur aus Nützlichkeitserwägungen zur Kirche kamen, die eucharistische Nüchternheit und die stark gestiegenen Anforderungen an die Vorbereitung auf die Kommunion.

In Mailand war die Situation nicht besser. Ambrosius stellt bei der Erklärung der Brotbitte des Vaterunsers die Frage: „Wenn es das tägliche Brot ist, warum ißt du es nur nach einem Jahr, wie die Griechen im Osten es zu halten pflegen?"[216]

Aus welchem Motiv heraus die Mehrzahl der Christen, die nur selten die Kommunion empfingen, sich enthielten, sagt Ambrosius nicht. Lediglich für eine wohl kleinere Gruppe von Gläubigen gibt er an, daß sie in der Enthaltung von der Kommunion einen Akt der Buße sahen, ein Argument, das er aber nicht gelten läßt[217].

In Übereinstimmung mit zahlreichen anderen Kirchenvätern fordert Ambrosius seine Gemeindemitglieder zum täglichen Empfang der Kommunion auf[218]. Ferner ermahnt er jene, die an Fasttagen aus Mangel an Selbstbeherrschung vor der abendlichen Meßfeier Speise zu sich nehmen und

---

[214] Vgl. dazu SCHMITZ, *Gottesdienst* 424–426.
[215] Vgl. dazu BOHL, *Kommunionempfang* 217–348. [216] *Sacr.* 5,25.
[217] Vgl. *paenit.* 2,89 (CSEL 73, 198). [218] Vgl. *sacr.* 5,25.

deshalb nicht kommunizieren dürfen, sich wenigstens an den übrigen Tagen für die Kommunion bereit zu halten[219]. Als Gründe für einen häufigen Empfang der Kommunion nennt Ambrosius Schutz vor Versuchungen und Vergebung der Sünden[220].

Ambrosius betrachtete die Kommunion als Höhepunkt oder Vollendung der Eucharistiefeier, wie die mystagogischen Katechesen klar erkennen lassen[221]. In *sacr.* und *myst.* steht die Kommunion im Mittelpunkt der Ausführungen über die Eucharistiefeier. Andere Abschnitte der Feier, wie die Vermischung von Wein und Wasser sowie die Konsekration, sind nach Ambrosius auf die Kommunion hingeordnet. So stellt er die Konsekration lediglich als Mittel zum Zweck der Kommunion hin, als den Vorgang, der es ermöglicht, den Leib und das Blut Christi zu empfangen.

Hinsichtlich der Wirkungen der Eucharistie ist zum einen unübersehbar, daß Ambrosius sie alle vom Kommunionempfang abhängig macht. Wer den Leib und das Blut Christi nicht genießt, erhält keinen Anteil an der Frucht der Eucharistie[222]. Zum anderen betont der Kirchenvater, ausgehend von der Heiligen Schrift, immer wieder die Notwendigkeit des Kommunionempfangs für das ewige Leben[223]. Die Eucharistie verleiht die Kraft, das neue Leben, das in der Taufe geschenkt worden ist, zu bewahren[224].

Eine genaue Abgrenzung der Wirkungen der Kommunion gegenüber den Wirkungen anderer Sakramente — vor allem der Taufe — und des Wortes Gottes nimmt Ambrosius nicht vor. So schreibt er der Taufeucharistie reinigende Wirkung zu, obwohl doch nach seinen eigenen Worten in

---

[219] Vgl. *in psalm. 118* 8,48 (CSEL 62, 180).   [220] Vgl. *sacr.* 4,28.
[221] Vgl. zum folgenden SCHMITZ, *Gottesdienst* 427–429.
[222] Vgl. z. B. *paenit.* 2,18 (CSEL 73, 171).
[223] Vgl. z. B. *in psalm.* 43,37 (CSEL 64, 289); *in Luc.* 10,49 (CCL 14, 360).
[224] Vgl. *in Luc.* 6,71f (CCL 14, 199).

der Taufe alle Sünden vergeben werden[225]. Ambrosius hatte eben nicht den Ehrgeiz, eine systematisch geordnete Sakramentenlehre zu entwickeln. Seine Erklärungen stützen sich vorwiegend auf die Aussagen der Heiligen Schrift und stehen wie diese einfach nebeneinander.

Kommuniongesang
Sacr. und *myst.* bezeugen, daß in der Osternacht während der Kommunion Ps 22 (nach hebräischer Zählung: 23) ganz oder teilweise gesungen wurde[226].

Wie verhielt es sich mit Ps 42 (43), den Ambrosius in Verbindung mit Ps 22 (23) anführt? Während *myst.* den Eindruck erweckt, als sei Ps 42,4 (43,4) rezitiert worden, heißt es in *sacr.*: „Deine Seele spricht ..."[227] Sollte mit dem Hinweis auf die Seele nicht ein ausschließlich inneres Sprechen gemeint sein, könnte Ps 42,4 (43,4) das Responsorium zu Ps 22 (23) gebildet haben. Dies würde sich ausgezeichnet in das Bild einfügen, das uns Ambrosius vom Psalmengesang seit dem Jahr 386 vermittelt[228].

III. Die mystagogischen Katechesen als Vollendung der Initiation

Sowohl *sacr.* als auch *myst.* werden gewöhnlich Tauf- beziehungsweise mystagogische (in die Mysterien einführende) Katechesen genannt. Genaugenommen verdient jedoch nur *sacr.* diese Bezeichnung, da hier die Mitschrift echter Katechesen vorliegt. *Myst.* dagegen ist ein literarisches Werk, eine Art „Handbuch für Neugetaufte"[229].

---

[225] Vgl. *in psalm. 118* 16,29 (CSEL 62, 367).
[226] Vgl. *sacr.* 4,7; 5,12f; *myst.* 43; siehe ferner *Hel.* 34 (CSEL 32/2, 430).
[227] *Sacr.* 4,7.   [228] Vgl. SCHMITZ, *Gottesdienst* 303–315.
[229] Vgl. dazu oben 10.

1. Zeitpunkt des Vortrags

Von unserem Standpunkt aus sollte man erwarten, daß die Einführung in den Sinn der liturgischen Handlungen bei Erwachsenen der Initiation voraufging. In Antiochien und Afrika beispielsweise hielt man es auch so[230]. In Jerusalem[231] und Mailand dagegen geschah dies erst in der Osterwoche.

Die Wahl des späten Zeitpunkts der Taufkatechesen begründet Ambrosius in *myst.* 2 folgendermaßen:

„Wenn wir der Meinung gewesen wären, dies (*sc.* den Sinn der Sakramente) vor der Taufe Personen mitteilen zu sollen, die die Initiation noch nicht empfangen haben, würden wir eher als Verräter denn als Lehrer angesehen. Ferner (erläutern wir dies erst jetzt), weil das Licht der Mysterien sich selbst in Unwissende besser hineinergießt, als wenn ihnen eine Erklärung vorausgegangen wäre."

Bei oberflächlicher Betrachtung gewinnt man den Eindruck, Ambrosius nenne hier zwei verschiedene Gründe für seine Zurückhaltung: erstens das Verbot, Ungetauften die Sakramente zu erschließen, und zweitens die Auffassung, Unwissende seien empfänglicher für die sakramentale Gnade.

C. Jacob hat jedoch aufgezeigt, daß dem nicht so ist[232]. Vielmehr ist „die in der Taufe zu erfahrende Gnade der ‚lux mysteriorum', des *Lichtes der* und zugleich *für die Geheimnisse,* die Voraussetzung für die Rede von den Sakramenten"[233]; denn durch die sakramentale Erleuchtung werden die Neophyten befähigt, die göttlichen Geheimnisse zu sehen und zu verstehen.

Allerdings geht Jacob auf zwei Fragen, die *myst.* aufwirft, nicht ausdrücklich ein: Nämlich inwiefern eine vor-

---

[230] Vgl. KRETSCHMAR, *Geschichte* 157. [231] Vgl. ebd.
[232] Vgl. JACOB, *Arkandisziplin* 255–271. [233] Ebd. 267.

zeitige Einführung in den Sinn der Sakramente als Verrat zu gelten habe und warum Unkenntnis des sakramentalen Geschehens die beste Voraussetzung für den Empfang des Lichts der Geheimnisse sei. Aufgrund der Ergebnisse, zu denen Jacob in seiner Untersuchung gekommen ist, legt sich die Antwort darauf nahe: Eine präbaptismale Erläuterung der Initiationsfeier würde deshalb einen Verrat an den Sakramenten darstellen, weil sie den Taufbewerbern den falschen Eindruck vermittelte, sie hätten das Wesen der Sakramente erkannt. Dies hätte zur Folge, daß die Initianden nicht mehr im vollen Umfang offen wären für das Licht der Sakramente, das allein ihnen die rechte Einsicht vermittelt.

Auch in *sacr.* gibt Ambrosius eine Begründung für den nachösterlichen Zeitpunkt der Taufkatechesen. Sie weicht zwar dem Wortlaut nach von der in *myst.* ab, stimmt aber im wesentlichen Inhalt mit ihr überein. Der Bischof erklärt, mit Rücksicht auf den Glauben zieme sich eine der Initiation vorausgehende Erklärung nicht[234].

Der Glaube, mit dem die Taufbewerber an der Initiationsfeier teilnehmen, wird nach Ambrosius durch die Sakramente vervollkommnet[235]. Das volle Licht des Glaubens aber ist die Grundlage, um die göttlichen Geheimnisse erfassen zu können.

Während in Jerusalem nach einer Mitteilung Egerias der Bischof vom Ostersonntag an täglich bis zum darauffolgenden Sonntag einschließlich den Neugetauften die Initiationsriten erklärte[236], war dies in Mailand — zumindest in dem Jahr, in dem Ambrosius die Katechesen *sacr.* gehalten hat — anders. Fest steht, daß die Katechesen an sechs aufeinanderfolgenden Tagen stattgefunden haben. Das ergibt sich aus den Rückverweisen auf den vergangenen und

---

[234] Vgl. *sacr.* 1,1.   [235] Vgl. SCHMITZ, *Gottesdienst* 157.
[236] Vgl. *Itin. Eger.* 47,1f (CCL 175, 88 f).

den Hinweisen auf den nächsten Tag. Aufgrund eines Fehlers in der handschriftlichen Überlieferung von *sacr.* 4, 29 ist nicht ganz eindeutig, ob der Zeitraum die Tage Montag bis Samstag oder Dienstag bis Sonntag umfaßte. Alle Anzeichen sprechen jedoch dafür, daß Ambrosius die Neophyten von Dienstag bis Sonntag unterwiesen hat[237].

2. Bedeutung

Ambrosius schreibt: „Sobald aber der Tag der Auferstehung kam, sind wir mit dem Herrn Jesus lebendig geworden und auferstanden und aufgerichtet in der Erneuerung des Lebens, tragend die Gnade der Abwaschung. Und mit Recht bringen wir die Erstgeburt dar in einem Bilde des erstgeborenen Sohnes Gottes, ein geistiges Opfer der Keuschheit und Einfalt, angenehm für Gott, nicht am vierten oder fünften Tag, damit das Opfer nicht unrein oder unvollendet sei, sondern am achten Tage, an dem wir alle in der Auferstehung Christi nicht nur auferweckt, sondern auch gefestigt wurden. Wenn nun auch in der Taufe sofort die volle Reinigung stattfindet, so bringt doch der Getaufte, weil er die Begründung der Abwaschung selber und des Opfers kennenlernen muß, sein Opfer erst dar, wenn er zum achten Tage gekommen ist, damit er, unterrichtet durch die Erkenntnis der himmlischen Geheimnisse, nicht wie ein rohes Opfer, sondern wie ein vernünftiges Wesen dann erst seine Gabe zum heiligen Altare bringe, wenn er angefangen hat, unterrichteter zu sein, damit nicht die Unwissenheit des Opferers das Geheimnis der Opferung beflecke."[238] Nach diesen Worten bringen die Neugetauften bei der Initiation zwar ein „geistiges Opfer", das „Opfer der Keuschheit und Einfalt"

---

[237] Vgl. dazu SCHMITZ, *Gottesdienst* 218–225.
[238] *In psalm. 118* Prol. 2 (CSEL 62, 4); übersetzt nach DÖLGER, *Symbolik* 165.

dar[239], nicht aber eine materielle Gabe. Erst vom achten Tag nach der Taufe, also vom Sonntag nach Ostern an, ist es ihnen gestattet, sich an der Gabendarbringung der Gemeinde zu beteiligen. Möglicherweise liegt hier eine Eigenart der ambrosianischen Liturgie vor; denn außerhalb Mailands wird diese Gewohnheit nirgends bezeugt.

Ambrosius rechtfertigt den Ausschluß von der Gabendarbringung mit der Erklärung, die Neugetauften müßten erst „die Begründung der Abwaschung selber und des Opfers kennenlernen", um so in die Lage versetzt zu werden, mit Verständnis und in der rechten Gesinnung ihre „Gabe zum heiligen Altar" tragen zu können. Die mystagogischen Katechesen bildeten somit für Ambrosius einen wesentlichen Bestandteil der Initiation: Sie waren deren Vollendung.

Worin liegt der Grund, daß Ambrosius für die Beteiligung an der Gabendarbringung eine voraufgehende Unterweisung als notwendig erachtete, nicht jedoch für den Empfang der Initiationssakramente? Ambrosius gibt auf unsere Frage keine direkte Antwort. Wir dürfen aber mit Recht vermuten, daß das unterschiedliche Vorgehen auf einer Verschiedenheit in der Aktivität der Gläubigen beruht[240]. Die Verschiedenheit bestand sehr wahrscheinlich darin, daß die Gläubigen bei der Gabendarbringung Vollzieher, bei der Initiation dagegen hauptsächlich Empfänger waren. Das letztere gilt auch für die Eucharistiefeier, denn die Gläubigen waren nach Ansicht des Ambrosius hierbei — die Gabendarbringung ausgenommen — nur empfangend tätig.

Wenn es zutrifft, daß Ambrosius den Zeitpunkt der Unterweisung nach der Art bestimmte, in der die Initian-

---

[239] Als Opfer charakterisiert AMBROSIUS die Taufe mehrfach. Vgl. dazu ILLERT, *Sakramente* 11; GRYSON, *Prêtre* 70 f.
[240] Vgl. zum folgenden SCHMITZ, *Gottesdienst* 207.

den an den liturgischen Riten beteiligt waren, dann müßte er folgerichtig jenen beiden Initiationsakten, die die Täuflinge selbst vollzogen, nämlich Abrenuntiation und Taufbekenntnis, eine Belehrung vorausgeschickt haben. Das geschah tatsächlich auch. Auf das Glaubensbekenntnis beim Taufakt wurden die Taufbewerber durch die Glaubensunterweisung während der Katechumenats- und Kompetentenzeit sowie durch die Übergabe des Glaubensbekenntnisses am Sonntag vor Ostern vorbereitet. In den Sinn der Abrenuntiation führte er sie wenige Tage vor Ostern ein, wie die Schrift *Exameron* erkennen läßt, die sich aus Predigten zusammensetzt, die während der Karwoche um 387/390 gehalten worden sind[241].

---

[241] Vgl. *exam.* 1, 14 (CSEL 32/1, 12).

ERLÄUTERUNGEN ZUM APPARAT

Übersicht der Codices
A. Von O. Faller benutzte Hauptcodices

De sacramentis:

G — Codex bibliothecae S. Galli 188 saec. VII–VIII
W — Vaticanus bibliothecae Vaticanae antiquae Latinus 5760 (olim S. Columbani de Bobio 33) saec. IX vel X
S — Vindobonensis bibliothecae nationalis 1029 saec. XI

π — Holkhamensis 122 (olim Patavinus S. Iohannis in viridario) saec. XI
η — Vaticanus bibliothecae Vaticanae antiquae Latinus 282 saec. XI
β — Ambrosianus B 54 inf. saec. XI vel XII

D — Fuldensis A a 9 (olim monasterii Weingartensis) saec. IX
E — Vaticanus bibliothecae Vaticanae antiquae Latinus 474 saec. IX
N — Casinensis 276 saec. XII

   Γ — consensus codicum *GWSπη(DEN)*

R — Remensis 377 (olim E 230) saec. IX
Z — Atrebatensis (Arras) 1068 (olim 276) saec. X

V — Vossianus Latinus in quart. nr. 98 bibliothecae Lugdunensis Batavorum saec. IX
U — Vaticanus bibliothecae Vaticanae antiquae Latinus 266 (olim Corbiensis) saec. IX
Q — Vaticanus bibliothecae Vaticanae antiquae Latinus 296 (olim Iosephi Ioffridi) saec. IX vel X
O — Trecensis 813 (olim Collegii Oratorii Trecensis), mutilus, saec. IX
T — Trecensis 550 (olim Collegii Oratorii Trecensis) saec. X
A — Bambergensis Ms. Patr. 4 (B. II. 6.) saec. X
B — Vaticanus bibliothecae Barberinianae Latinus 541 saec. XI
M — Monacensis bibliothecae nationalis Latinus 2564 (olim Aldersbacensis 34) saec. XII

   Φ — consensus codicum *VUQOTABM*

P — Parisinus bibliothecae nationalis Latinus 11624 (olim S. Benigni Divionensis) saec. XI
K — Bruxellensis bibliothecae regiae 364 (5576; olim Gemblacensis) saec. XI
X — Bruxellensis bibliothecae regiae 955 (10779–10780; olim S. Laurentii Leodiensis) saec. XI vel XII

Δ — consensus codicum *PKX*

Y — Cenomanensis bibliothecae oppidi Le Mans 15 (olim S. Vincentii: recensio Lanfranci) saec. XI

C — Florentinus Laurentianus S. Crucis XVII dext. 12 saec. XI
F — Modoetianus (oppidi Monza) bibliothecae capitularis LXV $\frac{E-14}{127}$ saec. XI

Π — consensus codicum *ΦΔRZYCF*
Ω — consensus codicum omnium praeter *GW*

a — Editio Ioh. Amerbachii Basileensis anni 1492
m — Editio Maurinorum anni 1690

De mysteriis:

E — Remensis 376 (olim E 229) saec. IX
G — Londinensis Musei Britannici Add. 18332 (olim monasterii S. Mariae Victoriae in Carinthia siti) saec. IX
D — Dunelmensis bibliothecae cathedralis B. 4. 12. saec. XI/XII

Γ — consensus codicum *EGD*

S — Vindobonensis bibliothecae nationalis 1029 saec. XI

π — Holkhamensis 122 (olim Patavinus S. Iohannis in viridario) saec. XI

C — Florentinus Laurentianus S. Crucis XVII dext. 12 saec. XI
F — Modoetianus (oppidi Monza) bibliothecae capitularis LXV $\frac{E-14}{127}$ saec. XI
η — Vaticanus bibliothecae Vaticanae antiquae Latinus 282 saec. XI

ERLÄUTERUNGEN ZUM APPARAT 71

R — Remensis 377 (olim E 230) saec. IX
T — Trecensis 550 (olim Collegii Oratorii Trecensis) saec. X

U — Vaticanus bibliothecae Vaticanae antiquae Latinus 266 (olim Corbiensis) saec. IX
Q — Vaticanus bibliothecae Vaticanae antiquae Latinus 296 (olim Iosephi Ioffridi) saec. IX vel X
O — Trecensis 813 (olim Collegii Oratorii Trecensis), mutilus, saec. IX
A — Bambergensis Ms. Patr. 4 (B. II. 6.) saec. X
M — Monacensis bibliothecae nationalis Latinus 2564 (olim Aldersbacensis 34) saec. XII

Φ — consensus codicum *UQOAM*

Y — Cenomanensis bibliothecae oppidi Le Mans 15 (olim S. Vincentii: recensio Lanfranci) saec. XI

P — Parisinus bibliothecae nationalis Latinus 11624 (olim S. Benigni Divionensis) saec. XI
K — Bruxellensis bibliothecae regiae 364 (5576; olim Gemblacensis) saec. XI
X — Bruxellensis bibliothecae regiae 955 (10779–10780; olim S. Laurentii Leodiensis) saec. XI vel XII

Δ — consensus codicum *P (K a. c. m 2) X*
Ω — consensus codicum omnium praeter *Γπ*

a — Editio Ioh. Amerbachii Basileensis anni 1492
m — Editio Maurinorum anni 1690

Interdum recepti sunt:
W — Cremifanensis (Kremsmünster) 33 saec. XII
χ — Salisburgensis (Salzburg) S. Petri a VI 15 saec. XI
B — Vaticanus bibliothecae Barberinianae Latinus 541 saec. XI

B. Von O. FALLER zusätzlich herangezogene Codices

47. Burgensis (Bourg-en-Bresse) 53 saec. XII, Chézery, Fa. ex.
50. Cantabrigiensis, Gonville 129 saec. XII/XIII, Fa. ex.
52. —, Kings College 18 saec. XIII, Fa. ex.
55. —, Pembroke College 264 saec. XV, Fa. ex.
76. Cheltenhamensis 12267 saec. XI, Fa. ex.
88. Darmstadtiensis 415 saec. XV, Dr. Voltz p. b. ex.
105. Gottingensis (Göttingen) Univ. Theol. 89 saec. XV, Fa. ex.
106. Gratianopolitanus (Grenoble) 254 saec. XII, Cartusiae Magnae, p. b. ex.
132. Lipsiensis 155 saec. XIII, Petersberg/Halle, Fa. ex.
133. — 208 saec. XV, Fa. ex.
134. — 209 saec. XIII, Marienzell, Fa. ex.
135. — 210 saec. XIII/XIV, Fa. ex.
137. — 391 saec. XIV, Iacobi Pygaviens., Fa. ex.
140. Londinensis Regiae Vet. 5. F. IV. saec. XII, Canterbury, Fa. ex.
151. — Musei Britannici Add. 18327 saec. XII, Fa. ex.
153. — Lambethianus 129 saec. XIV, Fa. ex.
167. Monacensis bibliothecae nationalis 4648 saec. XII, Benediktbeueren, Jos. Will ex.
185. Oxoniensis Bodleianus 839 saec. XIII, Fa. ex.
189. — Rawlinsonii C 329 saec. XII ex., Eboracensis, Fa. ex.
194. Parisinus bibliothecae Armamentarii 238 saec. XV, ex Italia, Fa. ex.
210. — — Nationalis 1749 saec. XIV, Colbertinus, Fa. ex.
220. — — — 1920 saec. XIV, Fa. ex.
222. — — — 2048 saec. XV, „Petri de Vinculis", Fa. ex.
228. — — — 9521 saec. XI, Fa. ex.
239. — — — 14479 saec. XV, S. Victoris, Fa. ex.
246. — — — 18065 saec. XII, Fuliensium Paris, Fa. ex.
292. Stutgardiensis Th. 4. 217 saec. XII, Zwivildensis, Fa. ex.
300. Ultraiectensis (Utrecht) 39 saec. XV, Carthusiae, Fa. ex.
307. Vindobonensis bibliothecae nationalis 1029 saec. XI: *S*

Abkürzungen im kritischen Apparat

a. c.	— ante correctionem (ut *BP a. c.* = *B* et *P* ante correctionem; sed *B*, *P a. c.* = *B* sine correctione, *P* ante correctionem)		
a. r.	— ante rasuram	*man.*	— manus
add.	— additus, addidit	*om.*	— omisit
alt.	— alter	*p.*	— pagina
cet.	— ceteri	*p. b.*	— praefectus bibliothecae
cf.	— confer		
cod.	— codex	*p. c.*	— post correctionem
corr.	— correxit	*p. r.*	— post rasuram
def.	— defectus, deficit	*pr.*	— primus
del.	— delevit	*quart.*	— quartus
det.	— deterior	*ras.*	— rasura
e. gr.	— exempli gratia	*rec.*	— recentior
ed.	— editio	*s.*	— supra
eqs.	— et quae sequuntur	*s. l.*	— supra lineam
eras.	— erasit	*saec.*	— saeculum
ex.	— exempla selecta contuli(t)	*sc.*	— scilicet
		script.	— scriptum
exp.	— expunxit	*spat. vac.*	— spatio vacuat
fol.	— folium	*sq.*	— sequens
Graec.	— Graecus	*subscr.*	— subscripsit
i. e.	— id est	*superscr.*	— superscripsit
i. q.	— idem quod	*tert.*	— tertius
i. r.	— in rasura	*ult.*	— ultimus
ibid.	— ibidem	*uncial.*	— uncialis
in mg.	— in margine		
inf.	— inferior		
l.	— linea	*Fa.*	— Faller
litt.	— littera	*Pe.*	— Petschenig
m 1	— manus prima, etc.	*Sch.*	— Schenkl

Sonstige Abkürzungen sind im allgemeinen Abkürzungsverzeichnis aufgeführt.

DE SACRAMENTIS
ÜBER DIE SAKRAMENTE

Sermo primus

1.1. De sacramentis, quae accepistis, sermonem adorior, cuius rationem non oportuit ante praemitti. In Christiano enim viro prima est fides. Ideo et Romae fideles dicuntur, qui baptizati sunt, et pater noster Abraham ex fide iustificatus est, non ex operibus. Ergo accepistis baptismum, credidistis. Nefas est namque me aliud aestimare; neque enim vocatus esses ad gratiam, nisi dignum te Christus sua gratia iudicasset.

2. Ergo quid egimus sabbato? Nempe apertionem. Quae mysteria celebrata sunt apertionis, quando tibi aures tetigit sacerdos et nares. Quid significat? In evangelio

---

def. DEN
incp̃ prima die in pascha *G* finit liber primus. incipit liber secundus *W* incipit de sacramentis liber primus feliciter *S*, (*om.* feliciter) *ABK* incipit exameron paschalis sc̃i ambrosii *πηβ* finit de initiandis feliciter. incipit de sacramentis liber primus *R* incipit de sacramentis sc̃i ambrosii lib̃ prĩm *V* explicit liber de mysteriis feliciter incipit de sacramentis liber primus *U* incipit sermo primus de sacramentis *Y* ‖ 2: cuius] quorum *Y* | rationum *G a. c.* | oportuit *Γ, Z p. c. m* optaui *R* putaui *cet. a* | non putaui rationem *M* | praetermitti *CKX* ‖ 3: viro] vero *G* | ideo] et ideo *WS a. c.* | et Romae] rethomę(ae) *Φ* (recto nomine *A*) Romae *a* | fidelis *G m1* ‖ 4: qui baptizati sunt dicuntur *A* ‖ 5: est *om. RVQTPK m1 X, Z s. l.* | accipientes *Y, Z p. c. m2* ‖ 5 sq.: baptismum et *T* ‖ 6: namque me aliud *G* (mea *a. r.*), *WS* namque aliud *YZ m2* me aliud namque *πβ* enim e me aliud *T* enim aliud *Δ* enim me aliud namque *η* enim me aliud *cet. am* ‖ 9: nem *K m1* (num *m2*) | operationem *X* ‖ 10: quae quia *R* | celebrata *om. β* | operationis *X* | aures tibi *W* ‖ 10 sq.: aures tetigit tibi *πηβ* | aures sacerdos tibi tetigit *M* ‖ 11: sacerdos *om. RΦZKX* | sacerdos tetigit *Y* | quod *GZ p. c. m 2, CMY am* | significant *W* significauit *S a. c. M*

---

[1] Gemeint ist wohl: Daher werden wie bei uns, so auch in Rom, die Getauften „Gläubige" genannt. YARNOLD, *Fideles*, schlägt vor, *recto nomine* statt *et Romae* zu lesen. Er hält es für befremdlich, wenn ein Bischof, der Mailänder unterrichtet, gleich zu Beginn seiner Katechesen

Erste Katechese

1.1. Ich beginne mit den Ausführungen über die Sakramente, die ihr empfangen habt; denn es ziemte sich nicht, vor dem jetzigen Zeitpunkt eine Erklärung zu geben. Bei einem Christen ist nämlich das erste der Glaube. Daher werden auch in Rom die Getauften „Gläubige" genannt[1]. Ferner ist unser Vater Abraham durch den Glauben gerechtfertigt worden, nicht durch Werke (vgl. Röm 4,1–22). Also, ihr habt die Taufe empfangen, ihr besitzt den Glauben. Ich beginge ein Unrecht, wenn ich etwas anderes annähme; denn du wärst nicht zur Gnade gerufen worden, wenn dich Christus nicht seiner Gnade für würdig erachtet hätte.

2. Was haben wir also am Samstag vollzogen? Die Öffnung natürlich. Diese Mysterien der Öffnung sind begangen worden, als der Bischof[2] deine Ohren und deine Nase

---

auf den römischen Sprachgebrauch von *fidelis* verwiesen hätte, ohne auf den örtlichen Bezug zu nehmen, wenn beide identisch waren. Nachdem YARNOLD aufgezeigt hat, daß wahrscheinlich in Mailand ebenso wie in Rom die Bezeichnung *fidelis* Getauften vorbehalten war, meint er, die von FALLER gewählte Textfassung ändern zu müssen. Seine Schlußfolgerung gründet auf der Ansicht, die beiden *et* hätten in der vorliegenden Aufzählung die Bedeutung von „sowohl ... als auch". Gegen diese Ausführungen ist einzuwenden: (1) Die Lesart *recto nomine* findet sich lediglich in einer einzigen Handschrift, die zudem noch aus dem 10. Jh. stammt, also verhältnismäßig jung ist. (2) Bei dieser Variante handelt es sich um eine typische *lectio facilior*, die wenig Vertrauen verdient. (3) Die beiden *et* müssen sich keineswegs entsprechen. Das *et* vor *Romae* kann durchaus im Sinn von „auch" verstanden werden. (4) Bei einer freien Ansprache kann es leicht passieren, daß ein Gedanke, den man nach stringenter Logik erwarten würde, nicht ausgesprochen wird. (5) Die vorliegende Aussage paßt gut ins Bild, da AMBROSIUS bei den ersten drei Katechesen offenbar Mühe hatte, sich zu konzentrieren. Vgl. LAZZATI, *L'autenticità* 26 f.

[2] Zur Bedeutung von *sacerdos* vgl. GRYSON, *Prêtre* 134 f; SCHMITZ, *Gottesdienst* 20–23.

dominus noster Iesus Christus, cum ei oblatus esset surdus
et mutus, | tetigit aures eius et os eius, aures, quia surdus
erat, os, quia mutus. Et ait: „effetha". Hebraicum verbum
est, quod Latine dicitur „adaperire". Ideo ergo tibi sacerdos aures tetigit, ut aperirentur aures tuae ad sermonem et 5
ad alloquium sacerdotis.

3. Sed dicis mihi: „Quare nares?" Ibi quia mutus erat,
os tetigit, ut, quia loqui non poterat sacramenta caelestia,
vocem acciperet a Christo; et ibi, quia vir! Hic quia mulieres baptizantur, et non eadem puritas servi quanta et 10
domini — cum enim ille peccata concedat, huic peccata
donentur, quae potest esse conparatio? —, ideo propter
gratiam operis et muneris non os tangit episcopus, sed
nares. Quare nares? Ut bonum odorem accipias pietatis
aeternae, ut dicas: „Christi bonus odor sumus deo", quem- 15
admodum dixit | apostolus sanctus, et sit in te fidei devo-
tionisque plena fraglantia.

---

def. DEN
2: et tetigit *Φβam* tetigitque *ZY* | aures *(bis)*] nares *V* | eius *pr. om. X* |
et os eius *om. G* ‖ 3: effatha *G* effetha *W* effeta *SVUACPKM* effeta
quod *a* ephetha *RZTXF* ephęta *B* effetha] *add.* quod est adaperire in
latinum, hebraicum enim verbum est (*om.* quod Latine dicitur adaperire)
πηβ | Haebraicum (*om.* verbum) *A* ‖ 4: Latine *om. M* et latine *a* |
apperire *W* ‖ 5: tetigit aures *Y* | aures *om. W* | tetigit ut aperirentur
i. r. S (tetigit *m 2*) ‖ 6: ad *om. R a. c. C* | eloquium *WΦX* | sacerdotes
G a. c. ‖ 7: dices *F* | quare** *K* | quare — mutus] quare? aures quia
surdus *G* | quia ibi *Y* | ibi *om. RΦCFΔ, Z a. c.* | *post* ibi *add.* ut abiectis
noxiis delectationibus x͞pi solummodo amplectantur odorem, ut possint
cum apostolo dicere: x͞pi bonus odor sumus deo *πηβ* | mutus] surdus
S p. c. | eras *X* ‖ 8: ut *om. Ω > S, Z s. l.* | caelestia sacr. *Y* ‖ 9: ut vocem
TMΔ et vocem *Φ* | acceperet *G a. c.* acceperit *SCFR* accipere *η* | quia
ibi *U* | vir *WVRTC, P (corr. ex* viri*)* viri *cet.* ‖ 10: eadem (a *s. l.*) *G* tanta
M | purilitas *G m 1* parilitas *m 2* | quanti *S*, (quanti — 11 huic *i. r.*) *F* ‖
10 sq.: quanta et domini puritas servi quam et domini *(sic!) RUQ* ‖
11: enim *om. Ω > RZTPC, a* | concedit *W m 1 V a. c.* | concedat huic
peccata *om. C* ‖ 12: et ideo *G* ‖ 13: operis gratiam *πηβ* | et *om. S m 1* |
os (n eras.) W | tetigit *Cβ* | episcopus] s͞c͞s *G* ‖ 14: quare nares

berührte. Was bedeutet das? Im Evangelium berührte unser Herr Jesus Christus, als man einen Taubstummen zu ihm gebracht hatte, dessen Ohren und dessen Mund, die Ohren, weil er taub war, den Mund, weil er stumm war. Dabei sagte er: „Effata!" (vgl. Mk 7,32–35). Das ist ein hebräisches Wort, das im Lateinischen *adaperire* (öffnen) bedeutet. Deswegen also berührte der Bischof dir die Ohren, um deine Ohren für die Predigt und den Zuspruch des Bischofs zu öffnen.

3. Aber du fragst mich: „Warum die Nase?" Dort berührte er den Mund, weil es sich um einen Stummen handelte, damit er von Christus die Stimme erhielt, weil er die himmlischen Sakramente nicht aussprechen konnte. Und außerdem, weil es sich um einen Mann handelte. Da hier Frauen getauft werden und die Reinheit des Knechtes nicht so groß ist wie die des Herrn — während nämlich jener Sünden vergibt, werden diesem Sünden vergeben; welcher Vergleich ist da möglich? —, deshalb berührt der Bischof wegen der durch seine Handlung und seinen Dienst vermittelten Gnade nicht den Mund, sondern die Nase. Warum die Nase? Damit du den Wohlgeruch ewiger Liebe empfängst, damit du sagen kannst: „Wir sind Christi Wohlgeruch für Gott" (2 Kor 2,15), wie der heilige Apostel erklärt hat, und damit du ganz vom Eifer gläubiger Hingabe erfüllt wirst.

---

om. Ω > *SF m2 β m2 M, m* ‖ 15: et ut *m* et (*om.* ut) *A* | christi enim Ω > *A, am* | deo] *add.* in omni loco *Y* ‖ 16: sanctus apostolus πηβ | et] ut *M* ‖ 16 sq.: deuocionisque *G* ‖ 17: plena *om. G* | fraglantia *VS p. c. RM a. c.* fragrantia *Y am* flagrantia *cet.*

DE SACRAMENTIS

2.4. Venimus ad fontem, ingressus es, unctus es. Considera, quos videris, quid locutus sis, considera, repete diligenter! Occurrit tibi levita, occurrit presbyter, unctus es quasi athleta Christi, quasi luctam huius saeculi luctaturus. Professus es luctaminis tui certamina. Qui luctatur, habet, quod speret; ubi certamen, ibi corona. Luctaris in saeculo, sed coronaris a Christo. Et pro certaminibus saeculi coronaris; nam etsi in caelo praemium, hic tamen meritum praemii conlocatur.

5. Quando te interrogavit: „Abrenuntias diabolo et operibus eius?" quid respondisti? „Abrenuntio." „Abrenuntias saeculo et voluptatibus eius?" quid respondisti? „Abrenuntio." — Memor esto sermonis tui, et numquam tibi excidat tuae series cautionis. Si chirographum homini dederis, teneris obnoxius, ut pecuniam eius accipias; teneris adstrictus, et | reluctantem te fenerator adstringit. Si recusas, vadis ad iudicem atque illic tua cautione convinceris.

6. Ubi promiseris, considera, vel quibus promiseris. Levitam vidisti, sed minister est Christi. Vidisti illum ante altaria ministrare. Ergo chirographum tuum tenetur non

---

def. DEN
1: venimus *om.* G veniamus Δ | unctus es GSπηβ, F *p. c. m2* M *om. cet. am* ‖ 2: quos — considera η *s. l.* | quos (ꝉ quod *s. l.*) X ꝗ uos A | considera *om.* G | repete] pede (?) G ‖ 3: Laeuita G | occurrit *alt.*] *add.* tibi KXYM | presbyter] sacerdos M ‖ 4: quasi *alt.*] quasi si G | lucta GR luctamen πηβS, F *p. c. m2 a* ‖ 5: professus *om.* A | tui et W | certamen (c *i. r.*) S | nam qui A | luctaturus G ‖ 6: certamina T, C *a. r.* ‖ 7: sed *om.* C | in Christo G a deo C | pro *om.* X | certaminis η ‖ 8: etsi] si M | praemium] primum C ‖ 9: meriti praemium πηβ | colligatur T colligitur ZY ‖ 10: obrenuntias W ‖ 11 sq.: abrenuntias — 13 abrenuntio *om.* G *m1* (*add. s. l. m2*), WQ *m1* (*in mg. m2*) X *m1* ‖ 13: et] ut CF ‖ 14: excedat G *p. c.* πηβΦP | seruies G | cautioni (*ex* cautione) G | si — 15 teneris *om.* G | hominis CA *m2* ‖ 15: tenens W teneberis Y | accipis V accipiat SM ‖ 16: obstrictus πηβ | te∗ R | adstringis C | si — 17 iudicem *om.* Ω > Z *in mg., a* ‖ 17: vad∗is G |

ÜBER DIE SAKRAMENTE 1,4-6

2.4. Wir sind zum Taufbrunnen gekommen[3]. Du bist eingetreten, du bist gesalbt worden. Bedenke, wen du gesehen hast! Bedenke, was du gesagt hast! Rufe es (dir) genau ins Gedächtnis zurück! Es kam dir ein Levit[4] entgegen, es kam dir ein Presbyter entgegen. Du bist wie ein Athlet Christi gesalbt worden, wie jemand, der mit dieser Welt einen Ringkampf führen will. Du hast versprochen, dich dem Kampf zu stellen. Wer kämpft, ist von Hoffnung beseelt: Wo ein Wettkampf, dort ein Siegeskranz (vgl. 1 Kor 9,24f). Du kämpfst in der Welt, bekränzt aber wirst du von Christus, und zwar für die Kämpfe mit der Welt wirst du bekränzt. Denn wenn auch im Himmel der Lohn (gegeben wird), so wird doch hier der Lohn verdient.

5. Als er dich fragte: „Widersagst du dem Teufel und seinen Werken?", was hast du geantwortet? „Ich widersage." „Widersagst du der Welt und ihren Vergnügungen?" Was hast du geantwortet? „Ich widersage." Sei dir deiner Erklärung bewußt, und niemals entfalle dir die Konsequenz der Verpflichtungen, die du eingegangen bist! Wenn du jemandem einen Schuldschein gegeben hast, bist du gehalten, sein Geld anzunehmen. Du bist gebunden, und wenn du dich widersetzt, läßt dich der Geldverleiher fesseln. Erhebst du Einspruch, gehst du zum Richter, und dort wirst du durch deine Kaution widerlegt.

6. Bedenke, wo du dein Versprechen abgelegt und wem du es gegeben hast! Du hast einen Leviten gesehen; er ist jedoch ein Diener Christi. Du hast ihn vor dem Altar Dienst tun sehen. Also wird dein Schuldschein nicht auf

---

[3] Gemeint ist das Baptisterium.
[4] *Levita* war ein in der Alten Kirche bekannter Terminus zur Bezeichnung des Diakons; vgl. MOHRMANN, *Sondersprache* 120f.

---

tua cautione] uacua causatione W ‖ 19: considera — promiseris *om.* G ‖ 20: Christi sed W ‖ 21: altare VUCM | ergo *om.* S equidem A

in terra, sed in caelo. Considera, ubi capias sacramenta caelestia. Si hic corpus est Christi, hic et angeli constituti sunt. „Ubi corpus, ibi et aquilae", legisti in evangelio. Ubi corpus Christi, ibi et aquilae, quae volare consuerunt, ut terrena fugiant, caelestia petant. Quare hoc dico? Quia et homines angeli, quicumque adnuntiant Christum et in angelorum adscisci videntur locum.

7. Quomodo? Accipe: Baptista erat Iohannes natus ex viro et muliere. Attamen audi, quia angelus est et ipse: „Ecce mitto angelum meum ante faciem tuam et parabit viam tuam ante te." Et accipe aliud. Malachiel ait propheta: „Quia labia sacerdotis custodiunt scientiam et legem exquirunt ex ore ipsius, angelus est enim dei | omnipotentis." Haec ideo dicuntur, ut sacerdotii gloriam praedicemus, non ut aliquid personalibus meritis adrogetur.

8. Ergo abrenuntiasti mundo, abrenuntiasti saeculo; esto sollicitus! Qui pecuniam debet, semper cautionem suam considerat. Et tu, qui fidem debes Christo, fidem serva, quae multo pretiosior quam pecunia est; fides enim aeternum patrimonium est, pecunia temporale. Et tu ergo

---

def. DEN
1: caelo] saeculo C | capiebas C ‖ 2: hoc corpus GW | et *om.* G ‖ 3: ubi] ibi K | et GQ m, Z p. c. om. cet. a | legis W le*gisti S ‖ 4: quae *om.* Ω > F m 2 Z m 2 am | consueuerunt P p. c. M considerant CF ‖ 5: figiant (!) et W ‖ 6: et angeli C | quicumque] qui enim M ‖ 7: ascissi A a adsisti S | loco S p. c. ‖ 8: accepe G m 1 accepere *vel* accepit (?) m 2 | baptistae Ω > S a. c. F m 2 (baptistae Iohannis C) | erat] rationem Π > F m 2, S p. c. am rationem. erat πηβ om. G, S a. c. | natus] *add.* erat am ‖ 9: viro s. l. G | audi *om.* B | et *om.* ΦCa | est ipse et ipse (*om.* 10 ecce) S ‖ 10: ut ecce πηβ | et] qui U | praeparabit UM parauit G (uit m 2 s. l.), SFT ‖ 11: tuam *om.* πηβB | et *om.* Ωam | aliud] illud S a. c. m 2 | Malachihel TQ Malachia πηβS m 2 B Malachias (as s. el) Z p. c. m 2 Malachieḷ G Malachiae Pm | ait *om.* GPm | prophetae G p. c. m 2 Pm ‖ 12: sapientiam πηβ ‖ 12 sq.: requirunt T ‖ 13: ipsius] eius Δ | quia angelus est (*om.* nim) Y | est *eras.* G | dn̄i dei (dei s. l.) S ‖ 14: hic G (dicitur *ex* dicuntur m 2) | sacerdotis Ω > Z, am | gloriam G i. r. gloria C ‖ 15: personabilibus F | meritis] mentis W | arrogemus

der Erde, sondern im Himmel aufbewahrt. Bedenke, wo du die himmlischen Sakramente empfängst! Wenn hier der Leib Christi ist, befinden sich hier auch Engel: „Wo ein Leib ist, dort sind auch Adler" (Mt 24,28; Lk 17,37), hast du im Evangelium gelesen. Wo der Leib Christi ist, dort sind auch Adler, die zu fliegen gewohnt sind, um dem Irdischen zu entkommen, zum Himmlischen hinzueilen. Warum sage ich das? Weil auch Menschen Engel sind, da sie Christus verkündigen und den Platz der Engel eingenommen zu haben scheinen.

7. Wie das? Höre: Johannes war Täufer, geboren von einem Mann und einer Frau. Dennoch höre, daß auch er ein Engel ist: „Siehe, ich sende meinen Engel vor deinem Angesicht her, und er wird vor dir deinen Weg bereiten" (Mt 11,10; vgl. Mal 3,1). Höre noch etwas anderes. Der Prophet Maleachi sagt: „Die Lippen des Priesters bewahren die Erkenntnis, und aus seinem Mund erbittet man das Gesetz; denn er ist ein Engel des allmächtigen Gottes" (Mal 2,7). Dies wird deswegen gesagt, damit wir die Würde des Priestertums preisen, nicht damit irgend etwas persönlichen Verdiensten zugerechnet wird.

8. Du hast also der Welt abgesagt, du hast dem Geist dieser Zeit abgesagt. Sei wachsam! Wer Geld schuldet, denkt immer an seine Kaution. Und du, der du Christus den Glauben schuldest, bewahre den Glauben, der viel kostbarer als Geld ist! Der Glaube ist nämlich ein ewiges Vermögen, Geld ein zeitliches. Sei also auch du dir stets

---

Y ∥ 16: ergo quia β *p. c.* | mundum G *a. c.* | et saeculo T ∥ 17: et esto *RCFPK* | cui pec. debes G | cautionem (u *s. l.*) G ∥ 18: tuam G | debes (e *utrumque i. r.*) V habes W dabis UQB ∥ 19: quae] quia C qui *FPK m1* | pretiosior est $W\pi\eta\beta$ | pecuniam F | est *om.* $\pi\eta\beta M$ | est — 20 pecunia *om.* W

semper recordare, quid promiseris: eris cautior. Si teneas promissionem tuam, tenebis et cautionem.

3.9. Deinde accessisti propius, vidisti fontem, vidisti et sacerdotem supra fontem. Nec hoc possum dubitare, quod in animum vestrum non potuerit cadere, quod cecidit in illum Syrum Neman, quia, etsi mundatus est, tamen ante dubitavit. Quare? Dicam, accipe:

10. Ingressus es, vidisti aquam, vidisti sacerdotem, vidisti levitam. Ne forte aliqui dixerit: „Hoc est totum?" Immo hoc est totum, vere totum, ubi tota innocentia, ubi tota pietas, tota gratia, tota sanctificatio. Vidisti, quae videre potuisti oculis tui corporis et humanis | conspectibus, non vidisti illa, quae operantur, sed quae videntur. Illa multo maiora sunt, quae non videntur quam quae videntur, quoniam „quae videntur, temporalia sunt, quae autem non videntur, aeterna".

4.11. Ergo dicamus primum — tene cautionem vocis meae et exige —: Miramur mysteria Iudaeorum, quae patribus nostris data sunt, primum vetustatem sacramentorum, deinde sanctitatem praestantium. Illud promitto,

---

def. DEN
1: quid] quae *M* | eris *ΓYβ, Z s.l.*, et eris *m* om. cet. *a* ‖ 2: tuam om. *A* | tenebis et cautionem om. *S* | cautionem tuam *RP* ‖ 3: proprius *G a.c. WK* propicius *F* propi∗∗us *Z* | vidisti fontem om. *G* | et vidisti *S* ‖ 3 sq.: vidisti (om. et) sacerdotem supra fontem *in mg. C* ‖ 5: non om. *Y* | poterit *PC* ‖ 6: Syro *G a.c.* | Neeman *CB* Naaman *SQ m2 Z m2*, (s. neman, *postea eras.*) *G m2* ‖ 7: accipe om. *W* ‖ 8: vidis aquam *G m1* (ti *s. l. m2*) ‖ 9: aliqui *Fa. scripsit* aliquis aliquid (om. dixerit) *W* aliquis *R, VUZ p.c. TηBMam* aliquid cet. ‖ 10: hoc om. *Ω > SF m2, am* | ubi *alt.* om. *Π* ‖ 11: pie∗∗∗∗tas *add.* ubi *G* ‖ 12: tuis *Z* | tuis corporeis *CK a.c. M* | humani *F* ‖ 13: non tamen *Y* | sed] *sc. vidisti* | sed quae] et non *Φ* quia non *m* | sed quae videntur om. *W exp. P* | illa om. *Δ* illa autem *W* ‖ 14: quam] *add.* illa *G* ‖ 15: autem om. *Π > A, am* ‖ 16: aeterna sunt *GF* ‖ 18: meae et exige om. *S* | quae — 2 (p. 86) Iudaeorum om. *A* ‖ 19: vetustate *Z p. r. m* ‖ 20: sanctitate *Z p.r. m* sanctitatis *SA* | praestantium] praestantiam *πβ m1 S* praestantia *ηm* praesentia dñi *W*, om. *G* | pretermitto *i.r. B*, s. pro-

bewußt, was du versprochen hast: Dann wirst du vorsichtiger sein. Wenn du dein Versprechen hältst, wirst du auch deine Verpflichtung einhalten.

3.9. Danach bist du näher getreten und hast den Taufbrunnen gesehen. Ferner hast du den Bischof oberhalb des Taufbrunnens gesehen. Ich vermag nicht daran zu zweifeln, daß euch nicht derselbe Gedanke in den Sinn kommen konnte, der dem Syrer Naaman in den Sinn gekommen ist, da er gereinigt worden ist, obwohl er doch vorher gezweifelt hat (vgl. 2 Kön 5, 1–14). Warum? Ich sage es. Höre:

10. Du bist hineingestiegen, du hast das Wasser gesehen, du hast den Bischof gesehen, du hast den Leviten gesehen. Es sage nur ja niemand: „Ist das alles?" Gewiß ist das alles, wirklich alles, wo die ganze Unschuld, wo die ganze Frömmigkeit, die ganze Gnade, die ganze Heiligung ist. Du hast das gesehen, was du mit deinen körperlichen Augen und den menschlichen Blicken erfassen konntest. Du hast das nicht gesehen, was wirkt, sondern was sichtbar ist. Das aber, was unsichtbar ist, ist viel bedeutsamer als das, was sichtbar ist, da „das Sichtbare zeitlich, das Unsichtbare aber ewig ist" (2 Kor 4, 18).

4.11. Also, als erstes erklären wir — behalte das Versprechen, das ich durch mein Wort eingehe, im Gedächtnis, und fordere seine Einlösung ein —: Wir bewundern die Mysterien der Juden, die unseren Vätern gegeben worden sind, und zwar zunächst das Alter der Sakramente, dann die Heiligkeit dieser vorzüglichen (Sakramente)[5].

---

[5] BOTTE, *Notes* 201 f, hat FALLERS Text folgendermaßen geändert: *Miramur mysteria Iudaeorum quae patribus nostris data sunt, primum vetustate sacramentorum, deinde sanctitate praestantia*. Dagegen spricht zunächst der handschriftliche Befund. Die von FALLER gewählte Lesart ist am besten bezeugt. Ferner ergibt der Text einen Sinn, wenn man *praestantium* auf *sacramentorum* bezieht.

---

mitto: ·s· me probaturum Z *m2*

quod diviniora et priora sacramenta sunt Christianorum quam Iudaeorum.

12. Quid praecipuum quam quod per mare transivit Iudaeorum populus, ut de baptismo interim loquamur? Attamen qui transierunt Iudaei, mortui sunt omnes in deserto. Ceterum qui per hunc fontem transit, hoc est a terrenis ad caelestia, — hic est enim transitus, ideo pascha, hoc est „transitus eius", transitus a peccato ad vitam, a culpa ad gratiam, ab inquinamento ad sanctificationem —, qui per hunc fontem transit, non moritur, sed resurgit.

5.13. Neman ergo leprosus erat. Ait puella quaedam uxori illius: Dominus meus si vult mundari, vadat in terram Israhel, et ibi inveniet eum, qui possit ei lepram tollere. Dixit illa dominae suae, uxor marito, Neman regi Syriae; qui eum quasi acceptissimum sibi misit ad regem Israhel. Audivit rex Israhel, quod missus esset ad eum, cui lepram mundaret, et scidit vestem suam. Tunc Helisaeus propheta mandat ei: Quid est, quod scidisti vestem, quasi non sit deus potens, qui mundet leprosum? Mitte illum ad me. Misit illum. Cui advenienti ait propheta: Vade, descende in Iordanem, merge et sanus eris.

---

def. DEN
1: diviniora] diuturna (a *ex* i, *ras. s.* a) G diuturniora W | sunt sacramenta YM | sunt Christianorum sacramenta πηβ | sint GW ‖ 2: quam fuerint Iudaeorum G ‖ 3: quid] qui GW quid tam M | quod *om.* Δ | mare] manere CF *a. c.* ma✳re V | transivit Γβ transit C transiit *cet. am* ‖ 4: ut de] ude S *m1* unde TCF ut (*om.* de) G ‖ 5: attamen] sciat tamen β | omnes *om.* πηβS ‖ 6: transiit C | hoc est *om.* πηS *m1* hoc est] transit *a* ‖ 7: hinc β | est *om.* W | pasca C, S *a. c.* ‖ 8: eius *exp.* V *m2 om.* B ‖ 9: iniquitate C ‖ 10: transiit K | morietur P | resurget SKX ‖ 11: Naman G *m2* Q *m2* Neeman B siue Naaman U *m2 s. l.* | ergo] enim G *om.* X | puella quaedam ait CRZPΦ > AB, *am* ‖ 12: uxore G *a. c. m2* uxor TF *p. c.* | eius Aη | vult (t *s. l.*) G *m2* QT ‖ 13: isr̄l G ih̄l S | et — 15 Israhel *in mg.* S *man. saec.* XI | invenit GW, η *a. c.* | lepram sibi tollere possit A ‖ 14: Neman *cf.* 11 | regis GV *a. r.* ZK *a. c.* WOC ‖ 15: quasi *om.* T ‖ 16: misisset Π | cui G (c *i. r.*), W cuius *cet. am* | lybra G *m1* (e *ex* y, p *ex* b *m2*) lebra W ‖ 17: et *om.* Δ | excidit

Darin besteht mein Versprechen: Die Sakramente der Christen besitzen größere Heiligkeit und sind älter als die der Juden.

12. Was ist so außerordentlich wie der Durchzug des jüdischen Volkes durch das Meer (vgl. Ex 14, 15–31) — um inzwischen von der Taufe zu sprechen? Dennoch sind die Juden, die hindurchgezogen sind, alle in der Wüste gestorben (vgl. Joh 6, 49). Wer aber durch diesen Brunnen hinübergeht, das heißt vom Irdischen zum Himmlischen — hier findet nämlich ein Hinübergang statt, deshalb Pascha, das heißt „sein Hinübergang" (vgl. Ex 12, 11 Vg.), der Hinübergang von der Sünde zum Leben, von der Schuld zur Gnade, vom Schmutz zur Heiligung — , wer durch diesen Brunnen hinübergeht, stirbt nicht, sondern steht wieder auf.

5. 13. Naaman war also von der Lepra befallen (vgl. 2 Kön 5, 1–14). Da sagte eine Dienerin zu seiner Frau: „Wenn mein Herr gereinigt werden will, gehe er in das Land Israel. Dort wird er den finden, der ihn von der Lepra befreien kann." Jene sprach mit ihrer Herrin, die Gattin mit dem Ehemann, Naaman mit dem König von Syrien, der ihn als einen von ihm sehr hochgeschätzten Mann zum König von Israel sandte. Der König von Israel erfuhr, (Naaman) sei zu ihm geschickt worden, damit er ihn von der Lepra heile, und zerriß sein Gewand. Da ließ ihm der Prophet Elischa ausrichten: „Warum hast du dein Gewand zerrissen, als wenn Gott nicht die Macht besäße, einen Leprakranken zu heilen? Schicke ihn zu mir!" Er sandte ihn hin. Und als er ankam, sagte ihm der Prophet: „Geh, steige in den Jordan, tauche unter, und du wirst gesund!"

G | vestem (em *i. r.*) *R* | vestimenta sua *FBβ* | eliseus *W* heliseus *Ω* ||
18: mandavit *BΔ* | excidisti *G* || 19: dñs *C* | a me *F* || 20: et misit *ASβ* | advenienti∗ *V* | et descende *M om. m* || 21: Iordanen *Z* | mergere *S* | sanaberis *Π*

DE SACRAMENTIS

14. Ille coepit cogitare secum et dicere: Hoc est totum? Veni de Syria in terram Iudaeam et dicitur mihi: Vade in Iordanem et merge et sanus eris, quasi flumina meliora non sint in patria mea. Dixerunt ei servi: Domine, quare non facis verbum prophetae? Magis fac et experire. Tunc ille ivit in Iordanem, mersit et surrexit sanus. —

15. Quid ergo significat? Vidisti aquam; sed non aqua omnis sanat, sed aqua sanat, quae habet gratiam Christi. Aliud est elementum, aliud consecratio: aliud opus, aliud operatio. Aquae opus est, operatio spiritus sancti est. Non sanat aqua, nisi spiritus sanctus descenderit et aquam illam consecraverit, sicut legisti, quod, cum dominus noster Iesus Christus formam baptismatis daret, venit ad Iohannem, et ait illi Iohannes: „Ego a te debeo baptizari, et tu venis ad me?" Respondit illi Christus: „Sine modo; sic enim decet nos inplere omnem iustitiam." Vide, quia omnis iustitia in baptismate constituta est.

16. Ergo quare Christus descendit, nisi ut caro ista mundaretur, caro, quam suscepit de nostra condicione? Non enim ablutio peccatorum suorum Christo necessaria erat, „qui peccatum non fecit", sed nobis erat necessaria,

---

def. DEN, a l. 11 Z
1: coepitare Y | secum *s. l.* Q *om.* S *p. r.* | est *om.* C | totum] quod S *m 1* (totum *add. s. l. m 2*) ‖ 2: dicetur *RF, Z a. c.* | vade] *add.* et descende *m* ‖ 3: Iordem W iordanen *RT* | et *pr. om.* GS *m 2 Π* | merge] *add.* te G mergere S *m 2* P *m 2* | sanaberis *Π* ‖ 4: ei] ergo *Φa* ergo ei *m* | servi sui *T* servuli *β* | domine — 5 fac et *om.* B ‖ 5: magis fac *i. r.* S *m 2* | facit G *a. r.* | fac et *om.* SY | et *om.* GRZQ | ille *om.* W ‖ 6: Iordem W Iordanen *TF* Iordane *Ba* ‖ 7: ergo *ΓPm* enim *cet. a* ‖ 7 sq.: omnis aqua *πηβS* ‖ 8: omnis *om.* V omnes *s. l.* G *m 2 (om. m 1)*, Z *m 2* | sanat omnis *M* | set aqua *s. l.* G *m 2* | sanat *alt. om.* G | gratiam] *add.* dei vel *πηβS* gratiam∗ Q ‖ 10: aquae G aqua *cet. m* | aquae — sancti est *om. Φa* | aquae — ope(ratio) W *i. r.* | sanctus *πηβ* | est *om.* G ‖ 11: aqua nisi — 14 sq. *(p. 92)* carent qui mur(muraverunt) *def.* Z *fol. amisso* | sanctus *om.* TM*m* | sanctus sps *πηβS* ‖ 12: consecrauit *Bβ* ‖ 13: daret et G ‖ 14: ego — 15 me *(in mg. m 2)* X | a] ad W *a. c.* X *m 2*

14. Jener begann zu überlegen und dachte bei sich: „Ist das alles? Ich bin aus Syrien in das jüdische Land gekommen, und man sagt mir: ‚Geh in den Jordan, tauche unter, und du wirst gesund!' Als wenn es in meinem Heimatland keine besseren Flüsse gäbe." Seine Diener erwiderten ihm: „Herr, warum befolgst du nicht das Wort des Propheten? Tu es lieber und probiere es!" Dann ging er in den Jordan, tauchte unter und stieg gesund heraus.

15. Worauf deutet das hin? Du hast das Wasser gesehen, aber nicht jedes Wasser heilt. Nur das Wasser heilt, in dem die Gnade Christi wohnt. Es besteht ein Unterschied zwischen dem Element und der Konsekration, es besteht ein Unterschied zwischen der Handlung und der Wirkung. Die Handlung wird vom Wasser, die Wirkung vom Heiligen Geist vollbracht. Das Wasser heilt nicht, wenn nicht der Heilige Geist herabgestiegen ist und dieses Wasser konsekriert hat, wie du gelesen hast, daß unser Herr Jesus Christus, als er den Ritus der Taufe eingesetzt hat, zu Johannes gekommen ist, und Johannes zu ihm gesagt hat: „Ich muß von dir getauft werden, und du kommst zu mir?" Christus antwortete ihm: „Laß nur, denn es geziemt sich für uns, so die ganze Gerechtigkeit zu erfüllen" (Mt 3,14 f). Siehe, in der Taufe ist die ganze Gerechtigkeit enthalten.

16. Warum ist also Christus herabgestiegen, wenn nicht, damit das Fleisch gereinigt werde, das Fleisch, das er von unserer Natur angenommen hat? Denn eine Abwaschung seiner Sünden hatte Christus nicht nötig, da „er keine Sünde begangen hat" (1 Petr 2,22). Aber im Hinblick

---

a. c. ‖ 15: respondit illi Christus *om. X* | Iesus Christus *W* Iesus *A* ‖ 15 sq.: sic enim decet *om. WS* ‖ 16: implere nos *WS* | vide — 17 iustitia *C m2 in mg.* ‖ 18: discendet *G a. c. m2* ‖ 19: caro *om. M* carne *T* ‖ 20: suorum *om. Y* ‖ 21: quia *R a. c. S* | erat *alt.*] est *R*

qui peccato manemus obnoxii. Ergo si propter nos baptismum, nobis forma est constituta, fidei nostrae forma proposita est.

17. Descendit Christus, Iohannes adstabat, qui baptizabat, et ecce quasi columba spiritus sanctus descendit. Non | columba descendit, sed „quasi columba". Memento, quid dixerim: Christus carnem suscepit: non „sicut carnem", sed carnis istius veritatem, vere carnem Christus suscepit. Spiritus autem sanctus in specie columbae, non in veritate columbae, sed in specie columbae descendit e caelo. Ergo vidit Iohannes et credidit.

18. Descendit Christus, descendit et spiritus sanctus. Quare prior Christus descendit, postea spiritus sanctus, cum forma baptismatis et usus hoc habeat, ut ante fons consecretur, tunc descendat, qui baptizandus est? — Nam ubi primum ingreditur sacerdos, exorcismum facit secundum creaturam aquae, invocationem postea et precem defert, ut sanctificetur fons et adsit praesentia trinitatis aeternae. — Christus autem ante descendit, secutus est spiritus. Qua ratione? Ut non quasi ipse egere dominus Iesus sanctificationis mysterio videretur, sed sanctificaret ipse, sanctificaret et spiritus.

---

def. DENZ
1: manebamus *U m2* ‖ 1 sq.: baptismi *M, CK p. c. η p. r. a* ‖ 2: forma *pr. om. X* ‖ 2 sq.: posita *W* ‖ 5: spiritus — 6 non columba *in mg. S m2* (*om.* descendit *ante* non) | spiritus — 6 quasi columba *bis W* ‖ 6: descendit *om. πηβ* | non columba descendit *om. R* | descendit *ante* memento *πηβ* ‖ 7: non] nos *G a. c.* | non sicut — 9 suscepit *om. C* ‖ 8 sq.: vere ****** x͂ps suscepit *S m1* (veram carnem x͂ps suscepit *add. m2 s. l.*) ‖ 8: carnem *om. Φ > T* ‖ 9: spiritus — 10 sq. e caelo *S m2 in mg.* | autem] enim *ΠS m 2 a* | in specie columbae *om. m* | columbae *om. CP* ‖ 10: e] de *S m2 Π > η am* ‖ 11: vidi Iohannem *F* ‖ 12: et *om. SP a. c. M* | sanctus *om. Φ > AT, a* ‖ 14: formã *G* | habebat *W* ‖ 15: et tunc *Ωam* | baptizatus *C, S a. c. m2* ‖ 16: sacerdos *bis S* ‖ 16 sq.: secundo *UQB* secundo super *TAa* ‖ 17: creatura *RV* | aquae] atque *πηβ* | per invocationem *P p. c. U m2* cum invocatione benedicit *A post*

auf uns war sie notwendig, weil wir der Sünde verhaftet bleiben. Wenn (er) also unseretwegen die Taufe (empfangen hat), ist für uns der Ritus eingesetzt, ist unserem Glauben der Ritus vorgeschrieben worden.

17. Christus ist hinabgestiegen. Johannes, der die Taufe vollzog, stand dabei. Und siehe, wie eine Taube ist der Heilige Geist herabgekommen (vgl. Mt 3,16; Mk 1,10; Lk 3,22). Nicht eine Taube ist herabgekommen, sondern „wie eine Taube". Erinnere dich an das, was ich gesagt habe: Christus hat Fleisch angenommen, nicht etwas „wie Fleisch", sondern die wirkliche Gestalt des Fleisches, Christus hat wirklich Fleisch angenommen. Der Heilige Geist aber ist in Gestalt einer Taube, nicht als wirkliche Taube, sondern in Gestalt einer Taube vom Himmel herabgekommen. Also, Johannes sah es und glaubte (vgl. Joh 1,32–34).

18. Christus ist herabgestiegen, herabgestiegen ist auch der Heilige Geist. Warum ist zuerst Christus herabgestiegen und danach erst der Heilige Geist, da doch die Ordnung und der Vollzug der Taufe vorsehen, daß zunächst der Taufbrunnen konsekriert wird, und dann erst der Täufling hinabsteigt? Denn sobald der Bischof eingetreten ist, spricht er einen Exorzismus entsprechend der geschaffenen Substanz des Wassers. Danach spricht er eine Anrufung, verbunden mit der Bitte, daß der Taufbrunnen geheiligt werde und die ewige Dreifaltigkeit anwesend sei. Christus aber ist zuerst herabgestiegen, der Heilige Geist ist gefolgt. Aus welchem Grund? Damit nicht der Anschein erweckt würde, der Herr Jesus selbst sogar bedürfe des Mysteriums der Heiligung, sondern damit er selbst heiligt, und damit auch der Geist heiligt.

---

lacunam 5 litt. cationem *W* ‖ 18: et *om. C* ‖ 20: rationem∗ *G* | ut *G p. c. m2* | egeret *C* aegere *W a. c.* agere *T* erit (!) *G* ‖ 21: mysterium *T* | videtur *W m1*

19. Ergo descendit in aquam Christus, et spiritus sanctus sicut columba descendit, pater quoque deus locutus e caelo est: Habes praesentiam trinitatis.

6.20. In mari autem rubro figuram istius baptismatis extitisse ait apostolus dicens: „Quia patres nostri omnes baptizati sunt in nube et in mari", et subdidit: „Haec autem omnia in figura facta sunt illis"; illis in figura, sed nobis in veritate. Tunc Moyses virgam tenebat. Conclusus erat populus Iudaeorum. Instabat Aegyptius cum armatis. Ex una parte mari claudebantur Hebraei. Neque maria transire poterant neque in hostem recurrere. Murmurare coeperunt. —

21. Vide non te provocet, quia exauditi sunt: etsi exaudivit dominus, tamen culpa non carent, qui murmuraverunt. Tuum est, ubi constringeris, credere, quod evadas, non murmurare, invocare, rogare, non querelam expromere. —

22. Tenebat virgam Moyses et ducebat populum Hebraeorum in nocte in columna lucis, in die in columna nubis. Lux quid est nisi veritas, quia apertum et planum lumen effundit? Columna lucis quis est nisi Christus do-

---

def. DEN, usque ad l. 14 sq. (mur)muraverunt Z
1: aqua *GCF* aquas *W* | et *om. G* || 1 sq.: sanctus spiritus *G* || 2: sicut] quasi *KX* | deus *om. WX, V p. c.* || 2 sq.: locutus est e caelo $\pi\beta$, (in caelo) η e caelo locutus est Π > *CFa* || 3: e *om. V* || 4: habes in mari (autem *eras.*) *S p. c. m2* | rubro *om. W* || 6: in mari et in nube *W* | et *alt. om. G* | subdit *a* || 7: illis in] in illis *G* || 8: veritatem *GF* | conclusus] virga *C* || 9: armis Ω *am* || 10: parte] *add.* et ex altera parte *Ym Sch.* | mari *om. B* maris Δ | cum neque *MS m 2* || 13: vide] unde *KX* | exauditi] ea auditi *W* || 14: tamen *om.* $\pi\eta\beta$ || 16: exprimere *G m3* (i *s.* o), β *p. c.* exponere *W* || 18: et in die *A* | in *quart. om. W, F p. c. m2 S m1 C* || 19: quia] qui *WF* quae $\Phi\Delta CY$ | plenum $\pi\eta\beta$ *am* (planum *cf. Isaac 7, 57: CSEL 32/1, 682, 13. 17*) || 20: infundit *TA* effudit *W*$\pi\eta\beta S$ | coluna *G m 1* | quis *G om. W* quid Ω*am* | nisi *om. B*

---

[6] BOTTE, *Notes* 203, hat hinter *ex una parte* als Gegenstück *ex altera parte* eingefügt. Diese Ergänzung ist handschriftlich nur in der Rezen-

19. Nun, Christus ist in das Wasser hinabgestiegen, und der Heilige Geist ist wie eine Taube herabgekommen, und Gott, der Vater, hat aus dem Himmel gesprochen (vgl. Mt 3,16f; Mk 1,10f; Lk 3,22): Du hast die Gegenwart der Dreifaltigkeit.

6.20. Daß im Roten Meer ein Vor-Bild dieser Taufe bestanden hat, sagt der Apostel mit den Worten: „Unsere Väter sind alle in der Wolke und im Meer getauft worden" (1 Kor 10,1f). Er fügt hinzu: „Das alles aber ist an ihnen als Vor-Bild geschehen" (1 Kor 10,11). An ihnen als Vor-Bild, aber an uns in Wirklichkeit. Damals hielt Mose den Stab (in der Hand). Das Volk der Juden war eingeschlossen. Der Ägypter bedrohte sie mit Waffen. Auf der einen Seite waren die Hebräer vom Meer umschlossen[6]. Sie konnten weder das Meer durchschreiten noch wieder gegen den Feind losstürmen. So begannen sie zu murren (vgl. Ex 14,9–12).

21. Sieh zu, daß du nicht durch die Tatsache, daß sie erhört worden sind, in Versuchung gerätst! Wenn der Herr sie auch erhört hat, so sind dennoch diejenigen, die gemurrt haben, nicht frei von Schuld. Wenn du in Bedrängnis gerätst, ist es deine Pflicht, zu glauben, daß du entkommst, nicht zu murren, vielmehr zu rufen, zu bitten, nicht Klage zu erheben.

22. Mose hielt den Stab (in der Hand) und führte das Volk der Hebräer in der Nacht mit Hilfe einer Feuersäule, am Tag mit Hilfe einer Wolkensäule (vgl. Ex 13,21f). Was ist das Feuer anderes als die Wahrheit, da sie offenes und klares Licht verbreitet? Was ist die Feuersäule anderes als Christus, der Herr, der die Dunkelheit des Unglaubens

---

sion des LANFRANC (11. Jh.) bezeugt. Sie muß deshalb als nachträgliche Korrektur gelten. BOTTE erreicht zwar durch seine Konjektur, daß der betreffende Satz den Regeln der Logik entspricht, jedoch gilt auch hier, was oben 76f Anm. 1 zu *sacr.* 1,1 unter (4) und (5) gesagt wurde.

minus, qui tenebras infidelitatis depulit, lucem veritatis et gratiae adfectibus infudit humanis? At vero columna nubis est spiritus sanctus. In mari erat populus et praeibat columna lucis, deinde sequebatur columna nubis quasi obumbratio spiritus sancti. Vides, quod per spiritum sanctum et per aquam typum baptismatis demonstraverit.

23. In diluvio quoque, fuit iam tunc figura baptismatis, et adhuc utique non erant mysteria Iudaeorum. Si ergo huius baptismatis forma praecessit, vides superiora mysteria Christianorum quam fuerint Iudaeorum.

24. Sed interim secundum fragilitatem vocis nostrae et secundum temporis rationem satis sit hodie etiam de sacro fonte libasse mysteria. Crastina die, si dominus dederit loquendi potestatem vel copiam, plenius intimabo. Opus est, ut sanctitas vestra aures paratas habeat, promptiorem animum, ut ea, quae nos colligere possumus de serie scripturarum et vobis intimaverimus, tenere possitis, ut habeatis gratiam patris et filii et spiritus sancti, cui trinitati perpetuum regnum est a saeculis et nunc et semper et in omnia saecula saeculorum. Amen.

---

def. DEN
1: luce C lumen W ‖ 2: gratiam CF gratiae spiritalis Ωam | infundit ABF | at] ad GF | nobis G a.c. ‖ 3: praeiuit B praeibat in A ‖ 4 sq.: umbratio Π > CFTMm ‖ 6: tyuus G m1 tyfus m2 | baptismati G ‖ 7: quoque om. U | iam tunc fuit M ‖ 8: erant] ẽr W | sic (c m2) S ‖ 9: huius om. Q | vides ergo SΠ > ZCYM, a ‖ 11: flagilitatem G a.c. gracilitatem W ‖ 12: etiam] tanta Φ > VM hec tantum Z m2 s. etiam iam πηβ om. S ‖ 13: fontis U fontis figura A ‖ 15: est om. W | et promptiorem G ‖ 16: poterimus Y ‖ 17: vobis] ubi GWS ubi vobis π ‖ 18: patri W ‖ 19: perpetua W perpetuam C | regnum om. UA | est regnum am est imperium V ‖ 20: amen om. WVUQPam ‖ item sequentia G deest subscriptio in W (continuatur textus) explicit liber primus sc̃i ambrosii de sacramentis incipit eiusdem liber secundus RZVUQBKF explicit liber primus. incipit (liber Sπ) secundus SπT, βη (add. sc̃i ambrosii post primus) finit liber prim'. incipit .II. M explicit liber primus de sacramentis. incipit eiusdem de sacramentis liber se-

beseitigt, das Licht der Wahrheit und der Gnade den menschlichen Herzen eingegossen hat? Die Wolkensäule ist in Wirklichkeit der Heilige Geist. Das Volk befand sich im Meer, und die Feuersäule ging voran. Schließlich folgte die Wolkensäule gleichsam als Umschattung des Heiligen Geistes. Du siehst also, daß er (*sc.* der Apostel) durch den Heiligen Geist und das Wasser ein Vor-Bild der Taufe aufgezeigt hat.

23. In der Sintflut war damals auch schon ein Vor-Bild der Taufe gegeben (vgl. Gen 6,12 – 9,17; 1 Petr 3,20f). Zu diesem Zeitpunkt gab es bestimmt noch keine jüdischen Mysterien. Wenn also der Ritus unserer Taufe schon früher bestanden hat, dann erkennst du daran, daß die Mysterien der Christen älter sind als die der Juden.

24. Doch einstweilen haben sich wegen der Gebrechlichkeit unserer Stimme und aus zeitlichen Gründen für heute schon genug Mysterien aus dem heiligen Brunnen ergossen. Morgen werde ich meine Erklärung vervollständigen, wenn der Herr mir eine kräftige oder volle Stimme gegeben hat. Es ist notwendig, daß eure Heiligkeit offene Ohren und einen aufnahmebereiteren Geist (als jetzt) besitzt, damit ihr das, was wir aus der Reihe der Schriften zusammenzutragen vermögen und euch dargelegt haben, behalten könnt, damit ihr die Gnade des Vaters und des Sohnes und des Heiligen Geistes empfangt, jener Dreifaltigkeit, die das ewige Reich von Anfang an und jetzt und immer und in alle Ewigkeit besitzt. Amen.

---

cundus *P*, (*om.* de sacramentis *alt. loco*) *AX* explicit de sacramentis liber primus. incip. lib. II. *C* explicit sermo primus. incipit secundus *Y*

Sermo secundus

1. 1. In diluvio quoque figuram baptismatis praecessisse hesterno coepimus disputare. Quid est diluvium nisi in quo iustus ad seminarium iustitiae reservatur, peccatum moritur? | Ideo dominus videns hominum pullulare delicta iustum solum cum sua progenie reservavit, aquam autem supra montes quoque exire praecepit. Et ideo in illo diluvio omnis corruptela carnis interiit, sola iusti prosapia et forma permansit. Nonne hoc est diluvium, quod est baptisma, quo peccata omnia diluuntur, sola iusti mens et gratia resuscitatur?

2. Multa genera baptismatum, sed „unum baptisma", clamat apostolus. Quare? Sunt baptismata gentium, sed non sunt baptismata. Lavacra sunt, baptismata esse non possunt. Caro lavatur, non culpa diluitur, immo in illo lavacro culpa contrahitur. Erant baptismata Iudaeorum, alia superflua, alia in figura. Et figura ipsa nobis profecit, quia veritatis est nuntia.

2. 3. Quid lectum est heri? „Angelus", inquit, „secundum tempus descendebat in piscinam, et" quotienscumque descendisset angelus, „movebatur aqua, et qui prior descendisset, sanabatur ab omni languore, quocumque tene-

---

def. DENO, 11 – 13 (*p.* 100) Z
1: quoque *om. Ta* ‖ 2: externo *G* ‖ 3: peccator *YX* ‖ 4: vidit *Π* > *MK m 2 Y, ZP a. c.* ut vidit *P p. c. K m 2 m* ubi vidit *M* cum vidit *a* ‖ 6: quoque *om. QS* ‖ 7: iusta *s.* sola *W* iusticiae *Y* ‖ 8: non *G* ‖ 9: in quo *Y* | deluuntur *QP p. c. m 2 A* | et *om. S* | gratiae *W* ‖ 11: multa sunt *Φ* > *TAB* | baptismatum — 13 (*p.* 100) hominem *om. Z* | baptismatum sunt *S* ‖ 12: quare] quia *Y* ‖ 13: baptismata *pr.*] baptisma *ηT, P a. c.* ‖ 14: laudatur *S a. c. m 2* | illo] ipso *A* ‖ 15: culpa *om. Π* > *F* | erant autem *Π am* | baptisma *W* ‖ 16: et figura *bis G* | figura ipsa] sic illa *M* | proficit *Ω* ‖ 17: est *om. Y m 1* ‖ 18: ⁎lectum *G* | est *om. U* ‖ 19: descendit *AC* | in *s. l. G* ‖ 20: et movebatur *M* mota est *A* ‖ 21: ab omni *om. G* | languore *om. G m 1* (*s. l. post* quocumque *m 3*)

ZWEITE KATECHESE

1.1. Gestern haben wir zu erläutern begonnen, daß der Taufe auch in der Sintflut ein Vor-Bild vorausgegangen ist. Was ist die Sintflut anderes als etwas, wodurch ein Gerechter als Pflanzschule der Gerechtigkeit gerettet wird und die Sünde stirbt? Als nämlich der Herr sah, daß die Fehler der Menschen sich mehrten, rettete er nur den Gerechten mit seiner Nachkommenschaft und befahl dem Wasser, sogar über die Berge emporzusteigen. So ist in jener Sintflut alles fleischliche Verderben untergegangen, nur das Geschlecht und das Bild des Gerechten ist erhalten geblieben. Stellt nicht die Taufe eine Sintflut dar, in der alle Sünden getilgt und nur der Geist und die Gnade des Gerechten wiedererweckt werden?

2. Es gibt viele Arten von Taufen, aber nur „eine Taufe" (Eph 4,5), verkündet der Apostel. Wieso? Es gibt Taufen der Heiden; aber sie sind keine Taufen. Es handelt sich dabei um Waschungen, Taufen können sie nicht sein. Das Fleisch wird abgewaschen, die Schuld aber nicht beseitigt. Bei einer solchen Waschung kommt sogar neue Schuld hinzu. Es gab Taufen der Juden; die einen waren überflüssig, die anderen dienten als Vor-Bild. Das Vor-Bild ist für uns von Nutzen, weil es eine Verkünderin der Wirklichkeit ist[7].

2.3. Was ist gestern in der Lesung gesagt worden? „Ein Engel", so hieß es, „stieg zu einer bestimmten Zeit in den Teich hinab, und" sooft der Engel hinabgestiegen war, „bewegte sich das Wasser, und wer als erster hinabgestiegen war, wurde von allen Krankheiten, an denen er litt,

---

[7] Text nach BOTTE, Notes 203 f, der *profecit* (FALLER) in *proficit* geändert hat.

batur." Quod significat figuram venturi domini nostri Iesu Christi.

4. Quare „angelus"; ipse est enim „magni consilii angelus"; „secundum | tempus", quod ad horam novissimam servabatur, ut in occasu ipso diem depraehenderet et differret occasum. Quotienscumque ergo descendisset angelus, „movebatur aqua". Dicis forte: „Quare modo non movetur?" Audi, quare: Signa incredulis, fides credentibus. —

5. „Qui prior descendisset, sanabatur ab omni infirmitate": Quid est „prior"? tempore an honore? Utrumque intellege! Si tempore „prior qui descendisset", sanabatur ante, hoc est, de populo Iudaeorum magis quam de populo nationum. Si honore „qui prior descendisset", hoc est, qui haberet dei metum, studium iustitiae, gratiae, caritatis, castitatis adfectum, ipse magis sanabatur. Tamen tunc temporis unus salvabatur, tunc, inquam, temporis in figura „qui prior descendisset", solus curabatur. Quanto maior est gratia ecclesiae, in qua omnes salvantur, quicumque descendunt. —

6. Sed videte mysterium: Venit dominus noster Iesus Christus ad piscinam. Multi aegri iacebant. Et facile ibi

---

def. DENZO

1: et quod G   quid M | figura est M   figura η | venturam SΠ > M ||
3: angelus om. W | angelus quare? Ωam | ipsi G a.c. m2 | concilii a ||
4: oram G, S a.c. m2 || 5: ipsum β m2 Π > R || 5 sq.: fert G || 7: aqua om. β a.c. m2 aqua quoque T | dices βCFY dicit S a.c. m2 | fortasse m forte∗∗∗ S || 8: fideles G fide W || 10: salvabitur G m1 (salvabatur m2) || 11: qui S p.c. m2 Φ > TA, am | est om. S p.c. m2 Φa ||
12: intellegere β p.c. m2 intellegis G m1 (intelleges m2) | tempore om. T | priore T, Q p.c. || 13: ante om. Π > R | Iudaeorum — populo om. Π || 15: mentum F meritum C | gratiam Ω > SY, am | caritatis om. GWS caritatem RYCF || 15 sq.: gratiam castitatis affectum caritatis πη || 17: sanabitur U a.c. m2 Bam || 18: qui om. U || 19: est om. Sβ a.c. m2 || 21: vidite G videre C || 22: piscinam ubi U m2 B | multi enim πηβ | et — 1 (p. 100) iacebant om. πη | ibi — 1 (p. 100) iacebant om. W

geheilt" (Joh 5,4). Das weist auf die Gestalt unseres Herrn Jesus Christus hin, der kommen wird.

4. Warum ein „Engel"? Er selbst ist nämlich der „Engel des großen Ratschlusses" (Jes 9,5 LXX). „Zu einer bestimmten Zeit", weil er für die letzte Stunde aufbewahrt wurde, damit er den Tag bei Sonnenuntergang anhalte und den Sonnenuntergang verzögere (vgl. Jos 10,12–14). Sooft also der Engel hinabgestiegen war, „bewegte sich das Wasser". Vielleicht fragst du: „Warum bewegt es sich nicht auch jetzt?" Höre, warum: Die Zeichen sind für die Ungläubigen, der Glaube für die Gläubigen bestimmt (vgl. 1 Kor 14,22).

5. „Wer als erster hinabgestiegen war, wurde von allen Krankheiten geheilt" (Joh 5,4). Was heißt „als erster"? Bezieht sich das auf die zeitliche Reihenfolge oder auf die Würde? Nimm es in beiden Bedeutungen! Wenn der, welcher im zeitlichen Sinn als erster hinabgestiegen war, zuvor geheilt wurde, so heißt das: Eher aus dem Volk der Juden als aus dem Volk der Heiden. Wenn der erste der Würde nach hinabgestiegen war, so heißt das, wer Gottesfurcht, Eifer für die Gerechtigkeit, die Gnade der Nächstenliebe und das Verlangen nach Lauterkeit besaß, der wurde eher geheilt[8]. Dennoch wurde zu jener Zeit nur einer geheilt, zu jener Zeit, sage ich, wurde als Vor-Bild nur geheilt, wer als erster hinabgestiegen war. Um wieviel größer ist die Gnade der Kirche, in der alle geheilt werden, die hinabsteigen.

6. Betrachtet das Mysterium: Als unser Herr Jesus Christus zum Teich kam, lagen dort viele Kranke (vgl. Joh 5,3). Es kam oft vor, daß dort viele Kranke lagen, wo nur

---

[8] Text nach BOTTE, Notes 204 f, der *gratiae, caritatis* (FALLER) in *gratiam caritatis* geändert hat.

multi aegri iacebant, ubi unus tantummodo curabatur.
Deinde ait ad illum paralyticum: „Descende." Ait ille:
„Hominem non habeo." Vide, ubi baptizaris, unde sit
baptisma | nisi de cruce Christi, de morte Christi. Ibi est
omne mysterium, quia pro te passus est. In ipso redimeris,
in ipso salvaris.

7. „Hominem, inquit, non habeo." Hoc est: quia „per
hominem mors et per hominem resurrectio", non poterat
descendere, non poterat salvari, qui non credebat, quod
dominus noster Iesus Christus carnem suscepisset ex virgine. Hic autem qui opperiebatur mediatorem dei et hominum, hominem Iesum, expectans eum, de quo dictum
est: „et mittet dominus hominem, qui salvos faciet eos",
dicebat: „Hominem non habeo", et ideo ad sanitatem meruit pervenire, quia credebat in advenientem. Melior tamen
et perfectior fuisset, si credidisset iam venisse, quem sperabat esse venturum.

3.8. Nunc vide singula: Diximus figuram praecessisse
in Iordane, quando Neman leprosus ille mundatus est.
Puella illa ex captivis quae est nisi quae speciem habebat
ecclesiae et figuram repraesentabat? Captivus enim erat
populus nationum, captivus erat: non dico captivitatem

---

def. DENO, usque ad l. 13 hominem Z
1: ubi] ibi CF ‖ 2: dehinc η | ait — descende *om.* R | illum *om.* Y | descende] vis sanus fieri Y | ait] at QY *p. c.* B ‖ 4: de morte Christi *om.* W ‖ 5: redimeris et πηS ‖ 6: salvaberis Φ > AB ‖ 8: resurrectio mortuorum Ω > S m1, am ‖ 9: et non poterat A ‖ 10: noster *om.* Πβ | Christus *om.* Πβm ‖ 11: autem *om.* Y m1 | operabatur β *p. c. m2,* CX ‖ 12: Iesum Christum X m | expectat C | dictum] scriptum A ‖ 13: mittit GWS | dominus] deus πηS | faciat WβΠ > T, m ‖ 15: devenientem G ‖ 16: perfectio W, Z *a. c.* profectior β | quam W, R *a. c. m2* ‖ 16 sq.: spectabat η ‖ 17: esse] fore πη ‖ 18: diximus *om.* GW | figura W | praeterisse S ‖ 19: iordanen R | naman GZ *p. c. m2* | ille leprosus UM ‖ 20: a puella GW | puella — 21 repraesentabat *om.* Δ | quae *pr.*] quia G ‖ 21: enim *om.* Y ‖ 22: populus — erat G *m2 s. l.* | captivitate S *p. c.* Φ > VBM

einer geheilt wurde. Dann forderte er den Gelähmten auf: „Steige hinab!" Jener antwortete: „Ich habe niemanden" (Joh 5,6f). Bedenke, wo du getauft worden bist! Woher stammt die Taufe anders als vom Kreuz Christi, aus dem Tod Christi. Darin sind alle Mysterien enthalten, weil er für dich gelitten hat. In ihm wirst du erlöst, in ihm geheilt.

7. „Ich habe niemanden", sagte er. Das heißt: „Durch einen Menschen kam der Tod, und durch einen Menschen kommt die Auferstehung" (1 Kor 15,21). Es konnte nicht hinabsteigen, es konnte nicht geheilt werden, wer nicht glaubte, daß unser Herr Jesus Christus aus einer Jungfrau Fleisch angenommen hatte. Dieser aber, der den Mittler zwischen Gott und den Menschen, den Menschen Jesus (1 Tim 2,5), erwartete, der auf den hoffte, von dem es heißt: „Der Herr wird einen Menschen schicken, der sie heilen wird" (Jes 19,20 LXX), (dieser Mann also) erklärte: „Ich habe niemanden." Er verdiente deshalb, Heilung zu erlangen, weil er an den glaubte, der kommt. Besser und vollkommener wäre es jedoch gewesen, er hätte geglaubt, daß der schon gekommen ist, von dem er hoffte, daß er kommen werde.

3.8. Schau nun auf die Einzelheiten: Wir haben davon gesprochen, daß im Jordan ein Vor-Bild vorausgegangen ist, als der leprakranke Naaman geheilt wurde[9]. Was ist die aus den Gefangenen (genommene) Dienerin anderes als das Bild der Kirche, das deren Vor-Bild darstellte? Das Volk der Heiden befand sich nämlich in Gefangenschaft, ja, es war gefangen. Ich meine nicht die Gefangenschaft,

---

[9] Vgl. *sacr.* 1,13f.

sub hoste aliquo populo constitutam, sed eam captivitatem
dico, quae maior | est, quando diabolus cum suis saevo
dominatur imperio et captiva sibi colla subicit peccatorum.

9. Ergo habes unum baptisma, aliud in diluvio, habes
tertium genus, quando in mari rubro baptizati sunt patres,
habes quartum genus in piscina, quando movebatur aqua.
Nunc te consulo, utrum credere debeas, quia habes praesentiam
trinitatis in hoc baptismate, quo baptizat Christus
in ecclesia.

4.10. Idem itaque dominus Iesus in evangelio suo dicit
ad apostolos: „Ite, baptizate gentes in nomine patris et filii
et spiritus sancti." Sermo hic salvatoris est.

11. Dic mihi, o homo: Invocavit Helias de caelo ignem,
et descendit ignis. Invocavit Helisaeus domini nomen, et
de aqua ferrum securis ascendit, quod demersum fuerat.
Ecce aliud genus baptismatis. Quare? Quia omnis homo
ante baptismum quasi ferrum premitur atque demergitur;
ubi baptizatus fuerit, non | tamquam ferrum, sed tamquam
iam levior fructuosi ligni species elevatur. Ergo et hic figura
altera. Securis erat, qua caedebantur ligna. Cecidit manu-

---

def. DENO
1: sub] super *KX* | populum *WSCF* populi *P p. c.* om. *M* | ✻constitutam
Y constituta *V p. c. m2 M* constituto *Φ* constitutum *WS* ‖ 2: quando]
quã *W* ‖ 3: dominantur *πη* dominabatur *A a. c. β* | impio *G* | et om.
G | subiecit *πηC* ‖ 5: tertio *G a. c. m2* ‖ 6: piscinam *G a. c.* ‖
7: consolo *G, SZ a. c. m2* | debes *U a. c. C* | quia] qui *CF* | habeas
GW ‖ 7 sq.: praeferentiam *W* ‖ 8: quod *SZ* | baptizat christus *GWS
m1* (id est quo baptizatur in ecclesia *m2 in mg.*) baptizat (*om.* christus)
RZCFY baptizatur (*om.* christus) *β m1 ΦΔ* baptizatur christus *πηβ
m2* ‖ 9: in] vel *πηβ m2* om. *Cβ m1* | in ecclesia *om. S a. c. m2* ‖
10: idemque *βη* | dominus noster *Ωam* | iesus christus *Ω > S, am* | suo
om. U ‖ 11: omnes gentes *πηS m2 Φ > A, am* ‖ 12: servatoris *X* ‖
13: dic] hic *C* | o *om. Q a. c. YC* | helia *F* | de caelo ignem *om. ΦPa* |
ignem *om. β a. c. m2 CFRZKXY* ‖ 14: ignis] *add.* de caelo *ΦPηam* |
hęlias *S* | nomen domini *TY* ‖ 15: securis ferrum *S* | ascendit *s. l. G
m2* (i *ex* e) | dimersum *πηβSFRZKX* ‖ 16: ecce et *G* (ecce *s. l. m2*) ‖
17: atque] et *M* | dimergitur *πβCFRZKX* ‖ 19: iam *om. PT* | levatur

die einem Volk von einem Feind auferlegt wird, sondern ich meine jene Gefangenschaft, die schlimmer ist, wenn der Teufel mit den Seinen eine grausame Herrschaft ausübt und sich die Sünder unterwirft.

9. Also hast du hier eine Taufe, eine andere in der Sintflut[10]. Eine dritte Art hast du, als unsere Väter im Roten Meer getauft wurden[11]. Eine vierte Art hast du im Teich, als sich das Wasser bewegte[12]. Nun frage ich dich, ob du zu glauben vermagst, daß in dieser Taufe, mit der Christus in der Kirche tauft, die Anwesenheit der Dreifaltigkeit gegeben ist.

4.10. Dasselbe sagt auch der Herr Jesus in seinem Evangelium den Aposteln: „Geht, tauft die Völker im Namen des Vaters und des Sohnes und des Heiligen Geistes" (Mt 28,19). Das ist ein Wort des Erlösers.

11. Sage mir, Mensch: Elija rief vom Himmel Feuer herab, und es fiel Feuer herab (vgl. 1 Kön 18,36–38). Elischa rief den Namen des Herrn an, und die eiserne Klinge der Axt, die versunken war, stieg aus dem Wasser empor (vgl. 2 Kön 6,5–7). Siehe, noch eine andere Art der Taufe. Wieso? Weil jeder Mensch vor der Taufe wie Eisen herabgedrückt wird und untergeht. Sobald er aber getauft ist, wird er nicht wie Eisen, sondern wie die leichtere Art des Fruchtholzes emporgehoben. Also ist auch dies ein weiteres Vor-Bild. Mit der Axt wurde Holz gefällt. Da löste sich

---

[10] Vgl. *sacr.* 1,23; 2,1.   [11] Vgl. *sacr.* 1,20–22.   [12] Vgl. *sacr.* 2,3–7.

Π a | et om. B | hic in G || 20: altera] add. et in transitu vel sanctificatione iordanis in typum baptismundm̃i *(sic!)* salvatoris *G* altera] ad terram *W | qua] qui W quae R a.r. Z | cedebatur G a.c. m2 ||* 20 – 1 (*p.* 104): de manubrio securis *B*

brium de securi, hoc est: ferrum demersum est. Filius prophetae nescivit, quid faceret, sed hoc solum scivit, ut rogaret Helisaeum prophetam et remedium postularet. Tunc ille lignum misit, et ferrum levatum est. Vides ergo, quod in cruce Christi omnium hominum levatur infirmi- 5
tas?

12. Aliud — etsi non ordinem tenemus; quis enim possit omnia gesta conpraehendere Christi, sicut apostoli dixerunt? — : Moyses cum venisset in desertum et sitiret populus et venisset populus ad Merram fontem et bibere 10 vellet, quia, ubi primum hausit, amaritudinem sensit et coepit bibere non posse, ideo Moyses misit lignum in fontem, et coepit aqua, quae erat ante amara, dulcescere.

13. Quid significat nisi quia omnis creatura corruptelae obnoxia, aqua amara est omnibus? Etsi ad tempus suavis, 15 etsi ad tempus iucunda, amara est, quae non potest auferre peccatum. Ubi | biberis, sities; ubi potus ceperis suavi- |31 tatem, iterum amaritudinem sentis. Amara ergo aqua, sed ubi crucem Christi, ubi acceperit caeleste sacramentum, incipit esse dulcis et suavis; et merito dulcis, in qua culpa 20 revocatur. Ergo si in figura tantum valuerunt baptismata, quanto amplius valet baptisma in veritate?

---

def. DENO, a l. 13 Z
1: secure *G a.c. m2* W | dimersum *πηSCFZ* | est *om. GWF m1* ||
2: nesciit *ΦZPKF* nescit *V m1 C* || 3: proprophetam *G* | et] ut *S* ||
4: vidisti *πη, S a.c.* || 5: hominum *om. B* | levata est *S p.c. m2* levantur *Z* || 7: etsi non] et nos *C* | ordine *WS* || 7 sq.: posset *Φa* potest *S* ||
9: sitisset *ΠΒam* || 10: populus *alt. om. Ω>S* | merram *W* mirram *SηAX* miram *βp.c.* (*ex* amare) maram *MKm2 C* marath *Ya* merrha *m* myrram *cet.* || 11: vellet aquam *m*, (*om.* quia) *a* | hausit *om. G* hausit et *PKa* | et] ire *C* | et — 12 posse] ut bibere non possit *C* || 12: coepit *om. M* | bibere *W i.r.* | posse] potuit et *M* || 13: fonte *S* | quae] quam (erat — 10 [*p.* 108] nocuit *om.*) *Z* | ante erat *ΦX* antea erat *RPm* erat antea *S* ||
14: quid] qui *W* || 15: suavis est *Ωam* || 16: etsi *om. Π* | iucunda *UW* i∗ucunda *Q* (o *eras.*) iocunda *cet.* | amara tamen *am* || 17: ceperis *GVMa* coeperis *cet. m* || 18: aritudinem *W* | senties *ΦΔ* | ergo *om. A* ||

der Stiel von der Axt, das heißt, die eiserne Klinge versank. Der Sohn des Propheten wußte nicht, was er machen sollte. Nur ein Gedanke kam ihm: Den Propheten Elischa ansprechen und um Hilfe bitten. Dieser warf dann ein Stück Holz (in das Wasser), und die eiserne Klinge hob sich. Siehst du nun, daß im Kreuz Christi die Schwäche aller Menschen aufgehoben wird?

12. Noch etwas anderes — wenn wir auch die Reihenfolge nicht einhalten; wer kann schon alle Taten Christi erfassen, wie die Apostel gesagt haben (vgl. Joh 21, 25)? — Nachdem Mose in die Wüste gekommen war, hatte das Volk Durst. Als das Volk die Quelle Mara erreicht hatte und trinken wollte, bemerkte es sofort nach dem Schöpfen die Bitterkeit (des Wassers) und konnte nicht trinken. Deshalb warf Mose ein Stück Holz in die Quelle, und das Wasser, das zuvor bitter war, wurde süß (vgl. Ex 15, 22–25).

13. Worauf deutet das hin, wenn nicht darauf, daß jede Kreatur, die dem Verderben verhaftet ist, für alle bitteres Wasser ist? Wenn es auch eine Zeitlang süß, wenn es auch eine Zeitlang angenehm ist, so ist es doch bitter, da es die Sünde nicht beseitigen kann. Sobald du getrunken hast, wirst du dürsten, sobald du den süßen Trank in dich aufgenommen hast, schmeckst du wiederum Bitterkeit. Bitter ist also das Wasser; sobald es aber das Kreuz Christi, sobald es das himmlische Sakrament empfangen hat, beginnt es, süß und wohlschmeckend zu werden. Mit Recht (wird das) süß (genannt), wodurch die Schuld beseitigt wird. Wenn schon die vor-bildhaften Taufen soviel vermochten, wieviel mehr vermag dann die wirkliche Taufe?

19: ubi crucem Christi *om. B* ‖ 19: ubi *alt.*] ibi *SM* ǀ acceperis $\beta\Pi$ > *M* acciperet *S* accipe *M* ‖ 20: *suavis et dulcis *R* ǀ in qua] in aquam Δ quia in ea $\pi\eta\beta$ *m2* ǀ a culpa *BX*, *Q p. c. m2* ‖ 21: revocatur] resecatur *Y* lavatur $\pi\eta\beta$ *m2* ǀ si in *om. S* ‖ 22: valet *om. M* valent *GP* ǀ baptisma] baptismata *GW*, *K a. c.* ǀ veritatem *G*, *R a. r.*

5.14. Nunc ergo consideremus. Venit sacerdos, praecem dicit ad fontem, invocat patris nomen, praesentiam filii et spiritus sancti, utitur verbis caelestibus. Caelestia verba, quia Christi sunt, quod baptizemus „in nomine patris et filii et spiritus sancti". Si ergo ad hominum sermonem, ad invocationem sancti aderat praesentia trinitatis, quanto magis ibi adest, ubi sermo operatur aeternus? Vultis scire, quia descendit spiritus? Audisti, quia quasi columba descendit. Quare quasi columba? Ut increduli vocarentur ad fidem. In principio signum debuit esse, in posterioribus debet esse perfectio. —

15. Accipe aliud: Post mortem domini nostri Iesu Christi apostoli erant | in uno loco et orabant in die pentecostes, et subito factus est magnus sonus, quasi cum vi magna spiritus ferretur, et visae sunt linguae dispersae sicut ignis. Quid hoc significat nisi descensum spiritus sancti? Qui se voluit incredulis etiam corporaliter demonstrare, hoc est corporaliter per signum, spiritaliter per sacramentum. Ergo manifestum testimonium eius adventus, nobis autem iam fidei praerogativa defertur, quia in principio signa incredulis fiebant, nobis iam in plenitudine ecclesiae non signo, sed fide veritas colligenda est.

---

def. DENZO
1: ergo *om.* Y ‖ 3: fili *G a. c. m2* | utitur] ut igitur *W* ‖ 3 sq.: caelestia verba *om.* Y ‖ 4: verba relaxantur *R m1* (retaxantur *s. m2*) | quia *G* quae *cet. a,* (verba quae?) *m* | baptizamur *S a. c. m2* ‖ 5: hominum (um *i. r.) S* hominis *β m1* (homines *m2*) *a* ‖ 5 sq.: sermonem ad *om. S a. c. m2* ‖ 6: sancti „*eines Heiligen", i. e. Elisaei, Moysis, cf. supra sacr. 2, 11–13* sanctae *βX m2 (om. m1)* ‖ 7: ibi] ubi *U* | adest] est *Q* ‖ 8: spiritus descendit *RPXβCF* | spiritus] christus *M* | audite *ΦS m2 a* audi∗ *CF m1* (audisti *m2*) ‖ 9: quasi] sicut *U* ‖ 10: esse debuit *Δ* ‖ 11: posteribus *B, G m1* (posteris *m2*) ‖ 12: mortem] ascensionem *Y* ‖ 12 sq.: christi *om. M* ‖ 13: loco congregati *Sη, βF p. c. m2 a* | ∗∗die (in *eras. in mg.) G* | pentecosten *βΠ > RZY, G p. c. m3* ‖ 15: ferebatur *S* | et visae] quae *β a. c. m2* ‖ 17: demonstrare] manifestare *S* | hoc — 18 spiritaliter *in mg. S m2* | hoc est *om. η* ‖ 18: et spiritaliter *η* ‖

5.14. Das also wollen wir nun näher betrachten. Der Bischof kommt und spricht ein Gebet über den Taufbrunnen, er ruft den Namen des Vaters an, er erbittet die Gegenwart des Sohnes und des Heiligen Geistes. Dabei verwendet er himmlische Worte. Himmlische Worte, da sie von Christus stammen, (der gesagt hat,) daß wir „im Namen des Vaters und des Sohnes und des Heiligen Geistes" (Mt 28,19) taufen sollen. Wenn schon auf das Wort von Menschen hin, wenn schon auf die Anrufung eines Heiligen hin die Dreifaltigkeit anwesend war, um wieviel eher ist sie dort zugegen, wo ein ewiges Wort wirkt? Wollt ihr wissen, daß der Geist herabkommt? Du hast gehört, daß er wie eine Taube herabgekommen ist. Warum wie eine Taube? Damit die Ungläubigen zum Glauben gerufen würden. Am Anfang mußte es ein Zeichen sein. Später muß es die Vollendung sein.

15. Höre noch etwas anderes: Nach dem Tod unseres Herrn Jesus Christus waren die Apostel an einem Ort versammelt und beteten am Pfingsttag. Plötzlich entstand ein lautes Brausen, gleichsam als ob der Wind mit großer Kraft bliese, und man sah Zungen, die sich wie Feuer verteilten (vgl. Apg 2,1–4). Was bezeichnet das anderes als die Herabkunft des Heiligen Geistes? Er wollte sich den Ungläubigen auch körperlich zeigen, das heißt körperlich durch ein Zeichen, geistlich durch das Sakrament. (Dies ist) also ein deutliches Zeugnis seiner Herabkunft. Uns aber wird schon ein Hinweis auf den Glauben geboten, da am Anfang für die Ungläubigen Zeichen geschahen, wir jedoch im Vollalter der Kirche die Wirklichkeit nicht im Zeichen, sondern im Glauben erfassen müssen (vgl. 1 Kor 14,22).

19: manifestum est *S* || 20: fidei iam *Rm* || 21: nobis *om. Y* | plenitudinem *GRF* || 22: signa Ω > *SP, a* | sed *om. M* | fidei *R p. c. m2 ηB*

108 DE SACRAMENTIS

6. 16. Nunc disputemus, quid sit, quod dicitur baptisma! Venisti ad fontem, descendisti in eum, adtendisti summum sacerdotem; levitas, presbyterum in fonte vidisti. Quid est baptismum?

17. In principio dominus deus noster hominem fecit, ut, si peccatum non gustaret, morte non moreretur. Peccatum contraxit, factus est obnoxius morti, eiectus est de paradiso. Sed dominus, qui sua vellet beneficia permanere et insidias omnes abolere serpentis, rescindere quoque omne, quod nocuit, primo quidem sententiam tulit in hominem: „Terra es et in terram ibis", et morti hominem fecit obnoxium. | Erat divina sententia, solvi humana condicione non poterat. Remedium datum est, ut homo moreretur et resurgeret. Quare? Ut et illud, quod ante damnationis loco cesserat, loco cederet beneficii. Quid illud est nisi mors? Quaeris quomodo? Quia mors interveniens finem facit peccati. Quando enim morimur, utique peccare desistimus. Satisfactum ergo sententiae videbatur, quia homo, qui factus fuerat, ut viveret, si tamen non peccaret, incipiebat mori. Sed ut dei perpetua gratia perseveraret, mortuus est homo, sed Christus invenit resurrectionem, id est: ut redintegraret caeleste beneficium, quod fraude fuerat serpentis amissum. Utrumque ergo pro nobis, quia et

---

def. DENO, usque ad l. 10 nocuit Z
1: dicitur ad (ad *m2 s.l.*) G || 2: venissit *(sic!)* G *a.c. m2* | adtendisti] ascendisti GW || 2 sq.: ad summum G || 3: et presbyterum Ωam | fontem G *a.c.* SRUBC || 5: dominus *om.* Π, β *a.c. m2*, am || 6: ut] et M | mortem TF, C *a.c.* || 7: mortis S || 8: qui] quia G || 9: omnes] omne R *a.c. m2* | abolere omnes VT | quoque *om.* ΔM || 10: omne *in mg.* η *m2* | primum Ωam || 11: homine Ω > RVBCβ | in terra G *a.c.* S | hominis S *a.c. m2* || 12: erat *om.* S || 13: datum *om.* T || 14: et *alt. om.* ZPm | ante] et ante *a* || 15: locum M | cessaret *a* | quid] quod G || 16: quaeres G || 17: peccatis W peccato C | utique *om.* M || 18: desistemus G *a.c. m2* destitimus M | satis ergo factum M satisfactum est se Wβ | sentiae G *a.c. m3* scientiae S | quia] quando Πa || 19: qui *om.* G | fuerat] est G erat M | ut viveret — 22 fraude *post* 3 *(p. 110)*

6.16. Nun wollen wir erläutern, was das ist, das man Taufe nennt. Du bist zum Taufbrunnen gekommen, du bist in ihn hinabgestiegen, du hast den Bischof bemerkt, du hast die Leviten und den Presbyter im Taufbrunnen gesehen. Was ist die Taufe?

17. Am Anfang schuf der Herr, unser Gott, den Menschen in der Absicht, daß er nicht sterbe, wenn er die Sünde nicht kennenlerne. Er beging eine Sünde, verfiel dem Tod und wurde aus dem Paradies vertrieben (vgl. Gen 2,7. 15–17; 3,1–24). Aber der Herr, der seine Wohltaten erhalten wissen, alle Nachstellungen der Schlange niederschlagen und auch alles vernichten wollte, was Schaden angerichtet hat, fällte als erstes über den Menschen das Urteil: „Erde bist du, und zur Erde wirst du zurückkehren" (Gen 3,19), und unterwarf den Menschen dem Tod. Es war ein göttlicher Spruch, der durch die menschliche Natur nicht aufgehoben werden konnte. Es ist ein Heilmittel gegeben worden, daß der Mensch stirbt und aufersteht. Wieso? Damit das, was vorher als Verdammnis eingetreten war, nun als Wohltat eintrat. Was ist das anderes als der Tod? Du fragst mich: „Wie denn?" Weil der Tod, sobald er eintritt, der Sünde ein Ende bereitet. Denn, wenn wir sterben, hören wir ja auf zu sündigen. Damit schien dem Urteil Genüge getan: Der Mensch, der geschaffen wurde, um zu leben, unter der Bedingung, daß er nicht sündigt, verfiel dem Tod. Damit aber Gottes ewige Gnade weiter Bestand hatte, ist der Mensch (zwar) gestorben, doch Christus brachte die Auferstehung. Das heißt, daß er die himmlische Auszeichnung wiederhergestellt hat, die durch den Betrug der Schlange verlorengegangen war. Beides (gilt)

---

verumtamen G ‖ 20: gratia perpetua VTπη ‖ 22: integraret G ǀ caelesti beneficio Y ǀ fraude] fraudaverat G ‖ 23: admissum RCFη ammissum S amissum] add. incipit G

mors finis est peccatorum et resurrectio naturae est reformatio.

18. Verumtamen ne in hoc saeculo diaboli fraus vel insidiae praevalerent, inventum est baptisma. De quo baptismate audi, quid dicat scriptura, immo filius dei: quia „Pharisaei", qui noluerunt baptizari baptismo Iohannis, „consilium dei spreverunt". Ergo baptismum consilium dei est. Quanta est gratia, ubi est consilium dei!

19. Audi ergo: Nam ut in hoc quoque saeculo nexus diaboli solveretur, inventum est, quomodo homo vivus moreretur et vivus resurgeret. Quid | est vivus? Hoc est: vita corporis vivens, cum veniret ad fontem et mergeretur in fontem. Quid est aqua nisi de terra? Satisfit ergo sententiae caelesti sine mortis stupore. Quod mergis, solvitur sententia illa: „terra es et in terram ibis." Inpleta sententia locus est beneficio remedioque caelesti. Ergo aqua de terra, possibilitas autem vitae nostrae non admittebat, ut terra operiremur et de terra resurgeremus. Deinde non terra lavat, sed aqua lavat. Ideo fons quasi sepultura est.

7. 20. Interrogatus es: „Credis in deum patrem omnipotentem?" Dixisti: „Credo", et mersisti, hoc est: sepultus es. Iterum interrogatus es: „Credis in dominum nostrum Iesum Christum et in crucem eius?" Dixisti: „Credo", et

---

def. DENO
3: diaboli *om.* S | fraudes η | vel] et Y ‖ 4: baptismum YM | baptisma de quo *om.* W ‖ 5: quia] qua G ‖ 6: qui *om.* G | noluerunt] reppulerunt W | baptizare G | baptismum GWSη, R a. c. m2 Z ‖ 7: ergo baptismum *i. r.* G ‖ 9: ut] et T | quoque *om.* Φa ‖ 10: solvetur W solverentur S ‖ 11: et *om.* S | vivus *pr.*] vivens Q | resurget Z ‖ 12: vitam W, S *a. c.* | venerit GCF, X *a. c. m2* ‖ 13: satis sit YS ‖ 13 sq.: sententia* (*e eras.*) T, C ‖ 14: caelestis R *a. c.* m2 VP *a. r.* UQTZAK *a. c.* Cη | sine — 16 caelesti *om.* GW | quid Q | mergeris A, Z *p. c.* m2 *a* magis Δ ‖ 15: terram] terra S *a. c. m2* ‖ 16: locutus C, Fβ *a. c.* | beneficii S | ergo — terra] de terra vero aqua A ‖ 17: nostrae] aeternae M | amittebat M ‖ 17 sq.: terram operemur G ‖ 20: es *om.* GK | credes W ‖ 21: est *om.* CF ‖ 22: in] et G | dominum] deum G *p. r.* WQ | nostrum *om.* G

also uns: Der Tod ist das Ende der Sünden und die Auferstehung die Wiederherstellung der Natur.

18. Damit jedoch in dieser Welt der Betrug oder die Nachstellungen des Teufels nicht die Oberhand behalten, wurde die Taufe geschaffen. Höre, was die Schrift, vor allem der Sohn Gottes, über die Taufe sagt: „Die Pharisäer", die nicht mit der Taufe des Johannes getauft werden wollten, „verachteten den Ratschluß Gottes" (Lk 7,30). Also ist die Taufe ein Ratschluß Gottes. Welch große Gnade ist dort vorhanden, wo ein Ratschluß Gottes vorliegt!

19. Höre also: Damit nämlich auch in dieser Zeit die Schuldverstrickung des Teufels gelöst würde, fand man (ein Mittel), auf welche Weise der Mensch lebendig sterben und lebendig auferstehen könne. Was heißt „lebendig"? Das heißt, das Leben des Körpers lebend, als er zum Taufbrunnen kam und in den Taufbrunnen untergetaucht wurde. Woher stammt das Wasser anders als von der Erde? Es wird also dem himmlischen Urteil ohne Furcht vor dem Tod Genüge getan. Weil du untertauchst, wird jenes Wort aufgehoben: „Erde bist du, und zur Erde wirst du zurückkehren" (Gen 3,19). Das Urteil ist vollstreckt, es ist Raum für die himmlische Wohltat und das himmlische Heilmittel. Also, das Wasser stammt von der Erde. Die Beschaffenheit unseres Lebens ließ es nicht zu, daß wir mit Erde bedeckt werden und uns wieder aus der Erde erheben. Außerdem wäscht die Erde nicht, sondern nur Wasser wäscht. Also ist der Taufbrunnen gewissermaßen ein Grab.

7.20. Du bist gefragt worden: „Glaubst du an Gott, den allmächtigen Vater?" Du hast geantwortet: „Ich glaube", und bist untergetaucht, das heißt, du bist begraben worden. Du bist weiter gefragt worden: „Glaubst du an unseren Herrn Jesus Christus und sein Kreuz?" Du hast geantwortet: „Ich glaube", und bist untergetaucht. So bist du

mersisti. Ideo et Christo es consepultus. Qui enim Christo consepelitur, cum Christo resurgit. Tertio interrogatus es: „Credis et in spiritum sanctum?" Dixisti: „Credo", tertio mersisti, ut multiplicem lapsum superioris aetatis absolveret trina confessio.

21. Denique, ut vobis adferamus exemplum, sanctus apostolus Petrus, posteaquam in passione domini lapsus videretur infirmitate condicionis humanae, qui ante negaverat, postea, ut illum | lapsum aboleret et solveret, tertio interrogatur a Christo, si Christum amaret. Tum ille dicit: „Tu nosti, domine, quia amo te." Tertio dixit, ut tertio absolveretur.

22. Sic ergo peccatum dimittit pater, sic dimittit filius, sic et spiritus sanctus. In uno autem nomine baptizari nos, hoc est „in nomine patris et filii et spiritus sancti", noli mirari, quia dixit unum nomen, ubi est una substantia, una divinitas, una maiestas. Hoc est nomen, de quo dictum est: „in quo oportet" omnes „salvos fieri". In hoc nomine omnes salvati estis, redditi estis ad gratiam vitae.

23. Clamat ergo apostolus, sicut audistis in lectione praesenti, quoniam, quicumque baptizatur, in morte Iesu baptizatur. Quid est „in morte"? Ut, quomodo Christus mortuus est, sic et tu mortem degustes, quomodo Christus mortuus est peccato et deo vivit, ita et tu superioribus

---

def. DENO
1: christo *alt. s. l.* η m2 ‖ 2: christo *om.* G (cum m1, con m3) | resurget SβZCFΔ ‖ 3: et credis U | et *om.* G *i. r.* M ‖ 4: ut *om.* GW ‖ 4 sq.: absolvit G absolverit βZC ‖ 7: petrus apostolus U | domini *om.* B ‖ 8: videretur GV *a. r.* PMm videtur *cet. a* | concisionis (si *s. l.* m2) G | antea m ‖ 9: postea *om.* S | illum] ipsum VT ‖ 10: interrogatus GηΦXa | tunc Mam ‖ 11: domine nosti Q | ut et G ‖ 12: aboleretur G ‖ 13: sic *pr.* WηRCFm si GZβ sicut *cet. a* | sic *alt.*] sicut m ‖ 14: sic *om.* M, dimittit *add.* Y | et *om.* G | baptizari — 15 est *om.* C | nos] *add.* oportet Pa, iussit m ‖ 16: dixit *sc. sacerdos baptizans* dixi Ωa | ibi CF ‖ 18: oportet] *add.* nos ΔC | omnes *om.* G ‖ 19: salvati] salvi Y ‖ 20: audisti TPβ ‖ 21: baptizantur SM ‖ 22: baptizantur S *p. c.* m2 M |

mit Christus begraben worden. Wer nämlich mit Christus begraben wird, steht mit Christus auf (vgl. Röm 6,4; Kol 2,12). Du bist drittens gefragt worden: „Glaubst du auch an den Heiligen Geist?" Du hast geantwortet: „Ich glaube", und bist ein drittes Mal untergetaucht, damit das dreifache Bekenntnis dich von den zahlreichen Vergehen des früheren Lebens erlöse.

21. Dazu wollen wir euch noch ein Beispiel bieten (vgl. Joh 18,17.25-27; 21,15-18): Der heilige Apostel Petrus, der beim Leiden des Herrn aufgrund der Schwäche der menschlichen Natur einen Fehltritt begangen zu haben schien, da er zuvor (Christus) verleugnet hatte, wurde später, um den Fehltritt zu tilgen und aufzuheben, zum dritten Mal von Christus gefragt, ob er Christus liebe. Darauf antwortete er: „Herr, du weißt, daß ich dich liebe" (Joh 21,17). Zum dritten Mal antwortete er, um ein drittes Mal Vergebung zu empfangen.

22. So vergibt also der Vater die Sünde, so vergibt der Sohn und so auch der Heilige Geist. In einem Namen aber werden wir getauft, das heißt „im Namen des Vaters und des Sohnes und des Heiligen Geistes" (Mt 28,19). Wundere dich nicht, daß von einem einzigen Namen gesprochen wird, wo eine Wesenheit, eine Gottheit, eine Majestät vorhanden ist. Das ist der Name, von dem es heißt: „In ihm sollen" alle „das Heil finden" (Apg 4,12). In diesem Namen habt ihr alle das Heil erlangt, seid ihr zur Gnade des Lebens zurückgekommen.

23. Der Apostel sagt also, wie ihr eben in der Lesung gehört habt, wer getauft werde, der werde auf den Tod Jesu getauft (vgl. Röm 6,3). Was bedeutet „auf den Tod"? Wie Christus gestorben ist, so kostest auch du den Tod. Wie Christus der Sünde gestorben ist und für Gott lebt (vgl.

---

quis Z | morte] mortem M | ut] aut T || 23: est] *add.* et deo vivit B | sic — 24 est *om.* C | gustes SX *a. c. m2* || 24: est *om.* M

inlecebris peccatorum mortuus sis per baptismatis sacramentum, et resurrexeris per gratiam Christi. Mors ergo est, sed non in mortis corporalis veritate, sed in similitudine. Cum enim mergis, mortis suscipis et sepulturae similitudinem, crucis illius accipis sacramentum, quod in cruce Christus pependit et clavis confixum | est corpus. Tu ergo concrucifigeris, Christo adhaeres, clavis domini nostri Iesu Christi adhaeres, ne te diabolus inde possit abstrahere. Teneat te clavus Christi, quem revocat humanae condicionis infirmitas.

24. Ergo mersisti, venisti ad sacerdotem. Quid tibi dixit? „Deus", inquit, „pater omnipotens, qui te regeneravit ex aqua et spiritu concessitque tibi peccata tua, ipse te unguet in vitam aeternam." Vide, ubi unctus es: „in vitam" inquit „aeternam". Noli hanc vitam illi vitae anteferre. Verbi gratia si exurgat inimicus aliqui, si velit tibi fidem tuam auferre, si minatur mortem, ut praevaricetur quisquam, vide, quid eligas. Noli eligere illud, in quo non es unctus, sed illud elige, in quo unctus es, ut vitam aeternam vitae praeferas temporali.

---

def. DENO
2: resurgas *GY* resurrexit *F* resurrexisti *C* surrexeris *am* ‖ 3: non *om.* *CF a.c. m2* | in *om. S a.c. m2 β* | morte *S a.c. m2* | veritatem *R, S a.c.* | similitudinem *G, S a.c. B a.r.* ‖ 4: enim] ergo *W* | suscipies *G* | sepulturae *om. W* ‖ 4 sq.: similitudine *B* ‖ 5: accipe sacramentum (um *p.r. m2) S* ‖ 6: christi *G* | confixus *GWBM* crucifixum *η* | est] *add.* eius *m* | corpus *om. G* ‖ 7: concrucifigeris *Fa. scripsit (cf. sacr. 6,8)* configeris *G* cum crucifixeris *R* cum crucifigeris *cet.* | x͞p͞m *Z* | adhaeres] aderis *G* ‖ 8: ne te] te ne (ne et *s.l. m2) G* | inde *om. Ωam* ‖ 9: clavis *βYCa* ‖ 11: meruisti *Z* | qui *A* ‖ 12: omnipotens pater *R* ‖ 13: spiritu sancto *VUQTηam* | -que *om. M* | peccatorum tuorum *P m2* ‖ 14: unguit *TP* ungit *BKX* unguat *V m2 A* ungat *am* | vide — 15 aeternam *in mg. inf. V m1* | ubi *om. GB, s.l. M* | in vitam *om. G* ‖ 15: vitam *om. M* ‖ 16: aliquis *Ω > β a.c. F* | si *alt.*] qui *A* | vellit *GS a.c. WC* vellet *βZF* | tibi *post* 17 tuam *Aη* ‖ 17: si *om. G* | seminatur (*om.* si) *CF* ‖ 18: eligere] neglegere *P* | in quo — 19 illud *om. Π* ‖ 19: illud] illum *G, om. a* | elige illud *m* | elige *om. RA* | quo] quod *Y,*

Röm 6, 10), so bist auch du durch das Sakrament der Taufe den früheren Versuchungen zur Sünde gestorben (vgl. Röm 6, 2) und durch die Gnade Christi auferstanden. Es handelt sich also um einen Tod, jedoch nicht in der Wirklichkeit des körperlichen Todes, sondern im Sinnbild. Wenn du nämlich untertauchst, empfängst du das Sinnbild des Todes und des Begräbnisses, empfängst du das Sakrament des Kreuzes, weil Christus am Kreuz hing und sein Leib mit Nägeln angeheftet wurde. Du wirst also mitgekreuzigt (vgl. Röm 6,6; Gal 2,19), hängst Christus an, hängst an den Nägeln unseres Herrn Jesus Christus, damit der Teufel dich davon nicht wieder herunternehmen kann. Es halte dich der Nagel Christi, den die Schwäche der menschlichen Natur herauszieht.

24. Du bist also untergetaucht und zum Bischof gekommen. Was hat er zu dir gesprochen? Er sagte: „Gott, der allmächtige Vater, der dich aus dem Wasser und dem Geist wiedergeboren und dir deine Sünden vergeben hat, salbt dich selbst zum ewigen Leben." Beachte, wozu du gesalbt worden bist: „zum ewigen Leben", heißt es. Ziehe das jetzige Leben nicht jenem Leben vor! Wenn zum Beispiel ein Feind auftritt, der dir deinen Glauben nehmen will, der den Tod androht, damit man seine Pflicht verletzt, überlege, was du wählst. Wähle nicht das, zu dem du nicht gesalbt worden bist, sondern wähle das, zu dem du gesalbt worden bist, damit du das ewige Leben dem zeitlichen Leben vorziehst.

V p. c. | ut] *om. Π* et *Cβ* ‖ 20: vitae] vitae aeternae *(m2 in mg.)* vitam (am *ex* ae *m2) V* | perferas *G a. c. m2* | temporalem (em *ex* i *m2) V* tempolari *T add.* per christum dominum nostrum *ηSVX add.* per christum dominum nostrum amen *am* explicit. III. item sequentia *G* finit liber .II. incipit liber tertius *W* explicit liber .II. sancti ambrosii de sacramentis. incipit eiusdem liber .III. *V* explicit liber secundus incipit tertius sancti ambrosii *β* explicit liber .II. incipit liber .III. *RTAK (pro numeris verba: SηCFZBMPX)* explicit liber secundus de sacramentis incipit eiusdem liber tertius feliciter *U* liber .II. explicit liber .III. incipit *Q* explicit sermo secundus incipit tertius *Y*

Sermo tertius

1.1. Hesterno de fonte disputavimus, cuius species veluti quaedam sepulchri forma est, in quem, credentes in patrem et filium et spiritum sanctum, recipimur et demergimur et resurgimus, hoc est resuscitamur. Accipis autem myrum, hoc est unguentum, supra caput. Quare supra caput? Quia „sensus sapientis in capite eius", Salomon ait. Friget enim sapientia sine gratia, sed ubi gratiam acceperit sapientia, tunc opus eius incipit esse perfectum. Haec regeneratio dicitur.

2. Quid est regeneratio? Habes in actibus apostolorum, quod ille versiculus, qui dictus est in psalmo secundo: „Filius meus es tu, ego hodie genui te", ad resurrectionem spectare videatur. Namque sanctus apostolus Petrus in actibus apostolorum sic interpretatus est, quod tunc, quando resurrexit | filius a morte, patris vox resultaverit: „Filius meus es tu, ego hodie genui te." Unde et „primogenitus a mortuis" dicitur. Ergo resurrectio quid est, nisi quando de morte ad vitam resurgimus? Sic ergo et in baptismate,

---

def. ENO
dictatus sancti ambrosii de sacramentis *inscripsit* D ‖ 1: hesterno *(cf. sacr. 2,1)*] externo die G hesterno die *VUKXYCm* | de *om.* G *a.c. m3* U | de fonte *om.* C | speciei R (species *in mg. m2*) *PFX, K a.c. m2* ‖ 3: recipiemur G ‖ 3 sq.: dimergimur *RUBKXY, S p.c. m2* demergemur W dimergimus V *a.c.* T demergimus V *p.c.* ‖ 4: surgimus *RZPC* resurgemur (*om.* hoc est resuscitamur) D | resuscitamur — 5 hoc est *s.l.* G *m2* | resuscitamus β ‖ 5: mirum *WD* myrrum *GY* μύρον m mysterium *cet. a* | supra *pr.*] super Δ ‖ 5 sq.: quare supra caput *om. GWDA* ‖ 6: salamon G solomon W, D *a.c. m2* salomone teste qui ait S ‖ 7: frigescit M | gratiam] gratia Π, β *a.c. m2 a* | acciperit *GS a.c. m2* W coeperit Π, β *a.c. m2* (coepit M) ‖ 8: sapientia — incipit *om.* β *a.c. m2* Π > Y | sapientia] sapientiã G sapient✱is β *m2* sapientiam *a* | eius *om.* W | incipiet D | perfecta ΠΥβ ‖ 9: generatio M (*etiam l.* 10) ‖ 10: abes S ‖ 11: quod] quia Y | versiculus ille W | qui] quod D | dictus est *GDη* dictus W dicitur *cet. am* ‖ 12: ad — 16 genui te

Dritte Katechese

1.1. Gestern haben wir über den Taufbrunnen gesprochen, dessen Gestalt gleichsam die Form eines Grabes besitzt. In ihn werden wir (als Menschen), die an den Vater und den Sohn und den Heiligen Geist glauben, aufgenommen, in ihn werden wir untergetaucht, und aus ihm erheben wir uns, das heißt, wir werden auferweckt. Du empfängst ferner das Myron, das ist ein Salböl, auf das Haupt. Warum auf das Haupt? Weil „die Sinne des Weisen in seinem Haupt sind" (Koh 2,14), sagt Salomo. Die Weisheit ist nämlich ohne Gnade unwirksam. Aber sobald die Weisheit Gnade empfangen hat, beginnt ihr Werk vollkommen zu sein. Das nennt man Wiedergeburt.

2. Worum handelt es sich bei der Wiedergeburt? Nach der Apostelgeschichte scheint sich jener Vers aus Psalm 2, in dem es heißt: „Mein Sohn bist du, heute habe ich dich gezeugt" (Ps 2,7), auf die Auferstehung zu beziehen. Denn der heilige Apostel Petrus[13] hat in der Apostelgeschichte folgende Erklärung gegeben: Damals, als der Sohn vom Tod auferstanden ist, hat die Stimme des Vaters verkündet: „Mein Sohn bist du, heute habe ich dich gezeugt" (vgl. Apg 13,33). Daher wird er auch „Erstgeborener der Toten" (Kol 1,18) genannt. Was ist also die Auferstehung anderes, als daß wir vom Tod zum Leben auferstehen? So entsteht also auch in der Taufe, da sie ein Sinnbild des Todes ist,

---

[13] Hier liegt eine Verwechslung mit Paulus vor.

---

om. B, in mg. inf. U m1 ‖ 13: spectare G p. c. m3 WSηDAC expectare cet. | videtur W | nam Y | petrus apostolus DA ‖ 15: surrexit GSX | mortuis Πβ am ‖ 16: et om. Πβ | undet G a. c. m2 | a om. G (mortuus a. r.) ‖ 17: ergo et D | surrectio G ‖ 18: mortem D | resurgemus G | sic] si Sη | et om. S

quoniam similitudo mortis est, sine dubio, dum mergis et resurgis, similitudo fit resurrectionis. Itaque secundum interpretationem apostoli, sicut illa resurrectio regeneratio fuit, ita et ista resurrectio de fonte regeneratio est. —

3. Sed quid dicis, quia in aqua mergis? Ideo peregrinaris, ideo te dubitatio tenet? Legimus quidem: producat terra ex se fructum, et produxit terra fructum germinantem. Similiter et de aquis legisti: producant aquae animantia, et nata sunt animantia; illa quidem in principio creaturae, sed tibi reservatum est, ut aqua te regeneraret ad gratiam, sicut alia generavit ad vitam. Imitare illum piscem, qui minorem quidem adeptus est gratiam, tamen debet tibi esse miraculo. In mari est et super undas est, in mari est et super fluctus natat. In mari tempestas furit, stridunt procellae, sed piscis | natat, non demergitur, quia natare consuevit. Ergo et tibi saeculum hoc mare est. Habet diversos fluctus, undas graves, saevas tempestates. Et tu esto piscis, ut saeculi te unda non mergat. Pulchre autem pater dicit ad filium: „Ego hodie genui te." Hoc est: Quando redemisti populum, quando ad caeli regnum vocasti, quando inplesti voluntatem meam, probasti meum esse te filium.

---

def. ENO
1: quoniam *om. S* | es *D* | dum *om. βη* | et] dum *Y* ‖ 2: resurgis] *add. et Π > RK p. c. β* | recte itaque *ΩD*, (recta *Q*), *am* ‖ 3: apostoli petri *ΩDam* | sicut *om. S* ‖ 4: fuit — regeneratio *om. S* | ista] ita *η* | de fonte *om. Ωam* | generatio *RT* regeratio *G a. c. m3* ‖ 5: qui dicit *S* | aquam *βΠ > R* | mergi *G* ‖ 5 sq.: peregrinaris ideo *om. P* ‖ 7: et — fructum *om. ΠGβ m1* ‖ 8: de *om. D* ‖ 8 sq.: animam vivam *S a. c. m2* ‖ 9: et — animantia *om. DS* | quidem] *add.* sed *M* ‖ 10: ut et *G* | regeneret *G* (*add.* te *alterum*), *STY* regenerarit *R* generaret *BCF* ‖ 11: illa *s.* alia *R m2* illa *a* | regeneravit *DQ* ‖ 13: miraculum *Π > RZCF* (miracula *β*) | est *pr.*] es *D a. c. m2* | et — mari est *M in mg.* | unda *WPK* undam *X* | in mari est *om. D* | et — 14 mari *i. r. M* ‖ 14: fluctum *GC* | *post* natat *repetit* tamen debet tibi esse miraculum (!) *G* | mari] *add.* si *M* | fuerit *WD a. c. m2 M* | striduntur *W* ‖ 15: pisces *W a. c. SZ* | nat *T* natans *a* | dimergitur *SRZPKY* | natare] natat *G*

wenn du untertauchst und dich wieder erhebst, ohne Zweifel ein Sinnbild der Auferstehung. Wie daher nach der Deutung des Apostels jene Auferstehung eine Wiedergeburt gewesen ist, so ist ebenfalls diese Auferstehung aus dem Taufbrunnen eine Wiedergeburt.

3. Aber was sagst du dazu, daß du in Wasser untertauchst? Deswegen bist du verwirrt, deswegen bist du beunruhigt? Wir haben doch gelesen: Die Erde bringe aus sich Frucht hervor, und die Erde hat aufkeimende Frucht hervorgebracht (vgl. Gen 1,11f). Ähnliches hast du auch über das Wasser gelesen: Die Wasser sollen Lebewesen hervorbringen, und es wurden Lebewesen geboren (vgl. Gen 1,20f). Das geschah zwar zu Beginn der Schöpfung, aber dir ist es vorbehalten, daß das Wasser dich zur Gnade wiedergebiert, wie es das andere zum Leben geboren hat. Ahme jenen Fisch nach, der zwar eine kleinere Gnade erhalten hat, der dir dennoch als Wunder gelten muß. Er befindet sich im Meer und auf den Wellen. Er befindet sich im Meer und schwimmt auf den Wogen. Auf dem Meer wütet ein Unwetter, es brausen heftige Stürme, aber der Fisch schwimmt. Er geht nicht unter, weil das Schwimmen seiner Natur entspricht. Also ist auch für dich die Welt dieses Meer. In ihr gibt es verschiedene Wogen, schwere Wellen, tobende Unwetter. Sei auch du ein Fisch, damit dich die Welle der Welt nicht versenkt. Vortrefflich spricht nämlich der Vater zum Sohn: „Heute habe ich dich gezeugt" (Apg 13,33; Ps 2,7). Das heißt: Als du das Volk erlöst, als du es zum Himmelreich gerufen, als du meinen Willen erfüllt hast, hast du bewiesen, daß du mein Sohn bist.

---

a. c. nature *D* natura *Q a. c. m2* ‖ 16: et *om. Πβa* | hoc saeculum *Mm* | saeculum *om. T* | habet et *D* ‖ 17: fructus *S* | gravis *G a. c. Z* | tu *om. Z* | esto] ergo *C* ‖ 18: demergat *V* ‖ 20: caelum *U* caeleste *S* ‖ 21: meum] me *P* | te *om. W*

4. Ascendisti de fonte. Quid secutum est? Audisti lectionem. Succinctus sacerdos — licet enim et presbyteri fecerint, tamen exordium ministerii a summo est sacerdote — succinctus, inquam, summus sacerdos pedes tibi lavit. Quod est istud mysterium? Audisti utique, quia dominus, cum lavisset discipulis aliis pedes, venit ad Petrum et ait illi Petrus: „Tu mihi lavas pedes?" Hoc est: Tu dominus servo lavas pedes, tu inmaculatus mihi lavas pedes, tu auctor caelorum mihi lavas pedes? Habes hoc et alibi: Venit ad Iohannem et ait illi Iohannes: „Ego a te debeo baptizari, et tu venis ad me?" Ego sum peccator, et tu venisti ad peccatorem, ut tua quasi peccata | deponas, qui peccatum non feceris? Vide „omnem iustitiam", vide humilitatem, vide gratiam, vide sanctificationem. „Nisi lavero", inquit, „tibi pedes, non habebis mecum partem."

5. Non ignoramus, quod ecclesia Romana hanc consuetudinem non habeat, cuius typum in omnibus sequimur et formam. Hanc tamen consuetudinem non habet, ut pedes lavet. Vide ergo: forte propter multitudinem declinavit.

---

def. ENO
1: ascendistis *W* | fontem (*om.* de) *G* ‖ 2: succinctus *WZ* succinctus est *MCa* | summus sacerdos *Ym* sacerdos es *T m2* ‖ 3: facerent *G* | exordium] consummatio *Y* | est *om.* *A*, *β a. c. m2* | sacerdotes *G a. c. m2* ‖ 4: succinctus *GW* | inquam] in aqua *D* in aquam *η* | summus *om.* *Δ* | sacerdos summus *M* | lavat *P a. c. S* lavet *D* ‖ 5: quid *DWa* | est *om.* *Πa* | istum *D a. c. m2* | utaque *U a. c.* itaque *W* ‖ 6: lavasset *SηβRZFX*, *K p. c. m2* | aliis] suis *AX* ‖ 7: laves *S a. c. m2* | dominus mihi *β m2* ‖ 8: lavas pedes tu *om. W (lacuna 13 litt.)* | pedes *om. GDS* | inmaculatos *D* | laves *β a. c. m2* | lavas pedes *om. W (lacuna 11 litt.)* ‖ 10: debui *VT* ‖ 11: et — me *om. RZΔCFβ m1* | venis] venisti *W p. c.* | venisti] venis *Ωam* | ad] *add.* me *Ωam* ‖ 12: ut] et *VUQ*, *T* (ut *s.* et *m2*) *Δ* | tua quasi] tu qualia *K p. c. m2* | peccata deponas] peccat ad penas *D* | deponens *M* | peccatum] peccata *M* ‖ 13: vide *pr.*] unde *G a. c. m3* ‖ 14: vide *alt.*] vidi *a* | inquit *om. G* ‖ 14 sq.: tibi inquit *Δ* ‖ 15: habes *G* | partem mecum *QBMη*, *X p. c.* ‖ 17: habet *DX a. c. m2* | habeat — 18 non *om. RX a. c. m2* ‖ 17 sq.: ut forma *G* ‖ 18: ut *om.*

4. Du bist aus dem Taufbrunnen gestiegen. Was folgte dann? Du hast eine Lesung gehört. Der Bischof schürzte sich — wenngleich auch die Presbyter dies taten, so übte dennoch der Bischof den ersten Teil des Dienstes aus —, geschürzt, sage ich, hat dir der Bischof die Füße gewaschen. Um welches Mysterium handelt es sich dabei? Du hast gewiß gehört (vgl. Joh 13,1–11), daß der Herr, nachdem er den anderen Jüngern die Füße gewaschen hatte, zu Petrus kam und Petrus ihn fragte: „Du wäschst mir die Füße?" (Joh 13,6). Das heißt: Du, der Herr, wäschst dem Diener die Füße; du, der Makellose, wäschst mir die Füße; du, der Schöpfer des Himmels, wäschst mir die Füße? Das findest du auch noch anderswo: Er kommt zu Johannes, und Johannes sagt zu ihm: „Ich muß von dir getauft werden, und du kommst zu mir?" (Mt 3,14). Ich bin ein Sünder, und du bist zum Sünder gekommen, als wolltest du deine Sünden ablegen, der du keine Sünde begangen hast (vgl. 1 Petr 2,22)? Siehe „die ganze Gerechtigkeit" (Mt 3,15), siehe die Demut, siehe die Gnade, siehe die Heiligung! „Wenn ich dir die Füße nicht wasche", erklärt er, „wirst du keinen Anteil an mir haben[14]" (Joh 13,8).

5. Wir wissen sehr wohl, daß die römische Kirche, deren Vorbild und Ordnung wir in allem folgen, diese Gewohnheit nicht besitzt. Diese Gewohnheit nämlich, die Füße zu waschen, besitzt sie nicht. Schau jedoch: Vielleicht ist sie wegen der großen Zahl (*sc.* von Taufbewerbern)

---

[14] BOTTE, *Notes* 205f, schreibt *habes* statt *habebis* (FALLER), ohne stichhaltige Gründe anzugeben. Die Form *habebis* ist nicht nur an den beiden Stellen von *sacr.* handschriftlich gut bezeugt, sie findet sich darüber hinaus ohne Varianten in *myst.* 31, *spir.* 1, prol. 12 (CSEL 79, 20) und *virginit.* 57 (27 CAZZANIGA).

D ‖ 19: vide ergo] videor G videro DW vides ergo Q *a. r.* (s *eras.*) | ergo ne Y *a. c. m*2

Sunt tamen, qui dicant et excusare conentur, quia hoc non in mysterio faciendum est, non in baptismate, non in regeneratione, sed quasi hospiti pedes lavandi sint. Sed aliud est humilitatis, aliud sanctificationis. Denique audi, quia mysterium est et sanctificatio: „Nisi lavero tibi pedes, non habebis mecum partem." Hoc ideo dico, non quo ego alios repraehendam, sed mea officia ipse commendem. In omnibus cupio sequi ecclesiam Romanam, sed tamen et nos hominis sensum habemus; ideo quod alibi rectius servatur, et nos rectius custodimus.

6. Ipsum sequimur | apostolum Petrum, ipsius inhaeremus devotioni. Ad hoc ecclesia Romana quid respondet? Utique ipse auctor est nobis huius adsertionis Petrus apostolus, qui sacerdos fuit ecclesiae Romanae, ipse Petrus, ubi ait: „Domine, non solum pedes, sed etiam manus et caput." Vide fidem: Quod ante excusavit, humilitatis fuit, quod postea se obtulit, devotionis et fidei.

7. Respondit illi dominus, quia dixerat „manus et caput": „Qui lavit, non necesse habet iterum lavare, nisi ut solos pedes lavet." Quare hoc? Quia in baptismate omnis culpa diluitur. Recedit ergo culpa. Sed quia Adam sup-

---

def. ENO
1: dicunt *W* | et *om. D* | accusare *C* | conantur *K m1 X* | quia] qui *G* ‖ 2: in *om. G* | mysterium *DC* | es *G a. c. m3* ‖ 3: regenerationem *S* | sed *W om. cet.* | sunt *SηMKXY, Q a. c.* ‖ 4: est *om. S a. c. m2* | humiliatis *W* | aliud] *add.* est *G* | audiui *G* ‖ 5: et *om. S a. c. m2 A* | sanctificationi *D a. c.* sanctificationis *S a. c. m2* | nisi] si non *DM* | lavero] *add. s. l.* inquit *V m2* ‖ 6: habes *G* | partem mecum *Dη* | quo ego *GWDS* quod ego *η* quod *cet. am* ‖ 8: omnibus] hominibus *W* | copiosae qui *GS* copiose qui *RZ* ‖ 9: hominis *W* (*post* sensum) *D* homines *cet. am* ‖ 10: servatur (tur *s. l. m2*) *G* | rectius] recte *a* | custodivimus *D* ‖ 11: ipsum *om. S a. c. m2* ‖ 12: ecclesiam romanam *D* | respondit *G a. c. WDRZβ* ‖ 13: huius *om. Q* ‖ 14: ipse *i. r. S* ‖ 15: ubi *GW, S a. c. m2* ibi *RXK p. c. π* ibi *add.* petrus *PK a. c. CFZβη* ibi *add.* petrus ubi *D* ubi *om. cet. am* | dominus *D* | manus] pedes *i. r. S m2* ‖ 16: vides *B* | ante se *S m2* ‖ 17: se *om. Π* | devotio fidei *Π > RCF*, (devotione et fidei) *Z* ‖ 18: illi] ei *V* ‖ 19: qui lavit] lava

davon abgekommen. Es gibt allerdings auch welche, die das zu rechtfertigen suchen, indem sie behaupten, dies dürfe man nicht in der Feier des Mysteriums, nicht bei der Taufe, nicht bei der Wiedergeburt tun, sondern man solle zum Beispiel[15] einem Gast die Füße waschen. Doch das eine hat mit Demut und das andere mit Heiligung zu tun. Daher höre, daß sie ein Mysterium und Heiligung ist: „Wenn ich dir die Füße nicht wasche, wirst du keinen Anteil an mir haben" (Joh 13,8). Ich sage das nicht, um andere zu tadeln, sondern um mein eigenes Vorgehen zu rechtfertigen. Ich wünsche, der römischen Kirche in allem zu folgen, jedoch besitzen auch wir gesunden Menschenverstand. Daher behalten wir aus gutem Grund bei, was anderswo ebenfalls aus guten Gründen eingehalten wird.

6. Wir folgen dem Apostel Petrus selbst und schließen uns seiner Hingabe an. Was entgegnet darauf die römische Kirche? Der Apostel Petrus, der Bischof der römischen Kirche gewesen ist, ist jedenfalls selbst der Begründer unseres Anspruchs, dieser Petrus, da er sagt: „Herr, nicht nur die Füße, sondern auch die Hände und das Haupt" (Joh 13,9). Beachte den Glauben! Die voraufgehende Ablehnung entsprang der Demut, das spätere Nachgeben gläubiger Hingabe.

7. Der Herr antwortete ihm, weil er gesagt hatte „die Hände und das Haupt": „Wer gewaschen ist, muß nicht ein weiteres Mal gewaschen werden. Er braucht sich nur die Füße zu waschen" (Joh 13,10). Warum das? Weil in der Taufe alle Schuld getilgt wird. Die Schuld weicht also. Weil

---

[15] *Quasi* hat im nachklassischen Latein oftmals die Bedeutung von *velut* (zum Beispiel); vgl. HOFMANN / SZANTYR, *Lateinische Syntax* 674.

S m1 lota *S m2 in mg.* | ut (t *p. r.*) *G* ‖ 20: solus *GDF, Z a. c.* ‖ 21: deluitur *WA*

plantatus a diabolo est et venenum ei suffusum est supra pedes, ideo lavas pedes, ut in ea parte, in qua insidiatus est serpens, maius subsidium sanctificationis accedat, quo postea te supplantare non possit. Lavas ergo pedes, ut laves venena serpentis. Ad humilitatem quoque proficit, ut in mysterio non erubescamus, quod dedignamur in obsequio.

2. 8. Sequitur spiritale signaculum, quod audistis hodie legi, quia post fontem superest, ut perfectio fiat, quando ad invocationem sacerdotis spiritus sanctus infunditur, „spiritus sapientiae et intellectus, spiritus consilii atque virtutis, spiritus cognitionis atque pietatis, spiritus sancti timoris", septem quasi virtutes spiritus.

9. Et omnes quidem virtutes ad spiritum pertinent, sed istae quasi cardinales sunt, quasi principales. Quid enim tam principale quam pietas? Quid tam principale quam cognitio dei? Quid tam principale quam virtus? Quid tam principale quam consilium dei? Quid tam principale quam timor dei? Sicut timor saeculi infirmitas, ita timor dei magna est fortitudo.

10. Istae sunt septem virtutes, quando consignaris. Nam, ut ait apostolus sanctus, quia multiformis est, inquit,

---

def. ENO
1: effusum *Πam* | super *Y a. c. m2* ‖ 2: ideo lavas pedes *s. l. β m2* | parte̅ *G* | insitiatus *R a. c. m2* (fi *ex* si) ‖ 3: accidat *R* ‖ 4: postea te] potestate *U* | te *om. B* | supplantari *B* | posset *RA, Uβ a. c. m2* | levas *R a. c. m2* laves *P* | ut] et *M, β a. c. m2* | lavas *M* ‖ 5: quoque *om. S a. c. m2 η* | profecit *G, D a. c. m2* proficiat *β m2* | ut *om. β* | in *om. MF* ‖ 6: ministerio *M* | quod] *add.* non *Aa* | dedignatur *W* dedignantur *C* ‖ 7: spiritalis *G a. c.* spiritalem *D a. c. m2* ‖ 8: quia *om. GW* ‖ 9: gratia spiritus sancti *β* sp. s. gratia *C* ‖ 10: spiritus *pr. om. D* ‖ 11: cognitionis atque pietatis spiritus *om. W* ‖ 12: quasi] quoque sunt (s̃t *p. c. ex* si) *G* | septem virtutes quasi septem spiritus *Y* | virtutis *DG a. c. m2 Wη* virtutes et *D* | spiritus *om. S a. c. m2* ‖ 13: virtutes] virtutis *D a. c. m2* | spiritum] spē *G* ‖ 14: quasi *pr. om. P* | carnalis *D* carnales *S a. c. m2* | quasi *alt.*] 1 quia *add. K m2* | principales sunt *GK* | enim *om. V* ‖ 15: quam — principale *om. W* |

aber Adam vom Teufel zu Fall gebracht (vgl. Gen 3,1-6. 15) und ihm Gift über die Füße gegossen worden ist, deshalb wäschst du dir die Füße, damit dort, wo die Schlange einen heimtückischen Anschlag verübt hat, ein stärkeres Heiligungsmittel aufgetragen wird, so daß er dich später nicht mehr zu Fall bringen kann. Du wäschst dir also die Füße, um das Gift der Schlange abzuwaschen. Dies ist auch für die Demut von Nutzen, damit wir uns bei der Feier des Mysteriums nicht zu schämen brauchen, weil wir den Gehorsam verweigern.

2. 8. Es folgt das geistliche Siegel, von dem ihr heute in der Lesung gehört habt. Denn nach dem Taufbrunnen (d. h. Taufakt) muß noch die Vollendung geschehen, indem auf die Anrufung des Bischofs hin der Heilige Geist eingegossen wird, „der Geist der Weisheit und der Einsicht, der Geist des Rates und der Stärke, der Geist der Erkenntnis und der Frömmigkeit, der Geist der heiligen Furcht" (Jes 11,2f), gleichsam sieben Kräfte des Geistes.

9. Gewiß beziehen sich alle Kräfte auf den Geist, aber diese sind gewissermaßen die vorzüglichen, gewissermaßen die überragenden. Was ist so überragend wie die Frömmigkeit? Was ist so überragend wie die Erkenntnis Gottes? Was ist so überragend wie die Stärke? Was ist so überragend wie der Ratschluß Gottes? Was ist so überragend wie die Gottesfurcht? Wie die Furcht vor der Welt Schwäche ist, so ist die Gottesfurcht eine große Stärke.

10. Dies sind die sieben Kräfte, (die du erhältst,) wenn du das Siegel empfängst. Denn, so sagt der heilige Apostel, wie die Weisheit unseres Herrn, sagt er, vielfältig ist und

---

pietas *i. r. R* pietatis *V a. c.* pietas dei *D* | principale∗ (m *eras.*) *D* ‖ 16: dei *om. D* dei] *signo in textu et in mg. apposito adnotat in mg.:* hic r deest *V m1 (fortasse* r = recensio?) | principalem *D* | quam] iam *W* ‖ 18: ita] et *D* ‖ 19: magna *om. β a. c. m2* ‖ 20: quando] quibus *S, K p. c. m2* ‖ 21: ut] ita *β* | inquit *om. Y*

sapientia domini nostri et „multiformis sapientia dei", ita multiformis est spiritus sanctus, qui habeat diversas variasque virtutes. Unde „deus virtutum" dicitur, quod aptari potest patri | et filio et spiritui sancto. Sed hoc alterius disputationis, alterius est temporis.

11. Post hoc quid sequitur? Venire habes ad altare. Quoniam venisti, videre habes, quod antea non videbas. Hoc est mysterium, quod legisti in evangelio, si tamen legisti — certe audisti — : Caecus obtulit se salvatori, ut curaretur, et ille, qui alios verbo tantum et sermone curabat et refundebat imperio lumen oculorum, tamen in libro evangelii, qui scribitur secundum Iohannem, qui vere prae ceteris vidit magna mysteria et designavit et declaravit, mysterium hoc in illo voluit praefigurare. Omnes quidem sancti evangelistae, omnes apostoli — praeter proditorem omnes sancti. Tamen sanctus Iohannes, qui ultimus scripsit evangelium, quasi necessarius requisitus et electus a Christo, maiore quadam tuba fudit aeterna mysteria. Quidquid locutus est, mysterium est. Alius dixit caecum curatum, dixit Matthaeus, dixit Lucas, dixit Marcus. Solus Iohannes quid ait? „Tulit lutum et linuit super | oculos eius et dixit

---

def. ENO
1: domini] dei *m* | et ut *m* | et — dei *om*. Q *a. c. m2* π | multiformis est *m* | ita et W ‖ 2: est *om*. S et W | habet RS (t *i. r.*), K *p. c.* ‖ 3: virtutis D *a. c. m2* | unde et Φ ‖ 4: spu G *a. c.*, S *a. c. m2* ‖ 6: hoc GWD, S *a. c. m2* ‖ 7: quoniam *(i. q. postquam)*] quod iam GW quo ante V *m1* *(add.* non *s. l. m2)* | invenisti W venisti *cet. am* | quod W, P *a. c. m2* quae *cet. am* | ante Π (> M), β | videras G ‖ 8: tamen non RX (si tamen „vorausgesetzt, daß") ‖ 9: se obtulit Q ‖ 12: quis *pr.* G *a. r.* ‖ 13: magna *om.* P ‖ 14: ✻✻✻hoc (sic *s. ras. m2*) R ‖ 15: sancti *om.* W sc͞i (c͞i *i. r.*) R | apostoli (li *s. l.*) G ‖ 15 sq.: proditorem omnes] omnes prudentior G proditorem. Nec W ‖ 16: omnes *del.* T, *om.* K | sanctus *om.* β | ultimũ U ‖ 17: et *om.* G | lectus η | a] in S ‖ 18: maiorem D, Z *a. c.* | fuit DF | aeternam steria G *a. c. m2* ‖ 18 sq.: quid (locutus *bis*) W ‖ 19: locutum DZ, T *a. c. m2* | aliis T *a. c. m3* ‖ 20: mattheus G | dixit Marc. dix. Luc. V | solus *om.* S η ‖ 21: qui Q *a. c. m2* DF | ait] dixit Sη | linuit G (= *l.* 6, *p.* 128), *cf.* Rönsch, Itala

wie die Weisheit Gottes vielfältig ist (vgl. Eph 3,10), so vielfältig ist der Heilige Geist, weil er unterschiedliche und verschiedene Kräfte besitzt. Deshalb spricht man vom „Gott der Kräfte" (Ps 80, 5. 8. 15. 20), was auf den Vater, den Sohn und den Heiligen Geist bezogen werden kann. Aber das (ist Gegenstand) einer anderen Predigt zu einer anderen Zeit.

11. Was folgt danach? Du darfst zum Altar kommen. Weil du gekommen bist, kannst du sehen, was du vorher nicht gesehen hast. Das ist das Mysterium, von dem du im Evangelium gelesen hast, falls du (sc. den Text) gelesen hast — sicher hast du ihn gehört (vgl. Joh 9,1–7). Der Blinde begab sich zum Erlöser, um geheilt zu werden, und jener, der andere allein durch Wort und Predigt geheilt und mit einem Befehl das Augenlicht zurückgegeben hat, wollte jedoch im Evangelium nach Johannes, der wirklich im Unterschied zu den anderen große Mysterien gesehen, dargestellt und öffentlich verkündet hat, dieses Mysterium in jenem vor-bilden. Alle Evangelisten sind zwar heilig, alle Apostel — außer dem Verräter sind alle heilig. Dennoch hat der heilige Johannes, der als letzter ein Evangelium geschrieben hat — von Christus gleichsam als Freund angesehen und ausgewählt —, gewissermaßen mit einer stärkeren Trompete die ewigen Mysterien kundgetan. Alles, was er gesprochen hat, ist ein Mysterium. Ein anderer hat gesagt, daß ein Blinder geheilt worden ist. So hat es Matthäus gesagt (vgl. Mt 9,27–30; 12,22; 20,30–34; 21, 14), so hat es Lukas gesagt (vgl. Lk 18,35–43), so hat es Markus gesagt (vgl. Mk 8,22–25; 10,46–52). Was aber sagt als einziger Johannes? „Er nahm befeuchtete Erde, strich sie über seine Augen und befahl ihm: Geh in den (Teich)

---

und Vulgata 287 levit W (= *l.* 6, *p.* 128) liuit Y (= *l.* 6, *p.* 128) inlinuit D linivit *cet.* | super *om.* A

illi: Vade in Siloam." Et surgens „ivit et lavit et venit videns".

12. Considera et tu oculos cordis tui. Videbas quae corporalia sunt, corporalibus oculis, sed quae sacramentorum sunt, cordis oculis adhuc videre non poteras. Ergo quando dedisti nomen tuum, tulit lutum et linuit super oculos tuos. Quid significat? Ut peccatum tuum fatereris, ut conscientiam recognosceres, ut paenitentiam gereres delictorum, hoc est sortem humanae generationis agnosceres. Nam etiamsi non confiteatur peccatum, qui venit ad baptismum, tamen hoc ipso inplet confessionem omnium peccatorum, quod baptizari petit, ut iustificetur, hoc est, ut a culpa ad gratiam transeat.

13. Nolite otiosum putare. Sunt quidam — scio certe aliquem fuisse, qui diceret — cum illi diceremus: „In hac aetate magis baptizari debes", dicebat ille: „Quare baptizor? Non habeo peccatum, numquid peccatum contraxi?" Hic lutum non habuit, quod ei Christus non linuerat, hoc est | non illi aperuerat oculos; nullus enim homo sine peccato.

14. Ergo agnoscit se hominem, qui confugit ad baptismum Christi. Itaque et tibi inposuit lutum, hoc est ve-

---

def. ENO
1: illi] ei Ω (*om.* η), *am* | vade lava *A a* | surgens Γ, Q *a. c.* exurgens V *p. c.* ZCBPM exsurgens *cet.* | i※uit S | et *alt. om.* Q || 3: oculis ηC *p. c.* || 5: sunt *om.* W | oculos D *a. c. m 2* | adhuc *om.* GW adhoc VU *a. c.* || 6: lutum] *add.* tuum S *m 2* | linuit *cf. l.* 21, *p.* 126 (linuit D) || 7: quod G *p. c. m 3*, ηΦΔ | significavit η || 8: ut] et G | conscientiam (con *s. l.*) W *add.* tuam *m* | recognusceris G *a. c.* recognosceris WDF | gereres RSβηC geriris G *a. c.* gereris WDZF ageres *cet. am* || 9: humani generis V || 9 sq.: agnosceris G (o *ex* u), D *m 1* (re *s. l. add. m 2*), WFZ || 10: etiam (si non *om. m 1, add.* non *m 2*) β || 11: complet WP || 12: quod] quo D *a. c.* F qui B || 13: transeas D *p. c.* || 14: sunt] sicut T *p. c. m 2* | quidam] *add.* ex quibus S *m 2* | certe] cerdote (do *in mg. add.*) G || 15 sq.: haec etatem D *a. c. m 2* (*om.* in) || 16: aetatem Z | ille *om.* G || 16 sq.: baptizer SΦa || 17: non habeo peccatum Φam *om.*

Schiloach! Jener" erhob sich, „ging, wusch sich und kam sehend zurück" (Joh 9,6f).

12. Betrachte auch du die Augen deines Herzens! Du hast die körperlichen Dinge mit den leiblichen Augen gesehen; was aber in den Bereich der Sakramente gehört, konntest du mit Augen des Herzens bisher nicht sehen. Als du nun deinen Namen angegeben hast, nahm er (*sc.* Christus) befeuchtete Erde und strich sie auf deine Augen. Worauf deutet das hin? Daß du deine Sünden bekennen, dein Gewissen erforschen und Buße für die Vergehen tun, das heißt, das Los des Menschengeschlechts erkennen solltest. Wenn aber jemand, der zur Taufe kommt, seine Sünde nicht bekennt, so würde er dennoch schon dadurch ein Bekenntnis aller Sünden ablegen, daß er um die Taufe bittet, damit er gerechtfertigt werde, das heißt, von der Schuld zur Gnade gelange.

13. Haltet das nicht für überflüssig. Es gibt gewisse Leute — ich kenne mit Sicherheit einen, der gesagt hat —, als wir ihn ermahnten: „In diesem Alter hast du eine größere Verpflichtung, dich taufen zu lassen", da antwortete er: „Warum soll ich mich taufen lassen? Ich habe keine Sünde. Habe ich denn vielleicht eine Sünde begangen?" Dieser besaß keine befeuchtete Erde, weil Christus ihn nicht mit befeuchteter Erde bestrichen, das heißt, ihm nicht die Augen geöffnet hatte; denn kein Mensch ist ohne Sünde (vgl. Ijob 14,4 LXX).

14. Also gibt derjenige, der zur Taufe Christi hineilt, zu, daß er ein Mensch ist. Daher hat er auch dir befeuchtete Erde aufgestrichen, das heißt Ehrfurcht, Klugheit und

---

S | contradixi *G a. c.* ‖ 18: quid *β* | ei] est *D* | linuerat *G a. c. WD* liniverat *G p. c. R* laverat *βηVUTBMPCa* leverat *cet. m* ‖ 19: illi] ei *Πβam* | apparuerat *β* operuerat *D a. c. m2* | homo *om. DX* ‖ 21: cognoscite (*om.* se) *η* ‖ 22: inposui *S*

recundiam, prudentiam, considerationem fragilitatis tuae, et dixit tibi: „Vade in Siloam." Quid est Siloam? „Quod interpretatur", inquit, „missus." Hoc est: Vade ad illum fontem, in quo crux Christi domini praedicatur, vade ad illum fontem, in quo omnium Christus redimit errores. — 5

15. Isti, lavisti, venisti ad altare, videre coepisti, quae ante non videras. Hoc est: per fontem domini et praedicationem dominicae passionis tunc aperti sunt oculi tui. Qui ante corde videbaris esse caecatus, coepisti lumen sacramentorum videre. Ergo, fratres dilectissimi, venimus usque ad altare, ad tractatum uberiorem. Et ideo, quia id temporis est, disputationem integram non possumus incipere, quia prolixior tractatus est. Satis sit, quod dictum est hodie. Crastina die, si domino placet, de sacramentis ipsis tractabimus. 15

---

def. ENO
2: Siloam *pr.*] syloa (*om.* quid est siloam) *η* | siloam *alt.*] *G* (o *ex* u), *D* siloa *W* syloa *M* syloas *APFβa* siloas *cet. m* ǁ 3: inquit *om. DC* | missus inquit *UK* | est *s.l. G m2* | ad] in *V* ǁ 4: in quo — 5 fontem *om. Dη, S a.c. m2* ǁ 5: omnes *G* | Christi *om. Ω* > *S m2, am* | redimit *G a.c. WCFZ* redemit *cet.* ǁ 6: iisti (i *alt. add. m2*) *T* | lavasti *WSη* lavisti postea *B* | venis *G* venisti *ante* lav. *U* | altarem *D a.r.* ǁ 7: ante *om. VUQTB* antea *D* ǁ 7 sq.: praedicatione *D a.c.* ǁ 8: tunc *om. RY* ǁ 9: caecus videbaris (*om.* esse) *W* | caecatum *Rβ a.c.* ǁ 11: tractum *UQT* | id *om. S a.c. m2* hit *D m1* huius *m2* ǁ 12: temporis non *S* | non possumus *om. S a.c. m2* ǁ 12 sq.: incipere *om. G a.c. m2* accipere *D* ǁ 14: hodie *ΓCF* hodie et *cet.* | ipsius *Wη* ǁ 15: tractauimus *G a.c. DF* | item sequentia *G* | finit liber .III. incipit liber .IV. *W*, (*om.* liber *alt.*) *AMX* explicit liber tertius incipit liber quartus *SBP*, (.III. *et* .IV.) *RCFK*, (*om.* liber *alt.*) *VU* liber .III. finit incipit .IIII. de sacramentis *Q* incipit liber .IIII. *β* explicit sermo tertius incipit quartus *Y* gloria patri et filio et spiritui sancto amen *D (desinit)*

Erwägung deiner Gebrechlichkeit, und dich aufgefordert: „Geh in den (Teich) Schiloach!" Was ist der (Teich) Schiloach? „Das bedeutet", sagt er, „übersetzt: Der Gesandte" (Joh 9,7). Das heißt: Gehe zu jenem Brunnen, in dem das Kreuz Christi, des Herrn, gepriesen wird; gehe zu jenem Brunnen, in dem Christus die Irrtümer aller hinwegnimmt!

15. Du bist hingegangen, hast dich gewaschen und bist zum Altar gekommen. Du hast zu sehen begonnen, was du vorher nicht gesehen hattest. Das heißt: Durch den Taufbrunnen des Herrn und die lobpreisende Verkündigung des Leidens des Herrn sind deine Augen geöffnet worden. Der du zuvor im Herzen blind zu sein schienst, hast das Licht der Sakramente zu sehen begonnen. Wir sind also, geliebte Brüder, zum Altar gekommen (und damit) zu einer umfangreicheren Abhandlung. Da die Zeit fortgeschritten ist, können wir keine vollständige Erläuterung beginnen, denn es handelt sich um längere Ausführungen. Es soll mit dem genug sein, was heute gesagt worden ist. Morgen werden wir, wenn es dem Herrn gefällt, über die Sakramente selbst sprechen.

Sermo quartus

1. 1. In veteri testamento sacerdotes frequenter in primum tabernaculum introire consueverant, in secundum tabernaculum semel in anno summus intrabat sacerdos. Quod evidenter ad Hebraeos recolens veteris seriem testamenti explanat apostolus Paulus. Erat autem in secundo tabernaculo manna, erat etiam virga Aaron, quae aruit et postea refloruit, et thymiaterium.

2. Quo spectat hoc? Ut intellegatis, quod sit secundum tabernaculum, in quo vos introduxit sacerdos, in quo „semel in anno" summus sacerdos intrare consuevit, hoc est ad baptisterium, ubi virga Aaron floruit. Antea arida erat, postea refloruit: Et tu aridus eras et coepisti „fontis inriguo" reflorescere. Arueras peccatis, arueras erroribus atque delictis, sed fructum iam adferre coepisti „plantatus secus decursus | aquarum".

3. Sed forte dicas: „Quid hoc ad populum, si virga sacerdotalis aruerat et refloruit?" Populus ipse quid est nisi sacerdotalis? Quibus dictum est: „Vos autem genus elec-

---

def. DEO
1: sacerdotes *om. A* | frequenter *post* 2 tabernaculum *Y* ‖ 2: introire *om. S* intrare *Ωam* intraire *N* | consuerant *G a. c. m3* | consueverant —
3 tabernaculum *om. S a. c. m2* ‖ 3: sacerdos intrabat *WVTM* ‖
4: seriem veteris *Πam* ‖ 5: Paulus *om. WN* | secundum (u *alt. ex* o) ‖
6: tabernaculum *G* | etiam⁂ (in *eras.*) *Q* autem *M* ‖ 6 sq.: et postea refloruit *s. l. G m2* ‖ 7: floruit *M* | et *VM om. cet.* erat et *m Sch.* |
tymiateriam *G*, (thy-) *W* thimiaterium *S m1* thiamaterium *RFZβ* timiamaterium *VT*, (thi-) *UQABM,S p. c. m2 Y* thymiamaterium *CP*
thimiametrium *η* ‖ 8: quo⁂ *G* | expectat *GβCFZR, K a. c. m2 PX*
aspectat *N* expectabat *Y* | quid *ABMTPXYηam* | sit hoc *Q* sit *om. η* |
secundum *om. XY* ‖ 9: in quo *pr. WηNRTZβΔ, cf. Abr. 2, 52 (CSEL 32/1, 605 sq.) et Rönsch, Itala und Vulgata 406 sqq.* quod *G* in quod *cet. am* | in quod nos *i. r. M* | quo *alt. WRTKXZβ* quod *cet. am* ‖
10: annum *W* | intravit (*om.* consuevit) *W* ‖ 11: baptismum *S* | antea
G p. c. W ante *cet.* ‖ 12: coepisti in *Πβam* | fontis *G p. c. m3* (i s. e), *W*

VIERTE KATECHESE

1. 1. Im Alten Testament pflegten die Priester das erste Zelt häufig zu betreten. In das zweite Zelt dagegen trat der Hohepriester nur einmal im Jahr ein. Das erklärt der Apostel Paulus eindeutig (im Brief) an die Hebräer, in dem er die Abfolge des Alten Testaments noch einmal überdenkt (vgl. Hebr 9,6 f; Ex 30,10; Lev 16,2–34). Im zweiten Zelt befand sich nämlich das Manna, dort befand sich auch der Stab Aarons, der verdorrt war und später wieder zu blühen begann, sowie der Rauchopferaltar (vgl. Hebr 9,3 f; Ex 16,33 f; Num 17,16–25).

2. Worauf deutet das hin? Ihr sollt erkennen, welches das zweite Zelt ist, in das euch der Priester geführt hat, in das der Hohepriester nur „einmal im Jahr" (Hebr 9,7) einzutreten pflegt, das heißt ins Baptisterium, wo der Stab Aarons blühte. Zunächst war er verdorrt, später blühte er wieder. Auch du warst verdorrt und hast durch das Wasser aus der Quelle wieder zu blühen begonnen. Du warst aufgrund der Sünden verdorrt, du warst aufgrund von Irrtümern und Vergehen verdorrt, aber du hast bereits angefangen, Frucht zu tragen, „gepflanzt in der Nähe der Wasserläufe" (Ps 1,3).

3. Aber vielleicht fragst du: „Was betrifft dies das Volk, wenn der priesterliche Stab verdorrt war und wieder blühte?" Was ist das Volk selbst anderes als priesterlich? Wem ist gesagt worden: „Ihr seid ein auserwähltes Geschlecht,

---

fontes *G m1 UQBV a. c.* (s *exp.*)   fortis *S m1* (fontes *m2*)   fonte *cet.*
am ‖ 12 sq.: inriguos *S p. c. m2* (inrigo *m1*), *V a. c. UQ*   irriguos *AB* ǀ
in rigore (florescere) *W*   in riguore (flor.) *Z* ‖ 14: ferre *SNη* ‖ 16: hoc
om. S a. c. m2 ‖ 17: sacerdotis *VTPXam* ǀ ipse] iste *AΔ* ǀ quis *V* (s *s.*
d) qui *β a. c. m2, P* (d *exp.*) ‖ 18: sacerdotes *β p. c. m2 S p. c. η*

tum, regale sacerdotium, gens sancta", ut ait apostolus Petrus? Unusquisque unguitur in sacerdotium, unguitur in regnum, sed spiritale regnum est et sacerdotium spiritale.

4. In secundo quoque tabernaculo est thymiaterium. Thymiaterium est, quod bonum odorem fraglare consuevit: Ita et vos iam bonus odor Christi estis, iam nulla in vobis sors delictorum, nullus odor gravioris erroris.

2.5. Sequitur, ut veniatis ad altare. Coepistis venire, spectarunt angeli, viderunt vos advenientes, et humanam condicionem illam, quae ante peccatorum tenebroso squalore sordebat, aspexerunt subito refulgere, ideoque dixerunt: „Quae est haec, quae ascendit a deserto dealbata?" Mirantur ergo et angeli. Vis scire, quam mirentur? Audi apostolum Petrum | dicentem ea nobis esse conlata, quae „concupiscunt et angeli videre". Audi iterum: „Quod oculus", inquit, „non vidit nec auris audivit, quae praeparavit deus diligentibus se."

6. Deinde quid acceperis, recognosce. Sanctus propheta David hanc gratiam in figura vidit et concupivit. Vis scire, quam concupiverit? Iterum audi dicentem: „Asparges me

---

def. DEO
1: genus sanctum *ΦΔ*, (*add*. est *post* genus) *CFZβ* | ut *GWβη* om. *cet*. | ait hoc *Y, s. l. V m 2* ‖ 2: unguitur *pr. et alt.*] ungetur *G a. c. m 3* (ungitur *p. c.*) | sacerdotio *M* | unguitur et *Δm* ‖ 3: sed *eras*. *Q* | et om. *GN* ‖ 5: quoque om. *Δ* autem *VT* | thimiamaterium *RΦ* (thy-) *PN* ‖ 6: thymiaterium om. *W* | thymiaterium est om. *RMPN* | bono odore *GR, V p. c. β p. c. m2* odore (om. bono) *SN* | fraglare *(ab Ambrosio saepius pro* fragrare *usurpatum, e. gr. exam. 1,30: CSEL 32/1, 30,9) URAXS p. c. m2* flagrare *Γ* (flagare *S m1*) *VQTBPK, M a. c.* ‖ 7: ordo *V a. c.* ‖ 8: vos *S* | sordes *UBβηY* | dilectorum *G* | odor om. *P* | error gravioris *P* | gravioris] *add.* etatis *A* ‖ 9: coepisti *G* ‖ 10: expectarunt *G* spectaverunt *VT* | angeli viderunt *bis G a. r.* ‖ 11: condictionem *B* | qua *G a. c. m1* ‖ 13: haec om. *APM* ‖ 14: et om. *GNM* | quam *GWη* quid *M a. c.* quia *cet. am* | mirantur *QCηam* | audi *GWN* audi ergo

eine königliche Priesterschaft, ein heiliges Volk" (1 Petr 2,9), wie der Apostel Petrus erklärt? Ein jeder wird zum Priestertum gesalbt, zum Königtum gesalbt. Dabei handelt es sich allerdings um ein geistliches Königtum und ein geistliches Priestertum.

4. Im zweiten Zelt befindet sich auch der Rauchopferaltar (vgl. Hebr 9,3f). Der Rauchopferaltar diente dazu, Wohlgeruch zu verbreiten. So seid auch ihr jetzt „Wohlgeruch Christi" (2 Kor 2,15), denn in euch befindet sich kein Anteil mehr an Vergehen, kein übler Geruch eines größeren Irrtums.

2.5. Danach solltet ihr zum Altar kommen. Als ihr kamt, schauten die Engel zu. Sie sahen euch bei der Ankunft und erkannten, daß die menschliche Natur, die zuvor durch den dunklen Schmutz der Sünden Ekel erregte, plötzlich hell aufleuchtete. Deshalb fragten sie: „Wer ist diese, die weiß aus der Wüste heraufsteigt" (Hld 8,5 LXX)? Es staunen also auch die Engel. Willst du wissen, wie sehr sie staunen? Höre den Apostel Petrus, der sagt, uns sei das gewährt worden, „was sogar die Engel zu sehen verlangen" (1 Petr 1,12). Höre weiter: „Kein Auge hat gesehen", heißt es, „und kein Ohr hat gehört, was Gott denen bereitet hat, die ihn lieben" (1 Kor 2,9).

6. Betrachte ferner, was du empfangen hast! Der heilige Prophet David sah diese Gnade im Vor-Bild und hatte nach ihr Verlangen. Willst du wissen, wie sehr er von Verlangen erfüllt war? Höre wiederum, was er sagt: „Besprenge mich

---

cet. am || 15: Paulum *ΠβS m 2 am* || 16: et *om. WSη* | audi] et *ΠβΑm* || 17: inquit *om. ΠβΑm* | aures *G* || 19 sq.: david propheta *VUQT am* || 20: david ad *R* david et *Y* | figurã *G* figuram *η* | et concupivit *om. S a.c. m 2* | vis — 21 dicentem] dicens *A* || 21: quam *ΓCFZβ* quia *cet. am* | concupiverit *GN* concupierit *cet. am* | aspargis *G a.c. (m 2?)* aspaerges *G p.c.* asperge *WUT, V a.c.* asparge *ZF* asperges *cet. am*

hysopo et mundabor, lavabis me et super nivem dealbabor." Quare? Quia nix, quamvis sit candida, cito aliqua sorde nigrescit atque corrumpitur; ista gratia, quam accepisti, si teneas, quod accepisti, erit diuturna atque perpetua.

7. Veniebas ergo desiderans, utpote qui tantam gratiam videras, veniebas desiderans ad altare, quod acciperes sacramentum. Dicit anima tua: „Et introibo ad altare dei mei, ad deum, qui laetificat iuventutem meam." Deposuisti peccatorum senectutem, sumpsisti gratiae iuventutem: hoc praestiterunt tibi sacramenta caelestia. Denique iterum audi dicentem David: „Renovabitur sicut aquilae iuventus tua." Bona aquila | esse coepisti, quae caelum petis, terrena fastidis. Bonae aquilae circa altare; „ubi" enim „corpus, ibi et aquilae." Forma corporis altare est et corpus Christi est in altari; aquilae vos estis renovatae ablutione delicti.

3.8. Venisti ad altare, adtendisti sacramenta posita super altare, et ipsam quidem miratus es creaturam. Tamen creatura sollemnis et nota.

---

def. DEO, a l. 14 fastidis Z
2: quamvis sit candida *om.* W ‖ 3: nigrascit R *p. c. m2* (a *ex* e) | adque W aut M | istam gratiam *GηUQTA* | isti V *a. c.* ista] *add.* autem S *p. c. m2* ita R *a. c. m2* Y ‖ 3 sq.: accepistisi G (s *alt. exp. m 2*) accepistis (*om.* si) W *a. r.* accepistis si F ‖ 6: desiderans ad altare *VTam* | utpote — 7 desiderans *om.* G *m1* (*m2 s. l.*) | utpote — 7 altare *om.* T ‖ 7: quod (= *ut hoc*) GNβηCFZ, R *a. c. m2* Δ ut WY quo *cet. am* | acceperis GRF acciperis C acciperas S *a. c. m2* ‖ 8: dicit *ΓβCF* dicat V *p.c.* (a *ex* e), P*m* dicet *cet. a* | et *om.* Φ ‖ 9: deposuisti — 10 iuventutem *om.* GW ‖ 11 sq.: audi iterum Q ‖ 12: sicut] ut MX | aquilae] aquila WSβηF ‖ 13: quae] quia β | petes W | terram M terra η *a. c.* ‖ 14: fastidis — 14 (*p.* 148) confrin- (getur.) *def.* Z (*fol. amisso*) | bona aquila G ‖ 15: est *pr. om.* S ‖ 16: altare Gη, VQ *a. c.* | delicti] caelesti G ‖ 17: adtendisti] vidisti Ω*m* ‖ 19: creaturam solemnem et notam *m* | solemnis G | nota *om.* X

mit Ysop, und ich werde rein, du wäschst mich, und ich werde weißer als Schnee" (Ps 51,9). Wieso? Wenn der Schnee auch weiß ist, so wird er dennoch schnell durch Schmutz dunkel und verdirbt; jene Gnade aber, die du empfangen hast — wenn du bewahrst, was du empfangen hast (vgl. Offb 3,11) —, wird von Dauer und ewig sein.

7. Du bist also voll Verlangen gekommen. Du, der du ja eine solch große Gnade geschaut hattest, kamst voll Verlangen zum Altar, um das Sakrament zu empfangen[16]. Deine Seele spricht: „Ich will zum Altar meines Gottes hintreten, zu Gott, der meine Jugend erfreut" (Ps 43,4). Du hast das Greisenalter der Sünden abgelegt und die Jugend der Gnade angenommen. Das haben dir die himmlischen Sakramente gewährt. Höre nun wiederum ein Wort Davids: „Deine Jugend wird wie die des Adlers erneuert" (Ps 103,5). Du bist ein guter Adler geworden, der du nach dem Himmel strebst und das Irdische verschmähst. Gute Adler (stehen) um den Altar: „Wo" nämlich „ein Leib ist, dort sind auch Adler" (Mt 24,28; Lk 17,37). Der Altar ist ein Bild des Leibes, und der Leib Christi befindet sich auf dem Altar. Ihr seid die durch die Abwaschung der Sünden erneuerten Adler.

3.8. Du bist zum Altar gekommen, hast die Sakramente auf dem Altar stehen sehen und dich über das Geschöpf selbst gewiß gewundert. Es handelt sich nämlich um ein gewöhnliches und bekanntes Geschöpf.

---

[16] BOTTE, Notes 206, hat *quod acciperes* (FALLER) in *quo acciperes* geändert, obwohl *quod* am besten bezeugt ist. Die von FALLER gewählte Lesart kann beibehalten werden, da im Spätlatein der nach *desidero* übliche Akkusativ mit Infinitiv nicht selten von *quod*-Sätzen abgelöst worden ist; vgl. HOFMANN / SZANTYR, *Lateinische Syntax* 355. 572.

9. Forte aliqui dixerit: „Iudaeis deus tantam gratiam praestitit, manna illis pluit e caelo; quid plus dedit fidelibus suis, quid plus tribuit his, quibus plus promisit?" —

10. Accipe, quae dico: et anteriora esse mysteria Christianorum quam Iudaeorum et diviniora esse sacramenta Christianorum quam Iudaeorum. Quomodo? — Accipe. Iudaei quando esse coeperunt? Ex Iuda utique, pronepote Abrahae, aut, si vis et sic intellegere, ex lege, id est, quando „ius dei" accipere meruerunt. Ergo ex pronepote Abrahae Iudaei dicti sunt tempore sancti Moysi. Tunc deus manna Iudaeis murmurantibus pluit e caelo. Tibi autem sacramen-|torum horum figura praecessit, quando Abraham erat, quando vernaculos CCCXVIII collegit, et ivit, persecutus est adversarios, de captivitate eruit nepotem suum. Tunc victor venit, occurrit illi Melchisedech sacerdos et obtulit panem et vinum. Quis habuit panem et vinum? Abraham non habuit. Sed quis habuit? Melchisedech. Ipse ergo auctor sacramentorum. Quis est „Melchisedech", qui significatur „rex iustitiae, rex pacis?" Quis est iste rex iustitiae? Numquid homo quisquam potest rex esse iustitiae? Quis

---

def. DEZO
1: aliqui W, R *a. c. m2* alequid G *a. c.* (s s. d), F aliquis *cet. am* | deus *post* gratiam M | tantum W ‖ 2: praestitit ut S | plueret S | plus *om.* S | fidelibus — 3 tribuit *om.* W ‖ 3: his] iis *m* | plus *alt. om.* GN, β *a. c. m2* ‖ 4: et *om.* Πβ*am* | mysteria esse SN ‖ 5: quam — 6 christianorum *om.* η | esse *om.* Q ‖ 6: accepere G ‖ 7: itaque Q | pronae po∗te G (n *eras.*) ‖ 8: aut] at Y | et *om.* W | intellege β | quando] quam A, (*om.* id est) *a* ‖ 9: ius dei WS iudaei legem V *m2 in mg.*, *m* iudaei *cet. a* | *post* meruerunt *reliquum versus spat. vac.* R | nepote S *a. c. m2* BU ‖ 10: sunt] *add.* aut a P*m*, a S *a. c. m2* | *ante* tunc *add.* et si Ω*am* ‖ 10 sq.: iudaeis manna Πβ ‖ 11: de R *a. r. A* | ibi G | autem] tamen Y ‖ 12: figurā G | quando abraham erat *om.* β *a. c. m2* ‖ 13: quando *om.* S *a. c. m2* | vernaculas (s *m2*) G | CCCXUIII G (*superscr. m2:* tricenti dece octo) | et *s. l.* Y | ivit GW, β *p. c. m2* S *p. r. m2* (*add.* et *m1*) ivit et η tibi β *m1 m* ibi *cet. a* ‖ 14: eruens Πβ *am* | nepotem suum] nepote uiso G ‖ 15: venit] *add.* et S *p. c. m2* | obtulit] *add.* ei X, *add.* illi *cet.* > GWS, F *a. c. m2* ‖ 16: quis — vinum

9. Vielleicht hat jemand gesagt: „Den Juden gewährte Gott eine so große Gnade, daß er ihnen Manna vom Himmel herabregnen ließ (vgl. Ex 16, 2–36). Was gab er darüber hinaus seinen Gläubigen, was gewährte er darüber hinaus jenen, denen er mehr versprochen hat?"

10. Höre, was ich sage: Die Mysterien der Christen sind älter als die der Juden, und die Sakramente der Christen sind göttlicher als die der Juden. Wie das? Höre! Seit wann gibt es die Juden? Jedenfalls seit Juda, dem Urenkel Abrahams; oder wenn du es so verstehen willst, seit dem Gesetz, das heißt, seit dem Zeitpunkt, da sie würdig waren, das „Gottesrecht" zu empfangen[17]. So sind sie nach dem Urenkel Abrahams zur Zeit des heiligen Mose Juden genannt worden. Damals ließ Gott für die murrenden Juden Manna vom Himmel herabregnen (vgl. Ex 16, 2–36). Für dich aber ist zur Zeit Abrahams ein Vor-Bild dieser Sakramente vorausgegangen, als er 318 Einheimische sammelte, hinging, die Feinde verfolgte und seinen Enkel aus der Gefangenschaft befreite. Als er damals siegreich zurückkehrte, ging ihm der Priester Melchisedek entgegen und brachte Brot und Wein (vgl. Gen 14, 14–18; Hebr 7, 1–3). Wer besaß Brot und Wein? Abraham besaß sie nicht. Aber wer besaß sie? Melchisedek. Also ist er der Stifter der Sakramente. Wer ist „Melchisedek", (dessen Name) „König der Gerechtigkeit", „König des Friedens" (Hebr 7, 2) bedeutet? Wer ist dieser König der Gerechtigkeit? Kann denn etwa irgendein Mensch König der Gerechtigkeit sein? Wer also

---

[17] Nach AMBROSIUS läßt sich der Name *Iudaei* nicht nur von Juda, sondern auch von *ius dei* ableiten.

---

om. GW ‖ 17: qui W | ipse est T ‖ 18: quis] quid S | qui] quo S ‖ 19: rex pacis — iustitiae om. GN | qui S a.c. m2 | iste om. WS ‖ 20: quisquam om. WS | esse rex SηNXY

ergo rex iustitiae nisi „iustitia dei"? Quis est dei pax, dei sapientia? Qui potuit dicere: „Pacem meam do vobis, pacem meam relinquo vobis."

11. Ergo primum intellege sacramenta haec, quae accipis, anteriora esse quam sunt sacramenta, quaecumque Iudaei habere se dicunt, et prius coepisse populum Christianum quam coepisse populum Iudaeorum, sed nos in praedestinatione, illum in nomine.

12. Obtulit ergo Melchisedech panem et vinum. Quis est Melchisedech? „Sine patre", inquit, „sine matre, sine gene|rationis ordine, neque initium dierum neque finem vitae habens." Hoc habet ad Hebraeos epistola. „Sine patre", inquit, et „sine matre": Habes: „similis filio dei". „Sine matre" natus est dei filius generatione caelesti, quia ex solo deo patre natus est, et iterum „sine patre" natus est, quando natus ex virgine est. Non enim ex virili semine generatus est, sed natus de spiritu sancto et virgine Maria, utero editus virginali. „Similis" per omnia „filio dei" sacerdos quoque erat Melchisedech, quia et Christus sacerdos, cui dicitur: „Tu es sacerdos in aeternum secundum ordinem Melchisedech."

---

def. DEZO
1: nisi] *add.* qui est S $m2$ | quis G, (*om.* est) W, $VFKXY$ qui *cet. am* | pax nisi Y ‖ 2: meam *om.* R ‖ 3: meam *om.* $VQT\Delta Y$ ‖ 4: primum $W\eta NP$ *om.* G primo *cet. am* | intellegere P | haec *om.* M ‖ 5: sunt $\Gamma RPYC\beta$ sint *cet. am add.* moysi *codd.* > GW, *edd.* ‖ 6 sq.: christianorum W ‖ 7: quam] quae W | nos quasi S ‖ 8: praedistinatione GWR | illi VP *p. c.* (i *ex* um), BMS | in *om.* G, P *a. c.* ‖ 10: Melchisedech] *add.* sine matre W, S *a. c.* $m2$ | inquid et GS *a. c.* $m2$ ‖ 11: finem *om.* $GWS\eta RCFY$ ‖ 11 sq.: habens finem vitae *a* ‖ 12: vitae *om.* U | habens *om.* Γ, β *a. c.* $m2$, RFY habet C | ad] apud $QTBM$, V *a. c. a* | haebraeos G hebr. in S ‖ 13: et] est Φ > V | matre] *add.* est Pm | habes G habens $W\pi\eta\beta RCFY$ *om. cet. am* | similitudinem W simile β similis autem S *p. c.* $m2$ Φa similis cui m (*cum 5 codd. saec. XII*) similis *cet.* | filii W ‖ 15: patre deo η ‖ 16: natus *om.* M ‖ 17: natus est S | et] ex MNa e η ‖ 18: per omnia] personam β *a. c.* $m2$

ist der König der Gerechtigkeit, wenn nicht die „Gerechtigkeit Gottes" (vgl. 1 Kor 1,30)? Wer ist der Friede Gottes, die Weisheit Gottes? Der sagen konnte: „Meinen Frieden gebe ich euch, meinen Frieden hinterlasse ich euch" (Joh 14,27).

11. Also bedenke als erstes, daß diese Sakramente, die du empfängst, älter sind als die Sakramente, welche auch immer die Juden nach ihrer eigenen Aussage besitzen, und daß das christliche Volk früher als das Volk der Juden entstanden ist; allerdings wir in der Vorherbestimmung, jenes dem Namen nach.

12. Melchisedek brachte also Brot und Wein. Wer ist Melchisedek? „Er ist ohne Vater", heißt es, „ohne Mutter, ohne Stammbaum, hat keinen Anfang seiner Tage und kein Ende seines Lebens" (Hebr 7,3). Das steht im Hebräerbrief. „Ohne Vater", heißt es, und „ohne Mutter". Da hast du es: „ähnlich wie der Sohn Gottes"[18] (Hebr 7,3). „Ohne Mutter" ist der Sohn Gottes durch himmlische Zeugung geboren worden, weil er nur aus Gott Vater geboren ist. Und ferner ist er „ohne Vater" geboren worden, als er aus einer Jungfrau geboren wurde. Er ist nämlich nicht durch männlichen Samen gezeugt, sondern durch den Heiligen Geist und von der Jungfrau Maria geboren worden; aus jungfräulichem Schoß ist er hervorgegangen. In allem dem Sohn Gottes ähnlich, war Melchisedek ebenfalls Priester, weil auch Christus Priester ist, dem gesagt wird: „Du bist Priester auf ewig nach der Ordnung des Melchisedek" (Hebr 7,17; vgl. Ps 110,4).

---

[18] BOTTE, *Notes* 206 f, hat einen erheblichen Eingriff in den Text vorgenommen, der handschriftlich nicht abgesichert ist und zu dessen Rechtfertigung die angeführten Gründe nicht ausreichend sind.

4.13. Ergo auctor sacramentorum quis est nisi dominus Iesus? De caelo ista sacramenta venerunt; consilium enim omne de caelo est. Vere autem magnum et divinum miraculum, quod populo pluit deus manna de caelo, et non laborabat populus et manducabat.

14. Tu forte dicis: „Meus panis est usitatus." Sed panis iste panis est ante verba sacramentorum; ubi accesserit | consecratio, de pane fit caro Christi. Hoc igitur adstruamus, quomodo potest, qui panis est, corpus esse Christi. Consecratio igitur quibus verbis est et cuius sermonibus? Domini Iesu. Nam reliqua omnia, quae dicuntur in superioribus, a sacerdote dicuntur: laus deo, defertur oratio, petitur pro populo, pro regibus, pro ceteris. Ubi venitur, ut conficiatur venerabile sacramentum, iam non suis sermonibus utitur sacerdos, sed utitur sermonibus Christi. Ergo sermo Christi hoc conficit sacramentum.

15. Quis est sermo Christi? Nempe is, quo facta sunt omnia. Iussit dominus, factum est caelum; iussit dominus, facta est terra; iussit dominus, facta sunt maria; iussit dominus, omnis creatura generata est. Vides ergo, quam operatorius sermo sit Christi. Si ergo tanta vis est in ser-

---

def. DEZO
1: qui *R* ‖ 2: enim *om. M* autem *R* ‖ 3: autem] *add.* omne *P* | et *GWηPXYm* est et *cet. a* ‖ 4: populis *Y* | deus *om. RABΔCF, β a. c. m2* ‖ 5: laborat *S a. c. m2* | et] enim *β* et non *B* ‖ 6: dices *RΦ* > *A* | est *om. X* ‖ 7: ante verba *om. S a. c. m2* | accessit *T* ‖ 8: caro] corpus *Y* ‖ 9: quomodo] quando *S* | esse *i. r. R* | christi] *add.* consecratione *am Sch., om. codd. omnes* ‖ 10: igitur] autem *m cum codd. det.* igitur cum *M a. r.* | et] ex *M* ‖ 11: nam] *add.* et *m* | in — 12 dicuntur *om. Π, β a. c. m2* ‖ 11 sq.: in superioribus *om. a* ‖ 12: laudes deo deferuntur *m* | differtur *P* | oratione *Φa, K p. c. m2* ‖ 12 sq.: laus deo, *(sc. dicitur)* defertur oratio, petitur *eqs. Fa. interpunxit (post* oratio *iam interpunxit G)* ‖ 13: petit *Y* | pro *pr. om. β a. c. m2* | pro pulo *W* ‖ 15: utitur *pr. om. Φa* ‖ 16: ergo sermo christi] et *S a. c. m2* ‖ 17: quid *RF* qui *C* | est *GNSm om. cet. a* ‖ 18: dominus *pr. GWSY, add.* et *cet. am* | dominus *alt. ΓβRCFY, add.* et *cet. am* ‖ 19: dominus *add.* et *MXam* ‖

4.13. Wer ist also der Stifter der Sakramente, wenn nicht der Herr Jesus? Vom Himmel sind diese Sakramente gekommen, denn jeder Ratschluß stammt vom Himmel. Es ist wirklich ein großes und göttliches Wunder, daß Gott für das Volk Manna vom Himmel herabregnen ließ, daß das Volk nicht zu arbeiten brauchte und (dennoch) zu essen hatte (vgl. Ex 16,2–36).

14. Vielleicht entgegnest du: „Mein Brot ist das gewöhnliche." Aber dieses Brot ist (gewöhnliches) Brot vor den sakramentalen Worten. Sobald die Konsekration erfolgt ist, wird aus dem Brot das Fleisch Christi. Wir wollen nun durch Beweise stützen, wie das, was Brot ist, der Leib Christi sein kann. Durch welche Worte geschieht denn die Konsekration, und wessen Worte sind es? Die des Herrn Jesus. Denn alles andere, was vorher gesagt wird, wird vom Bischof gesprochen: Gott wird Lobpreis dargebracht, es wird ein Gebet verrichtet, es werden Bitten für das Volk, für die Herrscher und für die übrigen vorgetragen (vgl. 1 Tim 2,1f). Sobald der Augenblick naht, das verehrungswürdige Sakrament zu vollziehen, verwendet der Bischof nicht mehr seine eigenen Worte, sondern verwendet Worte Christi. Also bewirkt das Wort Christi dieses Sakrament.

15. Welches ist das Wort Christi? Eben jenes, durch das alles geschaffen worden ist. Der Herr gab einen Befehl, und der Himmel wurde geschaffen; der Herr gab einen Befehl, und die Erde wurde geschaffen; der Herr gab einen Befehl, und die Meere wurden geschaffen; der Herr gab einen Befehl, und die ganze Schöpfung wurde hervorgebracht (vgl. Gen 1,1–31). Du siehst also, wie wirkmächtig das Wort Christi ist. Wenn also im Wort des Herrn Jesus

---

20: dominus et *m* | omnes (e *ex* i) creaturae generatae sunt *G* | creata est *S*η | vidis *W* vis *P* | ergo] igitur *Y* || 21: sermo sit *GWS* sit sermo *cet. am* | si *om. GW*

mone domini Iesu, ut inciperent esse, quae non erant, quanto magis operatorius est, ut sint, quae erant, et in aliud commutentur. Caelum non erat, mare non erat, terra non erat, sed audi dicentem David: „Ipse dixit et facta sunt, ipse mandavit et creata sunt."

16. Ergo tibi ut respondeam, non erat corpus Christi ante consecrationem, sed post consecrationem dico tibi, quia iam corpus est Christi. Ipse dixit et factum est, ipse mandavit et creatum est. Tu ipse eras, sed eras vetus creatura; posteaquam consecratus es, nova creatura esse coepisti. Vis scire, quam nova creatura? Omnis, inquit, „in Christo nova creatura".

17. Accipe ergo, quemadmodum sermo Christi creaturam omnem mutare consueverit et mutet, quando vult, instituta naturae. Quomodo, requiris? Accipe: Et primum omnium de generatione eius sumamus exemplum. Consuetudo est, ut non generetur homo nisi ex viro et muliere et consuetudine coniugali. Sed quia voluit dominus, quia hoc elegit sacramentum, de spiritu sancto et virgine natus est Christus, hoc est „mediator dei et hominum, homo Iesus Christus". Vides ergo, quia contra instituta et ordinem natus est homo, natus ex virgine.

---

def. DEZO

2: quanto — erant *om.* W | operatoris *G a.c. m1* operarius *β* | quae erant *om.* G ‖ 3: mutentur *M* ‖ 4: david *G om. cet.* | factum est *M* | ipse — 5 sunt *om. UQT* ‖ 5: creatum est *M* (*om.* 6 ergo — 9 creatum est) ‖ 6: ut *om.* S (respondeat *m1*, respondeo *m2*) ‖ 7: conserationem *pr.* W | sed *post* consecrationem *alt. s.l.* G | tibi *om.* W ‖ 9: ventus G ‖ 10: postea (*om.* quam) W | esse *s.l.* U ‖ 11 sq.: in christo *om.* Y ‖ 13: christi *om.* M ‖ 14: *ante* quando *eras.* quomodo T ‖ 15: quomodo — accipe *om. S a.c. m2* | requires *GR* | primum *G* primo *cet.* ‖ 16: sumas G ‖ 18: noluit *Δ* | quia *alt.*] qui *Sa* ‖ 19: eligit W | et] *add.* maria *M* ‖ 20: christus *om. Δ* | homo *om.* U ‖ 21: iesus christus *GWSR*, (est i. ch.) *β* christus iesus *cet. am* | constituta *M* ‖ 21 sq.: ordinem natus est *ASYm* ordinatus est *G* (u *ex* a), W homo est (*om.* ordinem natus) C | ordinem (*om.* natus) homo est *cet. a* ‖ 22: homo] *add.* est W*m* | natus *alt.*] *add.* est W *(sc. tertium!)*

solche Kraft enthalten ist, daß entstehen konnte, was vorher nicht war, um wieviel mehr kann es dann bewirken, daß etwas bleibt, was es war, und es gleichzeitig in etwas anderes verwandelt wird. Der Himmel existierte nicht, das Meer existierte nicht, die Erde existierte nicht, aber höre David sagen: „Er sprach, und sie entstanden, er gab den Befehl, und sie wurden geschaffen" (Ps 148,5).

16. Also, um dir zu antworten: Vor der Konsekration war es nicht der Leib Christi, aber nach der Konsekration, so versichere ich dir, ist es nunmehr der Leib Christi. Er selbst hat gesprochen, und es entstand; er gab einen Befehl, und es wurde geschaffen. Du selbst existiertest, aber du warst eine alte Schöpfung. Nachdem du konsekriert worden bist, bist du eine neue Schöpfung. Willst du wissen, inwiefern eine neue Schöpfung? Jeder, heißt es, „ist in Christus eine neue Schöpfung" (2 Kor 5,17).

17. Höre also, wie das Wort Christi jede Kreatur umzuwandeln pflegte und die Naturgesetze verändert, wenn es will. Auf welche Weise, fragst du? Höre: Vor allem anderen wählen wir als erstes Beispiel seine Zeugung. Gewöhnlich wird ein Mensch nur von einem Mann und einer Frau gezeugt, und zwar durch die eheliche Vereinigung. Aber da es der Herr wollte, da er dieses Sakrament ausgewählt hat, ist Christus, das heißt „der Mittler zwischen Gott und den Menschen, der Mensch Jesus Christus" (1 Tim 2,5), vom Heiligen Geist und einer Jungfrau geboren worden. Du siehst also, daß ein Mensch gegen die Gesetze und die Ordnung (der Natur) geboren worden ist, geboren aus einer Jungfrau[19].

---

[19] BOTTE, *Notes* 207f, schlägt vor, hinter *ordinem* das Wort *naturae* einzufügen und das zweite *natus* zu streichen. Dem steht entgegen, daß die beiden Eingriffe einen allzu glatten Text ergeben, der zu wenig der Tatsache Rechnung trägt, daß *sacr.* kein literarisches Werk ist.

18. Accipe aliud: Urguebatur populus Iudaeorum ab Aegyptiis, interclusus erat mari. Divino imperio virga Moyses tetigit aquas et se unda divisit, non utique secundum suae naturae consuetudinem, sed secundum gratiam caelestis | imperii. Accipe aliud: Sitiebat populus, venit ad fontem. Amarus erat fons; misit lignum sanctus Moyses in fontem, et factus est dulcis fons, qui amarus erat, hoc est mutavit consuetudinem naturae suae, accepit dulcedinem gratiae. Accipe et quartum exemplum: Ceciderat ferrum securis in aquas, quasi ferrum sua consuetudine demersum est; misit lignum Helisaeus, statim ferrum levatum est et aquis supernatavit, utique contra consuetudinem ferri; est enim materies gravior quam aquarum est elementum.

19. Ex his igitur omnibus non intellegis, quantum operetur sermo caelestis? Si operatus est in fonte terreno, si operatus est sermo caelestis in aliis rebus, non operatur in caelestibus sacramentis? Ergo didicisti, quod ex pane corpus fiat Christi. Et quid vinum, aqua? In calicem mittitur, sed fit sanguis consecratione caelesti.

20. Sed forte dicis: „Speciem sanguinis non video." Sed habet similitudinem. Sicut enim mortis similitudinem

---

def. DEZO

2: virgam *W* ‖ 4: consuetudinem] imperium *Y* | gratiae *T a. r. S* ‖ 5: imperium *S* imperio *Q a. c.* | sitibat *W a. c.* (sitiuit *p. c.*) ‖ 6: misit (it *s. l.*) *G* ‖ 7: fonte *Y* | factum *T a. c. m3* | quia *T* ‖ 9: conciderat *VUTA* ‖ 10: aqua *Gβ* aquam *M* aquas et *S* | dimersum *GSβηRTΔY, V a. c. m2* mersum *Q* ‖ 11: levatum *ΓAF* elevatum *cet. am* ‖ 13: est *om. RMXC* ‖ 14: intellegitis *S p. c. m2* ‖ 14 sq.: operatur *S* ‖ 16: aliis] *add.* multis *V* ‖ 17: didicistis *S p. c. m2* ‖ 17 sq.: fiat corpus *PX* ‖ 18: fit *S a. c. m2 η* | quid *G a. c. WVUQT, K a. c. m2 X p. c. m2* quod *cet. am* | vinum *om. GW* unum *V a. c. m2* de sanguine *(in mg.)* vinum *V p. c. m2* vinum et *K p. c. m2 SNβηBCX, am* vinum cum *VM* | aquam *B* | calice *PKFη* | mittatur *S p. c. m2* ‖ 19: caelesti *GWS* verbi caelestis *cet. am* ‖ 20: sed *pr.*] si *M* ‖ 21: enim *om. W* ‖ 21–1 (*p.* 148): similitudine sumis *S a. c. m2*

18. Höre ein anderes (Beispiel): Das Volk der Juden wurde von den Ägyptern bedrängt und war vom Meer eingeschlossen. Auf Gottes Geheiß hin berührte Mose mit dem Stab das Wasser, und die Wellen teilten sich (vgl. Ex 14,21f), sicher nicht gemäß ihrer natürlichen Beschaffenheit, sondern gemäß der Gnade des himmlischen Befehls. Höre ein weiteres (Beispiel): Das Volk hatte Durst und kam zu einer Quelle. Die Quelle war bitter. Da warf der heilige Mose ein Stück Holz in die Quelle, und die Quelle, die bitter war, wurde süß. Das heißt, sie änderte ihre natürliche Beschaffenheit, sie empfing die Süße der Gnade (vgl. Ex 15,23–25). Höre ein viertes Beispiel: Die eiserne Klinge einer Axt fiel ins Wasser, und ihrer natürlichen Beschaffenheit entsprechend versank die eiserne Klinge. Elischa warf ein Stück Holz (in das Wasser), und sofort hob sich die eiserne Klinge und schwamm auf dem Wasser (vgl. 2 Kön 6,5–7), ganz gegen die Beschaffenheit des Eisens. Denn es handelt sich um eine Materie, die schwerer als das Element des Wassers ist.

19. Aus all diesen (Beispielen) also ersiehst du nicht, wieviel das himmlische Wort bewirkt? Wenn es in einer irdischen Quelle gewirkt, wenn das himmlische Wort in anderen Dingen gewirkt hat, wirkt es nicht in den himmlischen Sakramenten? Du hast also gelernt, daß aus dem Brot der Leib Christi wird, und daß zwar Wein und Wasser[20] in den Kelch gegossen werden, daraus aber durch die himmlische Konsekration Blut wird.

20. Aber vielleicht entgegnest du: „Ich sehe aber keine Blutsgestalt." Aber es ist ein Sinnbild enthalten. Wie du das Sinnbild des Todes auf dich genommen hast, so trinkst

---

[20] Text nach BOTTE, Notes 208–210, der *quid vinum, aqua* (FALLER) in *quod vinum, quod aqua* geändert hat.

sumpsisti, ita etiam similitudinem pretiosi sanguinis bibis, ut nullus horror cruoris sit et pretium tamen operetur redemptionis. Didicisti ergo, quia, quod accipis, corpus est Christi.

5.21. Vis scire, quam verbis caelestibus consecretur? Accipe, quae sunt verba. Dicit sacerdos: „Fac nobis", inquit, „hanc oblationem scriptam, rationabilem, acceptabilem, quod est figura corporis et sanguinis domini nostri Iesu Christi. Qui pridie quam pateretur, in sanctis manibus suis accepit panem, respexit ad caelum, ad te, sancte pater omnipotens aeterne deus, gratias agens benedixit, fregit, fractumque apostolis et discipulis suis tradidit dicens: accipite et edite ex hoc omnes; hoc est enim corpus meum, quod pro multis confringetur." — Adverte! —

22. „Similiter etiam calicem, postquam cenatum est, pridie quam pateretur, accepit, respexit ad caelum, ad te, sancte pater omnipotens aeterne deus, gratias agens benedixit, apostolis et discipulis suis tradidit dicens: accipite et bibite ex hoc omnes; hic est enim sanguis meus." Vide: illa omnia verba evangelistae sunt usque ad „accipite", sive corpus sive sanguinem. Inde verba sunt Christi: „accipite et bibite ex hoc omnes; | hic est enim sanguis meus."

23. Et vide singula: „Qui pridie", inquit, „quam pateretur, in sanctis manibus suis accepit panem." Antequam

---

def. DEO, Z usque ad l. 14 confrin(getur)
1: pretiosis *W a. r.* ‖ 2: ut et *M* | operatur *S* ‖ 3: accipis verum *B* ‖ 5: quam] quia *Ω > S, am* | consecratur *Ω > S, am* ‖ 6: verba sunt *M* ‖ 7: scriptam *om. C add.* ratam *CPYm* ascriptam *B* | rationabilem et *T* ‖ 8: quod] quae *T* quid *B a. c.* | figura est *m* | corporis et sanguinis *om. M* | domini *om. η* ‖ 10: accepit *post* 9 pateretur *M* | in caelum *VMm* ‖ 11: sanctae *GQTM* set (!) *β* | aeternae *G* ‖ 11 sq.: benedixit et *η* ‖ 12: apostolis suis *V, U a. r. QTCFβMΔYam* | discipulis et apostolis suis *V* ‖ 13: et *om. GF* | comedite *M* | enim est *a* ‖ 14: pro *om. G* | confringitur *GRB* (confrin)getur] *denuo incipit Z* | adverte *om. Ωam* ‖ 15: est qui *M* ‖ 16: in caelum *m* | ad te] et tibi *S* ‖ 17: aeternae *G* ‖ 18: apostolis suis *Δ* apostolis *om. S a. c. m2* | et

du auch das Sinnbild des kostbaren Blutes, damit kein Abscheu vor Blut aufkommt und dennoch der Lohn der Erlösung bewirkt wird. Du hast also gelernt, daß das, was du empfängst, der Leib Christi ist.

5. 21. Willst du wissen, wie durch die himmlischen Worte die Konsekration bewirkt wird? Höre, welche Worte es sind! Der Bischof spricht: „Mache uns dieses Opfer zu einem festgeschriebenen, geistigen und wohlgefälligen, das die Bild(wirklichkeit) des Leibes und Blutes unseres Herrn Jesus Christus ist. Am Tag vor seinem Leiden nahm er das Brot in seine heiligen Hände, blickte zum Himmel, zu dir, heiliger Vater, allmächtiger, ewiger Gott, segnete es, indem er die Danksagung sprach, brach es und reichte das Gebrochene seinen Aposteln und Jüngern mit den Worten: Nehmt und eßt alle davon; denn das ist mein Leib, der für viele zerbrochen wird." Gib acht!

22. „Ebenso nahm er am Tag vor seinem Leiden nach dem Mahl den Kelch, blickte zum Himmel, zu dir, heiliger Vater, allmächtiger, ewiger Gott, segnete ihn, indem er die Danksagung sprach, und reichte ihn seinen Aposteln und Jüngern mit den Worten: Nehmt und trinkt alle daraus; denn das ist mein Blut." Sieh: Das alles sind Worte des Evangelisten bis zu „nehmt", sei es den Leib, sei es das Blut. Darauf folgen Worte Christi: „Nehmt und trinkt alle daraus, denn das ist mein Blut."

23. Schau auf Einzelheiten: „Am Tag vor seinem Leiden", heißt es, „nahm er das Brot in seine heiligen Hände."

---

discipulis *om.* CF | suis *om.* β *a. c. m*2 Δ | tradidit *om.* Y ‖ 19: ex hoc ΓCFVTm ex eo *cet. a* | enim *om.* V *a.c.*, X (sanguis *i. r.* meus *s. l.*) | videte W ‖ 19 sq.: omnia illa VUTBηa | omnia verba illa QM | illa omnia] *add.* illa RZβPm ‖ 20: ad *om.* G | accipe W ‖ 22: et *om.* GRUQAΔYa| bibete W *a. c.* | hoc] eo Πβa | hic] hoc S *a. c. m*2 | enim *om.* T | meos U *a.c.* ‖ 23: et *om.* Φa sed W ‖ 23 sq.: inquit *post* pateretur VT, (ait) M ‖ 24: accipit β

consecretur, panis est; ubi autem verba Christi accesserint, corpus est Christi. Denique audi dicentem: „Accipite et edite ex hoc omnes: hoc est enim corpus meum." Et ante verba Christi calix est vini et aquae plenus; ubi verba Christi operata fuerint, ibi sanguis efficitur, qui plebem redemit. Ergo videte, quantis generibus potens est sermo Christi universa convertere. Deinde ipse dominus Iesus testificatus est nobis, quod corpus suum accipiamus et sanguinem. Numquid debemus de eius fide et testificatione dubitare?

24. Iam redi mecum ad propositionem meam. Magnum quidem et venerabile, quod manna Iudaeis pluit e caelo. Sed intellege: Quid est amplius, manna de caelo an corpus Christi? Corpus Christi utique, qui auctor est caeli. Deinde manna qui manducavit, mortuus est, qui manducaverit hoc corpus, fiet ei remissio peccatorum et „non morietur in aeternum".

25. Ergo non otiose dicis tu „amen", iam in spiritu confitens, quod accipias corpus Christi. Cum ergo tu petieris, dicit tibi | sacerdos: „corpus Christi", et tu dicis: „amen", hoc est: „verum." Quod confitetur lingua, teneat adfectus. Ut scias autem: Hoc est sacramentum, cuius figura ante praecessit.

---

def. DEO
1: consecraretur *R, V a.c. β* | accesserunt *S a.c.* || 2: christi *om. S* | audi ipsum *B* | et *om. W* || 2 sq.: et edite *om. Sη* || 3: hoc *pr.*] eo *Πam* | omnes ex eo *β* | hoc *alt.*] hic *V, Q a.c.* | enim *om. WTa* | meum] christi *V* || 5: sanguis christi *m* || 6: redimet *W* redimit *G a.c.* || 7: universa] omnia *P* | Iesus *om. P* || 8: testificatur (*om.* est) *Ωam* || 11: meam *del. S* | magnum est *V* || 12: et venerabile] opus *B om. Y* | venerabile est *S* venerabilẽ *W* | quod] *add.* indigestum *B* | manna] magna *P* || 13: corpus — 19 christi *om. GW, S a.c. m2* || 14: *qui *T* || 15: qui manna *M* || 16: et — 17 aeternum *om. β* || 18: dicis] cum accipis responde *Y* dicas *S* | tu dicis *a* | *amen *U* (t *eras.*) || 19: confidens *πηβNRZCFY* | cum — 19 sq. petieris *om. ΔMam* | cum — 20 christi *om. Φ > M, F* | ergo *WNπηβ* enim *G om. cet.* || 20: tu *om. S* || 21: hoc

Bevor die Konsekration vollzogen wird, ist es Brot. Sobald aber die Worte Christi hinzugekommen sind, ist es der Leib Christi. Schließlich höre ihn sagen: „Nehmt und eßt alle davon; denn das ist mein Leib." Ebenso ist vor den Worten Christi der Kelch mit Wein und Wasser gefüllt. Sobald aber die Worte Christi gewirkt haben, entsteht dort Blut, welches das Volk erlöst. Ihr seht also, auf wie viele Arten das Wort Christi die Macht hat, alles umzuwandeln. Schließlich hat uns der Herr Jesus selbst versichert, daß wir seinen Leib und sein Blut empfangen dürfen. Dürfen wir etwa an seiner Treue und seiner Zusage zweifeln?

24. Kehre nun mit mir zu meinem Vorhaben zurück! Es war gewiß etwas Großes und Ehrwürdiges, daß für die Juden Manna vom Himmel herabregnete. Aber überlege: Was ist größer: das Manna vom Himmel oder der Leib Christi? Doch gewiß der Leib Christi, der der Schöpfer des Himmels ist. Außerdem ist der, der Manna gegessen hat, gestorben (vgl. Joh 6, 49. 58). Wer diesen Leib gegessen hat, wird Vergebung der Sünden erhalten und „in Ewigkeit nicht sterben" (Joh 11, 26; vgl. 6, 51 f. 58).

25. Es ist also keineswegs überflüssig, daß du „Amen" sagst und damit im Geist bekennst, daß du den Leib Christi empfängst. Wenn du folglich (um den Leib Christi) gebeten hast, spricht der Bischof zu dir: „Der Leib Christi", und du antwortest: „Amen", das heißt: „So ist es." Was die Zunge bekennt, bewahre das Herz! Damit du es weißt: Das ist das Sakrament, dessen Vor-Bild in früheren Zeiten vorausgegangen ist.

---

est *om.* G | vero G verum est V *a. c.* | lingua si S || 22: ut] et ut β | est *om.* R, Y *a. c. m2* esse Ω > CZRY *m1*, *am* | sacratum G | cuius] huius Ω > S η, *am*

DE SACRAMENTIS

6.26. Deinde quantum sit sacramentum, cognosce. Vide, quid dicat: „Quotienscumque hoc feceritis, totiens commemorationem mei facietis, donec iterum adveniam."

27. Et sacerdos dicit: „Ergo memores gloriosissimae eius passionis et ab inferis resurrectionis et in caelum ascensionis offerimus tibi hanc inmaculatam hostiam, rationabilem hostiam, incruentam hostiam, hunc panem sanctum et calicem vitae aeternae. Et petimus et precamur, uti hanc oblationem suscipias in sublime altare tuum per manus angelorum tuorum, sicut suscipere dignatus es munera pueri tui iusti Abel et sacrificium patriarchae nostri Abrahae et quod tibi obtulit summus sacerdos Melchisedech."

28. Ergo quotienscumque accipis, quid tibi dixit apostolus? Quotienscumque accipimus, mortem domini adnuntiamus. Si mortem, adnuntiamus remissionem peccatorum. Si, quotienscumque effunditur sanguis, in remissionem peccatorum funditur, debeo illum semper accipere, ut semper mihi peccata dimittat. Qui semper pecco, semper debeo habere medicinam.

29. Interim et hodie, quantum potuimus, explanavimus. Sed crastina die sabbato et dominica de orationis

---

def. DE, O usque ad l. 10 tuorum

2: hec β ‖ 3: mei] ei *W* meam *SX* ‖ 4: ergo *om. Wη* | memores ergo *S* | memores] *add.* sumus β *m2 η* ‖ 4 sq.: eius gloriosissimae *M* ‖ 5: passionis] ascensionis *S a.c. m2* | inferis eius *V* ‖ 6: hoc *Q* ‖ 7: rationabilem hostiam *om. G* | incruent⁎am (i *eras.*) *W* | hanc *U a.c.* ‖ 9: uti *G* ut *cet. am* | sublime *GSZβηC* sullime *Y* sublimem *W a.r. F* sublimi *cet. am* | altare *GSβηCUY* altarem *WF* altari *cet. am* | tuum *ΓβYCF* tuo *cet. am* ‖ 10: sicut] denuo incipit *O* ‖ 11: pueri *om. S* | abel iusti β | et *om. GW* ‖ 12: sacerdos tuus *SηX* ‖ 14: accipitis *S a.c. m2 F* | quod *R a.c.* | dicit *Pam* ‖ 16: adnuntiamus *pr.*] accipimus *RPX, K a.c. m2* accipiamus *Zβ a.c.* | si mortem *om. GW* | morte *KX* | si mortem annuntiamus, annuntiamus *ηam* | et remissionem *UV p.c.* in remissionem *T* ‖ 16 sq.: peccatorum accipimus *Y* ‖ 17: effundetur β |

6.26. Erkenne ferner, welch große Bedeutung dieses Sakrament besitzt! Betrachte, was er sagt: „Sooft ihr dies tut, gedenkt meiner, bis ich wiederkomme" (vgl. 1 Kor 11, 25 f).

27. Und der Bischof spricht: „Daher begehen wir denn das Gedächtnis seines glorreichen Leidens, seiner Auferstehung von den Toten und seiner Himmelfahrt und bringen dir diese makellose Opfergabe, diese geistige Opfergabe, diese unblutige Opfergabe, dieses heilige Brot und den Kelch des ewigen Lebens dar. Wir bitten und flehen: Nimm das Opfer durch die Hände deiner Engel auf deinen himmlischen Altar empor, wie du die Gaben deines gerechten Dieners Abel, das Opfer unseres Patriarchen Abraham und das Opfer, das dein Hoherpriester Melchisedek dir dargebracht hat, gnädig angenommen hast."

28. Sooft du also empfängst, was hat dir der Apostel gesagt? Sooft wir empfangen, sollen wir den Tod des Herrn verkünden (vgl. 1 Kor 11,26). Wenn (wir) den Tod (verkünden), verkünden wir die Vergebung der Sünden. Wenn das Blut, sooft es vergossen wird, zur Vergebung der Sünden vergossen wird (vgl. Mt 26,28), muß ich es immer wieder empfangen, damit es mir immer wieder Sünden vergibt. Da ich immer wieder sündige, brauche ich auch immer wieder das Heilmittel.

29. Bis jetzt und ebenso heute haben wir Erklärungen (der Sakramente) gegeben, so gut wir dies konnten. Aber morgen, Samstag, und am Sonntag werden wir, unseren Fähigkeiten entsprechend, über die Ordnung des Gebets

---

sanguis Christi *M* ‖ 17 sq.: remissione *BZ* ‖ 18: semper illum *UβPY* ‖ 19: dimittat *GWS* dimittantur *cet.* ‖ 22: die et *GWSNη* | de] die *U* | rationis *S* ratione *η*

ordine dicemus, quemadmodum possumus. Dominus deus noster conservet vobis gratiam, quam dedit, et oculos, quos vobis aperuit, plenius inluminare dignetur per unigenitum filium suum, regem ac salvatorem, dominum deum nostrum, per quem sibi est, cum quo sibi est laus, honor, gloria, magnificentia, potestas, cum spiritu sancto, a saeculis et nunc et semper, et in omnia saecula saeculorum. Amen.

---

def. DE
1: ordinem *U* ordinis *Sη* | dicimus *G a. c. S a. c. m2* | deus *om. M* ||
3: plenius *om. S a. c. m2* | unicum *X* || 4: ac] hanc *G a. r.* hac *T a. r.* |
deum *om. ΔSQ* || 5: est *pr. GWS (cf. 6,24)* et *cet.* | cum — 6 gloria *om.
S* | est *alt.*] et *UQ, V a. c. m2 om. AT* | laus *om. G* salus *Z* || 5 sq.: laus
et honor et gloria et magnificentia et *T* || 6: cum — 8 amen *om. G a. c.
m2* (et in omn. saec. saec. amen *compendiis script.*) || 7: et *pr. om. W* ||
8: amen *om. U a. c. m2 QF* | item sequentia *G* explicit liber quartus
incipit liber quintus *SBP*, (.IIII. .V.) *WRZVTCFAK*, (*om.* liber *alt.*) *MXη*
explicit liber IIII incipit quintus beati ambrosii de sacramentis *Q* liber
V sancti ambrosii *β* explicit liber quartus *U* explicit sermo quartus
incipit quintus *Y*

sprechen[21]. Der Herr, unser Gott, bewahre euch die Gnade, die er gegeben hat, und er würdige euch, die Augen, die er euch geöffnet hat, voller zu erleuchten durch seinen eingeborenen Sohn, den König und Erlöser, unseren Herrn und Gott, durch den und mit dem ihm Lobpreis, Ehre, Verherrlichung, Hoheit und Macht mit dem Heiligen Geist von Anfang an, jetzt und immer und in alle Ewigkeit zuteil werden. Amen.

---

[21] BOTTE, *Notes* 210f, folgt hier einem Korrekturvorschlag von PETIT, *Catéchèses*, dessen Argumente nicht überzeugen; vgl. SCHMITZ, *Gottesdienst* 218–225.

Sermo quintus

1. 1. Hesterno sermo noster atque tractatus usque ad sancti altaris sacramenta deductus est. Et cognovimus sacra|mentorum istorum figuram Abrahae temporibus praecessisse, quando obtulit sacrificium sanctus Melchisedech, „neque initium dierum neque finem habens". Audi, o homo, quid dicat apostolus Paulus ad Hebraeos! Ubi sunt, qui filium dei dicunt esse de tempore? Melchisedech, dictum est, quia „neque initium dierum neque finem" habet. Si Melchisedech non habet initium dierum, num Christus habere potuit? Sed non est plus figura quam veritas. Vides ergo, quia ipse est „primus et novissimus", primus, quia auctor est omnium, novissimus, non quod finem inveniat, sed quod universa concludat.

2. Diximus ergo, quod in altari constituatur calix et panis. In calicem quid mittitur? Vinum. Et quid aliud? Aqua. Sed tu mihi dicis: „Quomodo ergo Melchisedech vinum et panem obtulit? Quid sibi vult admixtio aquae?" Rationem accipe!

3. Primum omnium figura, quae ante praecessit tempore | Moysi, quid habet? Quia, cum sitiret populus Iudae-

---

def. DE
1: hesternus *G p. c. m3 Ta* hesternũ *B* hesterno die *M* | atque] ac *VAB* ad *UM*, *T a. c. m2* at *Q* | tractus *M* | ad *s. l. W* ‖ 2: sancti *om. M* | altaris sancti *P* | sacramentum *T p. c. m2* (um *ex* a) | deductus est *s. l. G m2* ‖ 3: ⁎istorum *T* | tempore *GN* ‖ 3 sq.: processisse *GWS βRZCFΔ* (vel prae *in mg. P m2*) ‖ 4: sacrificium *om. Q* | sanctus *om. S a. c. m2* sanctum *W a. c. C* ‖ 5: dierum *om. ΦF*, *P a. c. m2* | dierum initium *Y* | neque finem dierum *a* | o *GWNη*, *β p. c. m2 om. cet. am* ‖ 6: dicit *B* | paulus apostolus *VUTBM am om.* paulus *A* ‖ 7: dicunt filium dei *S* | de *om. Q* | temporibus *B* tempore] *add.* de *S p. c. m2* ‖ 8: dierum *om. P* | neque finem dierum *a* | finem vitae *Q* | habet *om. Z* ‖ 9: si] sed *Q* | numquid *WS* ‖ 10: plus est *Δ* ‖ 11: quia *s. l. G m2 om. X* | est *om. Ωam* | primus *pr. om. β a. c. m2 CF* | primus *pr.* — novissimus *om. Π > CF* | quia] qui *Gβ* ‖ 12: non *om. η* ‖ 13: concludit

FÜNFTE KATECHESE

1. 1. Gestern ist unsere Predigt und unsere Unterweisung bis zu den Sakramenten des heiligen Altars gekommen. Und wir haben erfahren, daß ein Vor-Bild dieser Sakramente zur Zeit Abrahams vorausgegangen ist, als der heilige Melchisedek, „der weder einen Anfang noch ein Ende seiner Tage hat" (Hebr 7,3), ein Opfer darbrachte. Höre, Mensch, was der Apostel Paulus den Hebräern sagt! Wo sind jene Menschen, die behaupten, der Sohn Gottes sei der Zeit unterworfen? Von Melchisedek heißt es, er habe „weder einen Anfang noch ein Ende seiner Tage". Wenn Melchisedek keinen Anfang der Tage hat, konnte dann Christus einen solchen haben? Das Vor-Bild ist doch nicht größer als die Wirklichkeit. Du siehst also, daß er „der Erste und der Letzte ist" (Offb 1,17; 2,8; 22,13; vgl. Jes 41,4; 44,6; 48,12); der Erste, weil er der Schöpfer von allem ist; der Letzte, nicht weil er ein Ende findet, sondern weil er alles zum Abschluß bringen soll.

2. Wir haben also gesagt, daß auf den Altar ein Kelch und Brot gestellt werden. Was wird in den Kelch gegossen? Wein. Und was noch? Wasser. Du fragst mich jedoch: „Wieso, Melchisedek brachte doch Wein und Brot dar (vgl. Gen 14,18)? Was soll die Beimischung von Wasser?" Hier der Grund!

3. Zunächst: Was bedeutet das Vor-Bild, das zur Zeit des Mose vorausgegangen ist? Als das Volk der Juden

---

P a. c. claudat *S* ‖ 14: constituantur *T a. r.* concludatur *Δ* ‖ 15: calicem quid *G, W* (d *i. r.*), *Sm* calice quid *η* calicem quod *N* calice inquid *βCF* calice inquit *RZAΔ* calicem inquit *VUQTBa* calicem inquam *Y* ‖ 16: tu] etsi *W om. Y a. c. m2* ‖ 17: vinum et panem *ΓCFβ* panem et vinum *cet. am* | cõmixtio *M* mixtio *Δ* ‖ 19: primum *GRZβCFPm* primo *cet. a* | figurę (ae) *Q, VTPK a. c. BFZβ* | quae] equae *U a. c.* aquae *p. c.* ‖ 20: quid] qui *Z*

orum et murmuraret, quod aquam invenire non posset, iussit deus Moysi, ut tangeret petram de virga. Tetigit petram, et petra undam maximam fudit, sicut apostolus dicit: „Bibebant autem de consequenti petra, petra autem erat Christus." Non inmobilis petra, quae populum seque- 5 batur. Et tu bibe, ut te Christus sequatur. Vide mysterium: „Moyses", hoc est propheta, „virga", hoc est verbo dei: Sacerdos verbo dei tangit petram, et fluit aqua et bibit populus dei. Tangit ergo sacerdos calicem, redundat aqua in calice, salit in vitam aeternam et bibit populus dei, qui 10 dei gratiam consecutus est.

4. Didicisti ergo hoc? Accipe et aliud: In tempore dominicae passionis cum sabbatum magnum instaret, quia vivebat dominus noster Iesus Christus vel latrones, missi sunt, qui percuterent eos. Venientes invenerunt defunctum 15 dominum nostrum Iesum Christum. Tunc unus de militibus lancea tetigit latus eius, et de latere eius aqua fluxit et sanguis. Quare aqua, quare sanguis? Aqua, ut mundaret, sanguis, ut redimeret. Quare de | latere? Quia unde culpa, |61 inde et gratia: Culpa per feminam, gratia per dominum 20 nostrum Iesum Christum.

2. 5. Venisti ad altare, vocat te dominus Iesus — vel animam tuam vel ecclesiam — et ait: „Osculetur me ab

---

def. DE

1: inmurmuraret *G a. r. W* murmurarent *Δ* | aqua *GW* | posset *WNSβη* possit *GR* possent *cet.* ‖ 2: dns *XY* | moysi *om. Z* ‖ 3: et petra *om. S a. c. m2* ‖ 4: dicit] ait *Φam* | de] *add.* spiritali *m* | consequenti eos *βVN, S a. c. m* ‖ 7: verbo *G a. c. m3, W, Z a. c. m2* verbi *S* verbum *cet. am* ‖ 8: verbo] verbum *R a. c. m2 W a. c.* | verbo dei *om. S a. c. m2* | tetigit *S a. c. m2* | fluet *W* fudit *G a. c.* (fundit *p. c.*) | aquam *G, T a. c.* | bibet *GW* ‖ 9: calicem *om. Πm* ‖ 10: calice] calicem *W* | sallit *G* ‖ 12: didicistis *RZFKXY* | accipite *RZKXY* | et *om. W* ‖ 13: intraret *Φ* | quia *om. S* ‖ 14: vivebat — vel *om. S a. c. m2* | videbat *W* | christus *om. M* ‖ 15: eum *R p. c. m2* eos et *S* | venientes autem *m* ‖ 16: nostrum *GWNηBΔYZ om. cet. am* ‖ 17: tetigit *post* eius *P* | et — eius *om. GW* ‖ 18: quare aquam *W* | aqua autem *RCFβη* | mundaret *GWRCFβηΔ*

Durst hatte und murrte, weil es kein Wasser finden konnte, da befahl Gott dem Mose, mit einem Stab an den Felsen zu schlagen. Er schlug an den Felsen, und der Fels ließ einen kräftigen Strahl hervorsprudeln (vgl. Ex 17, 1–7), wie der Apostel sagt: „Alle tranken aus dem Felsen, der mit ihnen zog; der Fels aber war Christus" (1 Kor 10, 4). Es war kein unbeweglicher Felsen, da er mit dem Volk zog. Trinke auch du, damit Christus mit dir zieht. Betrachte das Mysterium: „Mose", das ist der Prophet, „mit einem Stab", das bedeutet: mit dem Wort Gottes. Der Bischof berührt mit dem Wort Gottes den Felsen, und es fließt Wasser heraus, und das Volk Gottes trinkt. Der Bischof berührt also den Kelch, und im Kelch ergießt sich Wasser in Fülle. Es sprudelt ins ewige Leben (vgl. Joh 4, 14), und das Volk Gottes, das die Gnade Gottes erhalten hat, trinkt davon.

4. Hast du das also verstanden? Höre noch etwas anderes: Zur Zeit des Leidens unseres Herrn, als der große Sabbat bevorstand, (ereignete sich folgendes:) Da unser Herr Jesus Christus beziehungsweise die Räuber noch am Leben waren, wurden Leute beauftragt, ihnen (die Gebeine) zu zerschlagen. Als sie kamen, sahen sie, daß unser Herr Jesus Christus gestorben war. Daraufhin stach einer der Soldaten mit einer Lanze in seine Seite, und aus seiner Seite flossen Wasser und Blut (vgl. Joh 19, 31–34). Warum Wasser? Warum Blut? Wasser zur Reinigung, Blut zur Erlösung. Warum aus der Seite? Weil von dorther die Gnade (kommen sollte), woher die Schuld (kommt). Die Schuld (kommt) von der Frau, die Gnade durch unseren Herrn Jesus Christus (vgl. Joh 1, 17).

2. 5. Du bist zum Altar gekommen. Der Herr Jesus ruft dich oder deine Seele oder die Kirche und spricht: „Er

---

emundaret *cet. am* || 20: et *G om. cet. am* | culpa] culpam *S* || 21: nostrum *GWNβηTCM om. cet.* || 22: venisti — 5 (*p.* 162) curramus *om. W* | dn̄s n̄r iħs xp̄c *η* || 23: ab *om. SηNY, T a. c.*

osculis oris sui." Vis ad Christum aptare? Nihil gratius.
Vis ad animam tuam? Nihil iucundius.

6. „Osculetur me": Videt te mundum esse ab omni
peccato, quia delicta detersa sunt. Ideo te sacramentis
caelestibus dignum iudicat et ideo invitat ad caeleste con- 5
vivium: „Osculetur me ab osculis oris sui."

7. Tamen propter sequentia anima tua — vel humana
condicio vel ecclesia — videt se ab omnibus mundatam esse
peccatis, dignam, quae ad altare Christi possit accedere —
quid est enim altare Christi nisi forma corporis Christi? 10
— videt sacramenta mirabilia et ait: „Osculetur me ab
osculis oris sui", hoc est: osculum mihi Christus infigat.

8. Quare? „Quia | meliora ubera tua super vinum", hoc |62
est: meliores sensus, meliora sacramenta tua super vinum,
super illud vinum, quod, etsi suavitatem habet, laetitiam 15
habet, gratiam habet, tamen in illo laetitia saecularis, in te
autem iucunditas est spiritalis. Iam tunc ergo Salomon
inducit nuptias vel Christi et ecclesiae vel spiritus et carnis
vel spiritus et animae.

9. Et addidit: „Unguentum exinanitum est nomen tu- 20
um, propterea adulescentulae dilexerunt te." Quae sunt

---

def. DE, a l. 13 Z
1: osculo $S\eta M$, T *a. c.* oculis V *a. c.* | tui β *p. c. m* 2 | aptare] a patre G
ad patrem S *a. c. m* 2 habitare O *p. c.* | gratiosius β *p. c. m* 2 (*ex
gratiosus*) ‖ 3: videt te $G\eta a$ videte T *p. c. m* 2 vis te M vides te *cet. m* ‖
4: delicta] peccata M | detersa $G\eta ZBYm$, V *p. c.* de terra *cet. a* ‖
5: iudicat $GS\eta Nm$, $Tp. c. m$ 2 iudica *cet.* | invita $Vp. r.$ | ∗ad Q ‖ 6: ab
om. $S\eta BY$ | osculo $S\eta M$ | sui] tui β ‖ 8: videt $G\eta a$, S *a. c. m* 2 RAY,
$Vp. c.$ videns m vidit *cet.* ‖ 9: peccatis et ηam | dignamque (*om.* quae)
GZ, P (*s. l. add.* ut) dignamque quae $R\beta T$ | posset QTM, V *a. c.* $S p. c.*
$m 2$ (posse $m 1$) ‖ 10: enim ad S | christi *pr.* $GS\beta\eta$ *om. cet.* am ‖
11: videt GR, V *p. c. m* 2 vidit *cet. am* | sacramentũ G | mirabiliora TK
p. c. m 2 | et *om.* G | ab *om.* $N\eta Y$ ‖ 12: osculo $N\eta M$, ST *a. c.* | sui
i. r. T | x͠pi $\beta\eta$ ‖ 13: quare — 8 sq. (*p.* 164) redemp- *fol. def. in* Z |
meliora] *add.* sunt $GMPK$ melior ẽ M ‖ 14: tua *om.* KX ‖ 15: illud∗∗
(d *i. r.*) V | etsi] et GS, η *a. c.* ẽ si β *a. c. m* 2 ‖ 15 sq.: et laetitiam habet
et β ‖ 16: gratiam habet *s. l.* G | illa $RCFP$, K *a. c. m* 2 X ‖ 17: est *ante*

küsse mich mit den Küssen seines Mundes" (Hld 1,2).
Willst du das auf Christus beziehen? Nichts ist willkommener. Willst du das auf deine Seele (beziehen)? Nichts ist erfreulicher.

6. „Er küsse mich." Er sieht, daß du von allen Sünden rein bist, weil deine Vergehen abgewaschen worden sind. Deshalb erachtet er dich der himmlischen Sakramente für würdig und lädt dich zum himmlischen Mahl ein: „Er küsse mich mit den Küssen seines Mundes."

7. Doch wegen des Folgenden sieht sich deine Seele oder die menschliche Natur oder die Kirche von allen Sünden gereinigt und gewürdigt, zum Altar Christi hintreten zu können. Was ist nämlich der Altar Christi anderes als ein Bild für den Leib Christi? Sie (deine Seele oder die menschliche Natur oder die Kirche) sieht die wunderbaren Sakramente und spricht: „Er küsse mich mit den Küssen seines Mundes." Das bedeutet: Christus drücke mir einen Kuß auf.

8. Warum? „Weil deine Brüste süßer als Wein sind" (Hld 1,2). Das heißt: (Deine) Empfindungen sind süßer und deine Sakramente sind süßer als Wein. Sie sind süßer als jener Wein, in dem sich, mag er auch süß sein, Freude enthalten und geschmackvoll sein, dennoch nur weltliche Ergötzung findet; in dir aber ist geistliche Freude. Schon Salomo wies also seinerzeit auf die Ehe entweder zwischen Christus und der Kirche oder zwischen dem Geist und dem Fleisch oder zwischen dem Geist und der Seele hin.

9. Und er fügte hinzu: „Ausgegossenes Salböl ist dein Name; deshalb liebten dich die Mädchen" (Hld 1,3). Wer

---

iocunditas *G, post* spiritalis *VT, om. S, post* iucunditas *cet. am* | salamon *G* ‖ 18: et *om. G a. c. m3*, βRQOT, *VU a. c.* | et ecclesiae vel *om. S a. c. m2* | spiritus] spiritu *G a. c. m2* ‖ 19: vel spiritus *Gπβη*, *S a. c. om. cet. am* ‖ 20: addit *V p. c.* ‖ 21: te nimis *M*

istae adulescentulae nisi animae singulorum, quae deposuerunt istius corporis senectutem, renovatae per spiritum sanctum?

10. „Adtrahe nos, post odorem unguentorum tuorum curramus." Vide, quid dicat: Non potes sequi Christum, nisi ipse te adtrahat. Denique ut scias: „Cum exaltatus", inquit, „fuero, omnia traham ad me ipsum."

11. „Induxit me rex in cubiculum suum" — Graecus „in promptuarium suum" vel „in cellarium suum" habet —, ubi bona libamina, ubi boni odores, mella suavia, fructus diversi, ubi epulae variae, ut plurimis epulis tuum prandium condiatur.

3. 12. Ergo venisti ad altare, accepisti corpus Christi. Audi iterum, quae sacramenta es consecutus, audi dicentem sanctum David. Et ille in spiritu haec mysteria praevidebat et laetabatur et nihil sibi abesse dicebat. Quare? Quia, qui acceperit corpus Christi, non esuriet in aeternum.

13. Quotiens audisti XXII psalmum et non intellexisti! Vide, quemadmodum aptus sit caelestibus sacramentis: „Dominus pascit me et nihil mihi deerit, in loco pascuae ibi me conlocavit; super aquam refectionis educavit me, animam meam convertit. Deduxit me super semitas iustitiae propter nomen suum. Nam etsi ambulem in medio umbrae mortis, non timebo mala, quoniam tu mecum es.

---

def. DEZ
1: ista *G a. c.* ‖ 1 sq.: disposuerunt *X* deposuerunt (e *pr. super ras.*) *P* ‖ 4: nos ut *S* ‖ 5: currimus *VUQBMP*, *K a. c. Xa* curremus *Tηm* | curramus. vide] curā. suide *G* | dicas *β* | potest *Vβ* ‖ 6: te *om. VUQTAMPa* ‖ 7: ipsum *om. Q a. c. m2* ‖ 8: induit *S a. c.* | in] im *Q* | suum *om. W, S a. c. m2* tuum *V a. c. m2* ‖ 9: vel *G* et *cet. am* | suum *alt.*] suorum *U a. r. om. M* ‖ 10: odoris *GS a. c. ΔY* | suavia ubi *Πηβ*, *S p. c. am* ‖ 11: diversus *M* | ut] et *GM* vel *S* ubi *B* ibi *β* ‖ 13: venis *R* ‖ 14: audisti *W* ‖ 15: sanctum *om. VUTA* sancti *R a. c. m2* ‖ 16: sibi *om. M* | adesse *ηRN*, *V a. c. UQTBKX* deesse *V p. c. WAMY* | quare *om. S a. c.* ‖ 17: qui *s. l. U m2* qui∗ *T* (a *eras.*) | accipit *S a. c.* ‖

sind jene Mädchen, wenn nicht die Seelen der einzelnen, die das Greisenalter dieses Körpers abgelegt haben und durch den Heiligen Geist erneuert worden sind?

10. „Ziehe uns an! Dem Duft deiner Salben wollen wir nachlaufen" (Hld 1, 4 LXX). Beachte, was er sagt: Du kannst Christus nicht folgen, wenn er selbst dich nicht anzieht. Schließlich, damit du es weißt: „Wenn ich erhöht bin", verspricht er, „werde ich alles an mich ziehen" (Joh 12, 32).

11. „Der König führte mich in seine Kammer" (Hld 1, 4) — im griechischen Text steht: „in seine Vorratskammer" oder „in seine Speisekammer" —, wo sich gute Getränke, Wohlgerüche, leckerer Honig, verschiedene Früchte, verschiedene Speisen befinden, damit dir mit einer großen Zahl von Gerichten ein (köstliches) Mahl bereitet werde.

3. 12. Du bist also zum Altar gekommen und hast den Leib Christi empfangen. Höre noch einmal, welche Sakramente du erhalten hast. Höre ein Wort des heiligen David. Er sah im Geist diese Mysterien voraus, freute sich und sagte, ihm fehle nichts. Warum? Weil der, der den Leib Christi empfangen hat, in Ewigkeit nicht hungern wird (vgl. Joh 6, 35).

13. Wie oft hast du schon den Psalm 22 gehört, ohne ihn zu verstehen! Schau, wie er zu den himmlischen Sakramenten paßt: „Der Herr führt mich auf die Weide, und nichts wird mir fehlen. Er hat mich dort auf dem Weideplatz lagern lassen, an erquickendes Wasser geführt und meine Seele verwandelt. Er hat mich um seines Namens willen auf den Wegen der Gerechtigkeit geleitet. Wenn ich auch mitten im Schatten des Todes wandle, fürchte ich kein Unheil, weil du bei mir bist. Dein Stab und dein Stock, sie

---

19: vicesimo secundo psalmo *P* | intellexisti (*om.* non) *β m1*; et non intellexisti *s. l.* add. *β m2* || 20: aptum *W* || 21: locum *G* || 22: me *om. M* | edocavit *GW* || 23: semitā *GΔ* || 24: ambulavero *SVUAβ*

Virga tua et baculus tuus ipsa me consolata sunt." Virga imperium, baculus passio, hoc est aeterna divinitas Christi, sed etiam passio corporalis: illa creavit, haec redemit. „Parasti in conspectu meo mensam adversus eos, qui tribulant me. Inpinguasti in oleo caput meum, et poculum tuum inebrians quam praeclarum est!"

14. Venistis ergo ad altare, accepistis gratiam Christi, sacramenta estis caelestia consecuti. Gaudet ecclesia redemptione multorum et adstare sibi familiam candidatam spirituali | exultatione laetatur. Habes hoc in Canticis canticorum. Laetata invocat Christum, paratum habens convivium, quod dignum caelesti epulatione videatur. Ideoque ait: „Descendat fraternus meus in hortum suum et capiat fructum pomiferarum suarum." Quae sunt istae pomiferae? Lignum aridum factus eras in Adam, sed nunc per gratiam Christi pomiferae arbores pullulatis.

15. Libenter accepit dominus Iesus et dignatione caelesti respondit ecclesiae suae: „Descendi", inquit, „in hortum meum, vindemiavi myrram cum unguentis meis. Manducavi panem meum cum melle meo, bibi vinum meum cum lacte meo. Edite", inquit, „fratres mei, et inebriamini." —

---

def. DE, Z usque ad l. 9
2: passio est *Πηβ m1 am* passionem *β m2* | est] *add.* non solum *M* ‖
3: corporalis (tē *s.* cor) *V* ‖ 4: adversum *WRK* ‖ 5: poculum tuum] calix meus *S a. c. m2* | tuum] meum *Q a. c. m2, MPX* ‖ 6: praeclarus *W, S a. c. m2* ‖ 7: venistis *GβQTm* venisti *cet. a* | accepisti *WSηRUTB MFa* ‖ 8: es consecutus *Φ, S p. c. a* | ecclesia∗ *R* ‖ 8 sq.: redemptionem *R, β a. c. S a. c. ηVUQTBF, K a. c.* ‖ 9: -tione] *denuo incipit Z* ‖ 10: a spiritali *G a. c.* | habes *GW, V p. c. S a. c. η am* habet *cet.* ‖ 11: laetata *om. GW* laeta et *S a. c. m2 N* laeta *TηK p. c. m2* | habes *W a. c. η* ‖ 12: caelesti∗ (a *eras.*) *V* | videbatur *T* ‖ 12 sq.: que ait *om. G* ‖ 13: fraternus *GW, S a. c., quod pro* frater *Ambrosius usurpat etiam patr. 56 (CSEL 32/2, 157, 5); in psalm. 118 5, 8 (CSEL 62, 86, 15); 5, 9 (ibid. 86, 23); cf. Hld 5, 10 LXX*: ἀδελφιδός) frater *cet.* | in *om. G* | et] ut *S* ‖ 14: pomiferum *P m1* (vel pomiferarum *m2 in mg.*), *B* | ista *TV a. c. O* ‖ 15: facti eratis *M* | eras] eram *β a. c. m2* (eris) erat *i. r. S* es

haben mir Trost gespendet" (Ps 23,1-4: LXX 22,1-4). Der Stab (meint) Herrschermacht, der Stock (meint) Leiden. Das bedeutet: die ewige Gottheit Christi, aber auch das körperliche Leiden: Jene hat die Schöpfung bewirkt, dieses die Erlösung. „Du hast vor meinem Angesicht den Tisch bereitet, denen zum Trotz, die mich bedrängen. Du hast mein Haupt mit Öl gesalbt, und dein berauschender Trank, wie köstlich ist er!" (Ps 23,5: LXX 22,5).

14. Ihr seid also zum Altar gekommen, habt die Gnade Christi erhalten, die himmlischen Sakramente empfangen. Die Kirche freut sich über die Erlösung der vielen und frohlockt in geistlichem Jubel, daß die weißgekleidete Schar an ihrer Seite steht. Das findest du im Hohenlied. Voll Freude ruft sie, die ein Mahl bereitet hat, das der himmlischen Speise würdig erscheint, Christus herbei. Deshalb bittet sie: „Mein geliebter Bruder komme in seinen Garten herab und pflücke die Frucht seiner Obstbäume!" (Hld 4,16). Wer sind diese Obstbäume? Durch Adam warst du dürres Holz geworden, aber jetzt entwickelt ihr euch durch die Gnade Christi zu Obstbäumen.

15. Gerne hat der Herr Jesus (die Einladung) angenommen und antwortet mit himmlischer Gunst seiner Kirche: „Ich bin in meinen Garten herabgekommen", sagt er, „ich habe Myrrhe mit meinem Balsam geerntet. Ich habe mein Brot mit meinem Honig gegessen; ich habe meinen Wein mit meiner Milch getrunken. Eßt", fährt er fort, „meine Brüder, und berauscht euch!" (Hld 5,1).

UA ‖ 16: pomiferum *Q a. c. m2* pomifera *VU p. c. SAMa* | arbor *VU, Q a. c. m2 Aa* arboris *RS, β a. c. m2* arbori *T* (compararis *pro* pullulatis) | pullulat *R* pullulastis *W, U p. c. m2* pullulasti *Aa* pululates *β a. c. m2* (pululantes, *add.* sunt *m3*) pullulatus es *V p. c.* ‖ 17: accepit *GWNAβa* accipit *cet.* | dominus] x͞ps *M* ‖ 18: respondet *Δ, V p. c. m2* | descendit *WQTK a. c.* ‖ 19: meum *om. QT* | mirram *VX, Z p. c.* murram *β, Z a. r.* ‖ 20: et bibi *Ωam* ‖ 21: lacte *Q p. c. m2* (calice *m1*) | mei] *add.* et saturamini bibite *S m2*

16. „Vindemiavi myrram cum unguentis meis": Quae est ista vindemia? Cognoscite vineam et agnoscetis vindemiam. „Vineam", inquit, „ex Aegypto transtulisti", hoc est populum dei. Vos estis vinea, vos estis vindemia, quasi vinea plantati, quasi vindemia, qui | fructum dedistis. „Vindemiavi myrram cum unguentis meis", hoc est in odorem, quem accepistis.

17. „Manducavi panem meum cum melle meo": Vides, quod in hoc pane nulla sit amaritudo, sed omnis suavitas sit. „Bibi vinum meum cum lacte meo": Vides huiusmodi esse laetitiam, quae nullius peccati sordibus polluatur. Quotienscumque enim bibis, remissionem accipis peccatorum et inebriaris in spiritu. Unde et apostolus ait: „Nolite inebriari vino, sed inplemini spiritu." Vino enim qui inebriatur, vacillat et titubat, spiritu qui inebriatur, radicatus in Christo est. Et ideo praeclara ebrietas, quae sobrietatem mentis operatur. Haec sunt, quae de sacramentis breviter percucurrimus.

4. 18. Num quid superest nisi oratio? Et nolite putare mediocris esse virtutis scire, quemadmodum oretis. Apostoli sancti dicebant ad dominum Iesum: „Domine, doce nos orare, quemadmodum Iohannes docuit discipulos suos." Tunc ait dominus orationem: „Pater noster, qui es in

---

def. D, E usque ad l. 20 oretis
2: agnoscetis $W\eta am$ agnoscitis S agnoscite *cet.* ‖ 3: inquit *om. AY* ǀ ex] de *SAM* ǀ hęc Y ‖ 4: populus $\beta\eta NRZCF\Delta Y$ ǀ vinea vos estis *om.* $\Pi\beta$ ǀ vindemia $V a. c.$ (vinea $p. c.$) ‖ 5: vindemia] vindemiam $VUBMZ$ ǀ qui GW quę η *om. cet. am* ǀ fructus Y ǀ dedisti X vidistis W ‖ 6: in *om. SY, U p. c.* ǀ odore $\eta RZ\Delta F$ ‖ 9: omnis] magna W ‖ 10: meum $GW\eta PXY$ *om. cet.* ‖ 11: laetitia W ǀ polluantur $VUT a. c.$ ‖ 12: enim *s. l. V p. c. m 2* ‖ 13: in *om. XY* ‖ 13 sq.: noli W ‖ 14: impleamini (*add.* in) β ǀ spiritu GWV *add.* sancto *cet. am* ‖ 15: inebriatur *pr.*] ebriatur G ǀ s͂ps qui inebrie∗atur β ‖ 17: de *s. l.* Q *m 2* ‖ 18: percucurrimus G praecurrimus $P a. c.$ diximus M percurrimus *cet.* ‖ 19: nunc $S\beta\eta AY am$, $U p. c. m 2$, *in mg. m 2* Q ǀ num quid] quicquid W ‖ 20: mediocres esse virtutes $GN, S a. c.$ ǀ virtutis *om.* Δ ǀ ∗oratis (m *eras.*) G ǀ oretis —

16. „Ich habe Myrrhe mit meinem Balsam geerntet."
Wer ist diese Ernte? Erkennt den Weinstock, dann werdet
ihr die Ernte erkennen. „Einen Weinstock", sagt er, „hast
du aus Ägypten herübergebracht" (Ps 80,9). Das ist das
Volk Gottes. Ihr seid der Weinstock, ihr seid die Ernte. Ihr
seid wie ein Weinstock gepflanzt worden. Ihr, die ihr
Frucht getragen habt, seid wie eine Ernte. „Ich habe Myrrhe mit meinem Balsam geerntet", das heißt, für den Wohlgeruch, den ihr empfangen habt.

17. „Ich habe mein Brot mit meinem Honig gegessen."
Du erkennst, daß dieses Brot keinerlei Bitterkeit aufweist,
sondern vollkommen wohlschmeckend ist. „Ich habe meinen Wein mit meiner Milch getrunken." Du erkennst, daß
die Freude von der Art ist, die durch keinen Schmutz der
Sünde besudelt ist. Sooft du nämlich trinkst, empfängst du
Vergebung der Sünden (vgl. Mt 26, 28) und berauschst dich
am Geist. Daher mahnt auch der Apostel: „Berauscht euch
nicht mit Wein, sondern laßt euch mit dem Geist erfüllen!"
(Eph 5,18). Wer sich mit Wein betrinkt, schwankt und
stolpert; wer vom Geist trunken ist, ist in Christus verwurzelt. Und darum ist es eine herrliche Trunkenheit, da
sie Nüchternheit des Geistes bewirkt. Soweit unsere kurzen Ausführungen über die Sakramente.

4. 18. Was bleibt nun noch übrig außer dem Gebet?
Meint nur nicht, es sei von unerheblicher Bedeutung, zu
wissen, wie ihr beten sollt. Die heiligen Apostel baten den
Herrn Jesus: „Herr, lehre uns beten, wie Johannes seine
Jünger gelehrt hat" (Lk 11,1). Darauf sprach der Herr
dieses Gebet: „Vater unser, der du bist im Himmel, gehei-

---

22 quemadmodum *om. S* || 20 sq.: apostoli] *incipit E:* XXVIII. item
eiusdem *(sc. s. augustini)* de verbis dñi in evangelio secundum lucam ubi
dixerunt discipuli domino doce nos orare *E m1 a. c. (exp.* eiusdem *m1
(?): in mg.:* sermo beati ambrosii) || 21: ad *s. l. W* || 22: quemadmodum]
sicut *NE* || 23: dñs ait *G* | orationem *om. WC*

caelis, sanctificetur nomen tuum, veniat regnum tuum, fiat voluntas tua sicut in caelo | et in terra. Panem nostrum cottidianum da nobis hodie, et dimitte nobis debita nostra, sicut et nos dimittimus debitoribus nostris, et ne nos patiaris induci in temptationem, sed libera nos a malo." Vides, quam brevis oratio et omnium plena virtutum. Primus sermo quantae gratiae!

19. O homo, faciem tuam non audebas ad caelum adtollere, oculos tuos in terram dirigebas, et subito accepisti gratiam Christi, omnia tibi peccata dimissa sunt. Ex malo servo factus es bonus filius. Ideo praesume non de operatione tua, sed de Christi gratia! „Gratia", inquit, „salvati estis", apostolus ait. Non ergo hic adrogantia est, sed fides. Praedicare, quod acceperis, non est superbia, sed devotio. Ergo adtolle oculos ad patrem, qui te per lavacrum genuit, ad patrem, qui per filium te redemit, et dic „pater noster!" Bona praesumptio, sed moderata. Patrem dicis quasi filius; sed noli tibi aliquid specialiter vindicare. Solius Christi specialis est pater, nobis omnibus in commune est pater, quia illum solum genuit, nos creavit. Dic ergo et tu per gratiam „pater noster", ut filius esse merearis. Ecclesiae contuitu et consideratione te ipse commenda!

---

def. D
1: adveniat Ω ‖ 2: sicut *om.* G ‖ 4 sq.: patiaris nos *WE*η | inducas (*om.* patiaris) M, β *a. c. m 2* ‖ 5: inducere E *a. c. m 2* | malo amen *PMY* ‖ 7: quanta G *a. c. m 2* quantae] *add.* sit Ω*am* ‖ 9: in] ad R | terra *WST* ‖ 10: tibi *om.* P ‖ 11: servo] sermone S *a. c. m 2* sermo A *a. c.* servo∗ V | est S *a. c. m 2* | filius *om.* S *a. c. m 2* | de *om.* WM ‖ 12: gratia christi P | inquit G, *eadem tautologia* (inquit — 13 ait) 3, 10 (*l.* 21, *p.* 124), 6, 15 (*l.* 3 sq., *p.* 190), 6, 21 (*l.* 10 sq., *p.* 194) enim W*am* enim inquit *cet.* ‖ 13: arrogantie T *a. c. m 2* ‖ 16: ad patrem *om.* S | te per filium Φ (M *add.* lavacrum *post* per), Y*am* | redemit (de *s. l.*) G ‖ 17: patri R ‖ 18: nolite G *a. r.* | aliquid *om.* U | aliquid specialiter ΓP specialiter aliquid *cet. m* | solus S *a. c. m 2* ‖ 19: specialiter M | nobis — pater *om.* S | est *om.* Y ‖ 20: quia] qui G | tū S ‖ 21: esse *s. l.* G | ecclesia

ligt werde dein Name. Dein Reich komme. Dein Wille geschehe wie im Himmel so auf der Erde. Unser tägliches Brot gib uns heute, und vergib uns unsere Schulden, wie auch wir sie unseren Schuldnern erlassen. Und laß nicht zu, daß wir in Versuchung geführt werden, sondern rette uns vor dem Bösen" (Mt 6,9–13). Du siehst, wie kurz dieses Gebet ist, aber (es ist) mit allen Vorzügen ausgestattet. Welch große Gnade enthält (schon) das erste Wort!

19. Mensch, du hast es nicht gewagt, dein Gesicht zum Himmel zu erheben. Du hast deine Augen auf die Erde gerichtet und sogleich die Gnade Christi empfangen. Alle Sünden sind dir erlassen worden. Von einem schlechten Knecht (vgl. Mt 25,26) hast du dich zu einem guten Sohn gewandelt (vgl. Gal 4,7). Doch betrachte das nicht als eine Folge deines Tuns, sondern als eine Wirkung der Gnade Christi! „Aus Gnade", heißt es, „seid ihr gerettet worden" (Eph 2,5). Das verkündet der Apostel. Hier liegt also keine Anmaßung vor, sondern Glaube. Öffentlich kundzutun, was du empfangen hast, ist kein Stolz, sondern Ergebenheit. Erhebe also deine Augen zum Vater, der dich durch das Bad gezeugt hat, zum Vater, der dich durch den Sohn erlöst hat (vgl. Tit 3,5f), und sprich: „Vater unser!" Eine gute Hoffnung, aber eine zurückhaltende. „Vater" sagst du wie ein Sohn; aber nimm nichts Besonderes für dich in Anspruch. Im speziellen Sinn ist er nur der Vater Christi, für uns alle ist er der gemeinsame Vater, weil er ihn allein gezeugt, uns (dagegen) geschaffen hat. Sage also auch du aus Gnade: „Vater unser", damit du gewürdigt wirst, (sein) Sohn zu sein. Zeichne dich durch geistige Betrachtung der Kirche aus!

M ‖ 22: te *om. M* | ipsum *SMΔ, β p. c. m2* | commendat *WRUQTBC, V a. r. S p. c. m2*

20. „Pater noster, qui es in caelis": Quid est „in caelis"? Audi scripturam dicentem: „Excelsus super omnes caelos dominus." Et ubique habes, quod super caelos caelorum dominus sit. Quasi non in caelis et angeli, quasi non in caelis et dominationes! Sed in illis caelis, de quibus dictum est: „Caeli enarrant gloriam dei." Caelum est ibi, ubi culpa cessavit, caelum est ibi, ubi flagitia feriantur, caelum est ibi, ubi nullum mortis est vulnus.

21. „Pater noster, qui es in caelis, sanctificetur nomen tuum": Quid est „sanctificetur"? Quasi optemus, ut sanctificetur ille, qui ait: „Estote sancti, quia ego sanctus sum", quasi aliquid ei ex nostra praedicatione sanctificationis accedat! Non, sed sanctificetur in nobis, ut ad nos possit eius sanctificatio pervenire.

22. „Pater noster, qui in caelis es, sanctificetur nomen tuum, veniat regnum tuum": Quasi non aeternum sit dei regnum! Ipse Iesus dicit: „Ego in hoc natus sum"; et tu dicis patri: „Veniat regnum tuum", quasi non venerit! Sed tunc | venit regnum dei, quando eius estis gratiam consecuti. Ipse enim ait: „Regnum dei intra vos est."

---

def. D
2: omnes *om.* AN | caelos *i. r.* (*add.* caelorum) G gentes Φ > QMa ‖ 4 sq.: caelis *(utroque loco)] add.* ubi U m 2 ‖ 5: illis *om.* β *a. c. m 2* (caelis bis) ‖ 6: ibi *om.* ME ‖ 6 sq.: cessavit culpa a ‖ 7: cessabit G | caelum *pr.* — feriantur *om.* WNP transposuit post 8 vulnus Q | feriuntur G, S *a. c. m2* BKXY finiuntur Q non sunt E; feriari „*feiern*" = *ruhen; etiam in Luc. 5,30 (CSEL 32/4, 193,19) et 8,23 (ibid. 401,24)* ‖ 8: vulnus mortis est M ‖ 10: tuum sanctum in nobis E | quasi — 11 sanctificetur *in mg.* S m1 ‖ 11: quia *et* GE | sanctus *om.* KX ‖ 12: praecatione RM *p. c.* ΔY ‖ 13: accidat RFZ, β *a. c. m 2* accedatur η | non utique β m2 *a* ‖ 14: possit eius ΓU eius possit *cet. am* ‖ 15: in caelis es GWβRZF VUTAB es in caelis *cet. am* ‖ 16: veniat (t *s. l. m2*) G adveniat S *a. c.* NEMY | sempiternum E ‖ 17: ipse — sum *in mg.* E m1 | ipse *om.* W | iesus] dominus E ‖ 18: patri *om.* R pater E | veniat (t *s. l. m2*) G adveniat (t *ex* d *m2*) R, N | quasi — 1 (*p. 172*) tuum *om.* R ‖ 19: estis *om.* T | estis eius SE | gratiam estis Nβ

20. „Vater unser, der du bist im Himmel." Was bedeutet „im Himmel"? Höre ein Wort der Schrift: „Der Herr ist über alle Himmel erhaben" (vgl. Ps 113,4). Ferner findest du überall (die Aussage), daß sich der Herr über den Himmeln der Himmel befindet (vgl. 1 Kön 8,27; Ps 8,2), als ob die Engel nicht auch im Himmel sind, als ob die Herrschaften nicht auch im Himmel sind (vgl. Kol 1,16)! Er ist in jenem Himmel, von dem es heißt: „Die Himmel erzählen die Herrlichkeit Gottes" (Ps 19,2). Der Himmel ist dort, wo die Schuld gewichen ist; der Himmel ist dort, wo die Schandtaten ruhen; der Himmel ist dort, wo der Tod keine Wunde mehr schlägt.

21. „Vater unser, der du bist im Himmel, geheiligt werde dein Name." Was heißt „geheiligt werden"? Als ob wir wünschten, daß der geheiligt wird, der sagt: „Seid heilig, weil auch ich heilig bin" (Lev 19,2), als ob ihm durch unsere Huldigung etwas an Heiligung hinzugefügt würde! Nein. Aber er will in uns geheiligt werden, damit seine Heiligung zu uns gelangen kann.

22. „Vater unser, der du bist im Himmel, geheiligt werde dein Name. Dein Reich komme." Als wenn das Reich Gottes nicht ewig wäre! Jesus selbst verkündet: „Ich bin in ihm geboren worden" (vgl. Joh 18,37)[22]. Und du sagst zum Vater „Dein Reich komme", als sei es noch nicht gekommen! Das Reich Gottes ist jedoch zu dem Zeitpunkt gekommen, als ihr seine Gnade empfangen habt. Er selbst erklärt nämlich: „Das Reich Gottes ist in euch" (Lk 17,21).

---

[22] *Hoc* ist ein Demonstrativpronomen im Ablativ. Es bezieht sich auf *regnum*. Nur so ergibt die Zitation im Zusammenhang einen Sinn. Vgl. BOTTE, *Ambroise: Des Sacrements. Des Mystères*, (1961), 131 Anm. 4.

23. „Veniat regnum tuum, fiat voluntas tua sicut in caelo et in terra; panem nostrum cottidianum da nobis hodie": Sanguine Christi pacificata sunt omnia vel in caelo vel in terra, sanctificatum est caelum, deiectus est diabolus. Ibi versatur, ubi et homo, quem ille decepit. „Fiat voluntas tua", hoc est: sit pax in terra quemadmodum in caelo.

24. „Panem nostrum cottidianum da nobis hodie": Memini sermonis mei, cum de sacramentis tractarem. Dixi vobis, quod ante verba Christi quod offertur, panis dicatur, ubi Christi verba deprompta fuerint, iam non panis dicitur, sed corpus appellatur. Quare ergo in oratione dominica, quae postea sequitur, ait „panem nostrum"? Panem quidem dixit, sed ἐπιούσιον dixit, hoc est substantialem. Non iste panis est, qui vadit in corpus, sed ille panis vitae aeternae, qui animae nostrae substantiam fulcit. Ideo ergo Graece ἐπιούσιος dicitur. Latinus autem hunc | panem „cottidianum" dixit, quia Graeci dicunt τὴν ἐπιοῦσαν ἡμέραν advenientem diem. Ergo quod Latinus dixit et

---

def. D, a l. 1 Z
1: veniat — 21 (p. 174) adpropin(quavit) *def.* Z | tuas W *a.r.* ‖ 2: panem — 4 terra *om.* V ‖ 3: sanguine] sanctificatione W ‖ 5: ibi Γ ubi Πβ | versabatur G | ubi *om.* GR ‖ 6: tua] *add.* etc. *a* ‖ 7: hodie] *add.* et G ‖ 9: ante] inter G ‖ 10: non *s.l.* W ‖ 11: quare] quae W ‖ 12: nostrum cotidianum η | panem] *add.* nostrum M ‖ 13: dixi G, S *a.c. m2* | epiusion WS, (epy-) η, (epyusyon) C, FERVUQBPM epiosion G CPYVCION X yperusion β | epiusion dixit *om.* T | supersubstantialem βEAYam substantiale SQ supersanstantialem (san *exp.*) B | nonne βNFKX, CP *a.c.* ‖ 14: corpus] *add.* non β | panis *om.* M ‖ 15: aeternae] *add.* corpus panis M | substantia G, vitam M | fulgit G fulcet VU *a.c.* Q fulciet T *a.r.* M fulciat U *p.c.* | ergo *om.* Παm ‖ 16: graece (e *i.r.*) U | epiusion RΦPKFa epyusyon C epiysion Y epyusion β, (*litt. Graec.*) EX epiusios M *p.c.* epyusios η et⁎tis⁎os (*litt. Graec. uncial.*) G eposios (*litt. Graec. uncial.*) W ‖ 17: dixit] *add.* quem graeci dicunt advenientem *am*, E (*om.* quia — 18 diem) ‖ 17 sq.: ThN EMOYCANhMEpANT G thnemos canhępan W TENOEΠIOYCAN NAEPAN V ΓENOEΠIOYCANHΛ.AEPAN U ΓENON. (N *ult. exp.*) EΠIOYC.ANHΛ.AEPAN (*superscr.*: teno.epiohis.annaeran) Q TENO

23. „Dein Reich komme. Dein Wille geschehe wie im Himmel so auf der Erde. Unser tägliches Brot gib uns heute." Durch das Blut Christi hat alles sowohl im Himmel als auch auf der Erde Frieden erlangt (vgl. Kol 1,20), ist der Himmel geheiligt, der Teufel vertrieben worden. Er hält sich dort auf, wo auch der Mensch ist, den er verführt hat. „Dein Wille geschehe", heißt, auf der Erde herrsche Friede wie im Himmel (vgl. Lk 2,14).

24. „Unser tägliches Brot gib uns heute." Ich erinnere mich an das Wort, das ich euch bei der Erklärung der Sakramente gesagt habe. Ich habe euch erläutert, daß vor den Worten Christi das, was dargebracht wird, Brot heißt. Sobald aber die Worte Christi gesprochen sind, bezeichnet man es nicht mehr als Brot, sondern nennt es Leib[23]. Warum heißt es dann im Gebet des Herrn, das später folgt, „unser Brot"? Er hat zwar vom Brot gesprochen, es aber ἐπιούσιον genannt, das heißt „wesentlich". Es handelt sich nicht um das Brot, das in den Körper eingeht (vgl. Mk 7,19), sondern um jenes Brot des ewigen Lebens, das unsere Seele selbst stärkt (vgl. Joh 6,35–58). Deshalb wird es im Griechischen ἐπιούσιος genannt. Der lateinische Text nennt dieses Brot „das tägliche", da die Griechen den folgenden Tag τὴν ἐπιοῦσαν ἡμέραν nennen. Sowohl das, was der lateinische Text, als auch das, was der griechische

---

[23] Vgl. *sacr.* 4, 14.16.19f. 23.

EJITOVCΛNNΛ.EPΛN *T* THNΩHΠIOYCANNΛΛEpΛN (*superscr.*: tens epioysan naleran) *P* THNONΠIOYCANHΛΛHPAN *R* GEho∗EPIOY SAN.EMERAN *Y* γενῶ επιόυσιαν Ημεράν *a* την επιουσαν ημεραν *om.* NSβηCF epiusion *M* ‖ 18: advenientem] aut venientem *Φ* ∗∗venientem (ad *eras.*) *S* ǀ ∗∗∗ergo *S* ǀ dicit *β p. c.*

quod Graecus, utrumque utile videtur; Graecus utrumque uno sermone significavit, Latinus cottidianum dixit.

25. Si cottidianus est panis, cur post annum illum sumas, quemadmodum Graeci in oriente facere consuerunt? Accipe cottidie, quod cottidie tibi prosit! Sic vive, ut cottidie merearis accipere! Qui non meretur cottidie accipere, non meretur post annum accipere. Quo modo Iob sanctus pro filiis suis sacrificium offerebat cottidie, ne forte aliquid vel in corde vel in sermone peccassent. Ergo tu audis, quod, quotienscumque offertur sacrificium, mors domini, resurrectio domini, elevatio domini significetur et remissio peccatorum, et panem istum vitae non cottidianus adsumis? Qui vulnus habet, medicinam requirit. Vulnus est, quia sub peccato sumus, medicina est caeleste et venerabile sacramentum.

26. „Panem nostrum cottidianum da nobis hodie": Cottidie si accipis, cottidie tibi hodie est. Si tibi hodie est Christus, tibi cottidie resurgit. Quomodo? „Filius meus es tu, ego hodie genui te." Hodie ergo est, quando Christus resurgit. „Heri et hodie ipse est", apostolus Paulus ait. Sed alibi ait: „Nox praecessit, dies autem adpropinquavit": nox hesterna praecessit, dies hodiernus adpropinquavit.

---

def. D, usque ad l. 21 Z
1: quod *om. E* ‖ 2: signavit *G* significat *W a. c.* ‖ 3: est] *add.* ille *M* ‖ 3 sq.: sumis *Π* (sumis∗ *R*), am ‖ 4: orientem (m *exp.*) *G* ǀ consueuerunt facere *S* ǀ consueuerunt *M, Y p. c. m2* ‖ 5: quod cottidie tibi *om. G* ǀ tibi cottidie *S* ǀ possit *W a. c.* ‖ 7: non] nec *M* ‖ 8: suis *om. E* ǀ cotidiae (e *postea add.*) *G* ǀ nae *G* ‖ 11: sanctificetur *GW* ‖ 12: *[?]* et — 13 adsumis *i. r. M* ‖ 12: vitae *om. M* ǀ non] nostrae *E* ǀ cotidianum *Ππβam* ‖ 12 sq.: non assumis cotidianum *Y* cotidianum non assumis *TM* ‖ 13: adsumis] accipis *U* adsumimus *S a. c. m2* ǀ requiret *R* ‖ 14: est *om. RΦF, β a. c. m2* ǀ caelestis (*om.* et) *Gπ* ‖ 14 sq.: vulnerabile *β a. c. m3 (?)* ‖ 17: si *pr. om. E* ‖ 18: tibi *in mg.* Q *m2* ǀ surgit *S a. c. m2* resurgit x̃p̃s *E* ‖ 18 sq.: es tu *om. G* esto *R a. c.* ‖ 19: ergo *om. E, s. l. V* ‖ 20: est ipse *PK* ǀ sed et *Gπ* ‖ 21: nox *(pr.)* — 22 adpropinquavit *om. G* ǀ autem *om. W* ǀ appropinquabit *SC, VTEA a. c.* -quavit] *denuo*

Text wiedergeben, scheint beides von Nutzen. Der griechische Text bezeichnet beides mit einem Wort, der lateinische spricht von „täglich".

25. Wenn es das tägliche Brot ist, warum ißt du es nur nach einem Jahr, wie die Griechen im Osten es zu halten pflegen? Empfange täglich, was dir täglich Nutzen bringt! Lebe so, daß du würdig bist, es täglich zu empfangen! Wer nicht würdig ist, es täglich zu empfangen, der ist auch nicht würdig, es nach einem Jahr zu empfangen. Deshalb brachte der heilige Ijob für seine Kinder täglich ein Opfer dar, für den Fall, daß sie im Herzen oder mit dem Wort eine Sünde begangen hätten (vgl. Ijob 1,5). Auch du hörst, daß der Tod des Herrn, die Auferstehung des Herrn, die Erhöhung des Herrn und die Vergebung der Sünden verkündet werden, sooft das Opfer dargebracht wird[24], und du nimmst dieses Brot des Lebens nicht täglich zu dir? Wer eine Wunde hat, sucht ein Heilmittel. Daß wir der Sünde unterworfen sind, stellt eine Wunde dar; das himmlische und verehrungswürdige Sakrament ist das Heilmittel.

26. „Unser tägliches Brot gib uns heute." Wenn du es täglich empfängst, heißt für dich täglich „heute". Wenn Christus für dich das Heute ist, erfolgt für dich täglich seine Auferstehung. Wie? „Mein Sohn bist du, heute habe ich dich gezeugt" (Apg 13,33; Ps 2,7). Heute also ist, wenn Christus aufersteht. „Er selbst ist das Gestern und das Heute", sagt der Apostel Paulus (Hebr 13,8). An einer anderen Stelle erklärt er: „Die Nacht ist vorgerückt, der Tag ist nahe" (Röm 13,12). Die gestrige Nacht ist vorgerückt, der heutige Tag ist nahe.

---

[24] Vgl. *sacr.* 4, 26–28.

incipit Z | nox *(alt.)* — 22 adpropinquavit *om.* S *a. c. m*2 ‖ 22: dies autem S *m*2 B | hodierna Δ | appropinquabit S *m*2

27. Sequitur: „Et dimitte nobis debita nostra, sicut et nos dimittimus debitoribus nostris." Debitum quid est nisi peccatum? Ergo si non accepisses alieni fenoris pecuniam, non egeres, et ideo peccatum tibi inputatur. Habuisti pecuniam, cum qua dives nascereris. Dives eras ad imaginem et similitudinem dei factus. Perdidisti, quod habebas, hoc est humilitatem, dum adrogantiam desideras vindicare, perdidisti pecuniam; sicut Adam nudus es factus. Accepisti a diabolo debitum, quod non erat necessarium. Et ideo qui eras liber in Christo, debitor factus es diaboli. Cautionem tuam tenebat inimicus, sed eam dominus crucifixit et suo cruore delevit. Abstulit debitum | tuum, reddidit libertatem.

28. Bene ergo ait: „et dimitte nobis debita nostra, sicut et nos dimittimus debitoribus nostris." Vide, quid dicas: „Quomodo ego dimitto, sic et tu dimitte mihi." Si dimiseris, bene convenis, ut dimittatur tibi. Si non dimittis, quomodo eum convenis?

29. „Et ne patiaris induci nos in temptationem, sed libera nos a malo." Vide, quid dicat: „Et ne patiaris induci nos in temptationem", quam ferre non possumus. Non dicit „non inducas in temptationem", sed quasi athleta

---

def. D
1: et pr. om. Παm ‖ 3: accepisses G p. c. m2 (accepissis m1), WSNEY acciperes β a. c. m2 CFam acceperis cet. ‖ 4: egeres ENACY, S p. c. egebis V p. c. R egris β a. c. m2 exigeris M egeris cet. | ideo] ide T nr̃m̃ M | tibi non M ‖ 5: cum om. G | nasceris RΦCFa nascebaris V p. c. | aeras (ae ex a) G ‖ 6: factum TS a. c. ‖ 8: es om. M ‖ 9: a om. E | quo G | qui] quia B ‖ 10: liber om. M | diabolo U a. c. E ‖ 12: redidit GN reddit η ‖ 14: et om. E | nobis om. S a. c. m2 B ‖ 15: vide] unde S a. c. | quod VR a. c. UZF, Q p. c. ‖ 16: ergo VKX a. c., ZηC ‖ 16 sq.: dimi∗seris V ‖ 17: convenit GπηNUBMa, K a. c. m2 convenis cet. recte (convenire i. q. prece adire frequens apud Ambrosium velut in psalm. 118 7,3: CSEL 62, 128,19 convenit dominum, ut ... cf. TLL 4, 828,57 sqq.) | ut] et η (dimittitur) | dimittat a | dimittis] dimittas Q dimiseris U ‖ 18: convenit Uη convenis] add. ut dimittatur

27. Es folgt: „Und vergib uns unsere Schulden, wie auch wir sie unseren Schuldnern erlassen." Was ist Schuld anderes als Sünde? Wenn du also nicht Geld gegen unangemessene Zinsen aufgenommen hättest, wärest du nicht arm. Und deswegen wird es dir als Sünde angerechnet. Du hattest Geld, mit dem du reich geboren worden bist. Du warst reich, weil geschaffen nach dem Bild und Gleichnis Gottes (vgl. Gen 1,26f). Du hast verloren, was du besessen hast, das heißt die Demut. Da du dich dem Stolz hingeben willst, hast du das Geld verloren und bist wie Adam nackt geworden (vgl. Gen 3,7). Du hast vom Teufel Schuld bekommen, was nicht nötig war. Und deswegen bist du, der du frei in Christus warst, ein Schuldner des Teufels geworden. Der Feind besaß deinen Schuldschein, aber der Herr hat ihn ans Kreuz geheftet und mit seinem Blut vernichtet (vgl. Kol 2,14). Er hat deine Schuld beseitigt und dir die Freiheit zurückgegeben.

28. Mit gutem Grund sagt er also: „Und vergib uns unsere Schulden, wie auch wir sie unseren Schuldnern erlassen." Beachte, was du sagst: „Wie ich vergebe, so vergib auch du mir." Wenn du vergeben hast, kannst du ihn mit Recht darum bitten, daß dir vergeben wird. Wenn du nicht vergibst, wie kannst du ihn dann (um Vergebung) bitten?

29. „Laß nicht zu, daß wir in Versuchung geführt werden, sondern rette uns vor dem Bösen." Beachte, was er sagen will: „Laß nicht zu, daß wir in eine Versuchung geführt werden", der wir nicht gewachsen sind. Er sagt nicht: „Führe du uns nicht in Versuchung", sondern er will

---

tibi Ω (S p. c. m 2, dimittat AMη) > E ‖ 19: nos *ante* patiaris X, Y p. c., *ante* induci ESNRQPK | duci η | temptationem] *add.* quam ferre non possumus E ‖ 20: malo amen P | et — 21 temptationem *om.* E ‖ 20 sq.: nos induci SNRQP ‖ 21: temptationem] *add.* scilicet Y *add.* sed β m 2 η a. c. ‖ 22 sq.: athleta talem] acletalem G

talem vult temptationem, quam ferre possit humana condicio et unusquisque, ut „a malo", hoc est ab inimico, a peccato liberetur.

30. Potens est autem dominus, qui abstulit peccatum vestrum et delicta vestra donavit, tueri et custodire vos adversum diaboli adversantis insidias, ut non vobis obrepat inimicus, qui culpam generare consuevit. Sed qui deo se committit, diabolum non | timet. „Si" enim „deus pro nobis, quis contra nos?" Ipsi ergo laus et gloria a saeculis et nunc et semper et in omnia saecula saeculorum. Amen.

---

def. D
2: ut *om. ΠSNam, β a. c. m2* | a *alt. om. G* || 3: liberatur *S a. c. m2* || 4: qui *s. l. S* || 5: nostrum *NMη* | debita (*om.* vestra) *M* || 6: adversantes *SβηZRVUQTB* | nobis *M* || 6 sq.: subrepat *S* || 8: se *om. PX, K a. c. m2* || 8 sq.: pro nos *Z* || 9: et gloria (*om.* a saeculis et) — 10 amen *postea add. G m1 (?)* || 10: et *pr. om. W* | et *tert. om. Gη* | amen *om. W* | item sequentia *G* | explicit liber quintus incipit liber sextus *WPB,* (.V. sextus) *S,* (.V. .VI.) *URZβACK* explicit liber .V. incipit .VI. *MX* expl. quintus liber inc. sextus *η* explicit liber .V. incipit .VI. de sacramentis *Q p. c. (prior titulus longior erat, fortasse ut in fine libri quarti)* expl. l. V. incip. eiusdem lib. VI. *V* explicit liber quintus *T* explicit sermo quintus incipit sextus *Y*

wie ein Athlet eine solche Versuchung, der die menschliche Natur gewachsen ist, und daß ein jeder „von dem Bösen", das heißt von dem Feind, von der Sünde, befreit wird.

30. Der Herr, der eure Sünde weggenommen und eure Schulden erlassen hat, besitzt die Macht (vgl. 2 Kor 9, 8), euch gegen die Nachstellungen des bedrängenden Teufels zu schützen und zu bewahren (vgl. Eph 6, 11), damit euch der Feind, der Schuld zu zeugen pflegt, nicht überrumpelt. Wer sich Gott anvertraut, fürchtet den Teufel nicht. „Wenn" nämlich „Gott für uns ist, wer ist dann gegen uns?" (Röm 8, 31). Ihm also werden Lob und Ehre von Anfang an, jetzt und immer und in alle Ewigkeit zuteil. Amen.

Sermo sextus

1.1. Sicut verus est dei filius dominus noster Iesus Christus, non quemadmodum homines per gratiam, sed quasi filius dei ex substantia patris, ita vera caro, sicut ipse dixit, quam accipimus, et verus eius est potus.

2. Sed forte dicas — quod dixerunt tunc temporis etiam discipuli Christi audientes dicentem: „nisi qui manducaverit carnem meam et biberit sanguinem meum, non manebit in me nec habebit vitam aeternam" — forte dicas: „Quomodo vera? Atqui similitudinem video, non video sanguinis veritatem."

3. Primo omnium dixi tibi de sermone Christi, qui operatur, ut possit mutare et | convertere genera instituta naturae. Deinde: ubi non tulerunt sermonem Christi discipuli eius, sed audientes, quod carnem suam daret manducare et sanguinem suum daret bibendum, recedebant et solus tamen Petrus dixit: „ ,Verba vitae aeternae habes' et ego a te quo recedam?" — ne igitur plures hoc dicerent, ire se, veluti quidam esset horror cruoris, sed maneret gratia redemptionis, ideo in similitudinem quidem accipis

---

def. DE
2: hominis G *a.c.* S *a.c. m2 NOM* ‖ 3: dei *om.* Ωam | vera] *add.* est christi T *add.* eius Y *add.* eius est Z $m2$ (eius est caro *s.l.*) | caro] christi V ‖ 4: accepimus $W\beta RZCFB$ | eius *om.* $\Phi a, S p.c.$ | est eius β | est potus] sanguis est quem potamus Y est potus quem potamus M, S *a.c.* ‖ 5: etiam *om.* β *a.c. m2* ‖ 6: x͠pi discipuli M | audientes eum β | quis Ωam ‖ 7: meam] *add.* non manebit in me et nisi qui G | **meum β ‖ 8: habit W habebit] *add.* in me $\eta\beta$ $m2$ habebit *** π | fortasse G ‖ 9: vera] vero B *add.* caro S veram $W\pi\eta\beta CF$ | atqui W ad G *om. PN* qui *cet. am* ‖ 11: dixit ibi GZ dixit tibi T | sermonem G ‖ 12: genera et BM, Y *a.c.* S *p.c. m2* | instita W ‖ 13: ubi *s.l.* R *m2* | tulerunt] tolerant G ‖ 14: sed *om.* K *p.c.* Y | suam (s *i.r. m2*) G ‖ 15: ad bibendum S ad potandum M | et *om.* $\Pi S\beta am$ ‖ 16: tamen] autem βY | dixit petrus Y ‖ 17: a] ad $S\beta$ *a.c.* | quo $GW\pi\eta Ya, K$ *p.c.* quomodo

Sechste Katechese

1.1. Wie unser Herr Jesus Christus wirklich der Sohn Gottes ist, nicht wie die Menschen durch Gnade, sondern gleichsam Sohn Gottes aus dem Wesen des Vaters (vgl. Hebr 1,2f), so handelt es sich um wirkliches Fleisch, das wir empfangen, wie er selbst erklärt hat, und so ist der Trank sein wirkliches Blut[25] (vgl. Joh 6,55).

2. Aber vielleicht sagst du — was seinerzeit auch die Jünger Christi gesagt haben, als sie ihn verkündigen hörten: „Wer nicht mein Fleisch ißt und mein Blut trinkt, der bleibt nicht in mir und besitzt nicht das ewige Leben" (vgl. Joh 6,53f.56) — vielleicht sagst du: „Wieso (sprichst du von) Wirklichkeiten? Ich sehe dagegen (nur) ein Sinnbild, ich sehe jedoch kein echtes Blut."

3. Zunächst habe ich dir bezüglich des Wortes Christi, das wirkt, versichert: Es kann die in der Natur vorhandenen Arten verändern und umwandeln[26]. Ferner: Da die Jünger Christi sein Wort nicht ertragen konnten, als sie hörten, er gebe sein Fleisch zu essen und sein Blut zu trinken, gingen sie weg (vgl. Joh 6,60–66). Nur Petrus sprach trotzdem: „Du hast Worte des ewigen Lebens; wo soll ich von dir weg hingehen?" (vgl. Joh 6,68). Damit nicht noch mehr das sagen, als ob ein gewisser Abscheu vor Blut vorhanden sei, und damit die Gnade der Erlösung erhalten bleibt, deshalb empfängst du die Sakramente in

---

[25] Text nach Botte, Notes 211f, der hinter *verus* das Wort *sanguis* ergänzt hat.
[26] Vgl. *sacr.* 4,14–19.23.

---

cet. *m* ‖ 18: ire se *Fa*. scripsit tres et *G* et *W om*. Ω*am* | veluti] *add*. que *F* | honor *W* | sed] et *GWS* | manet *S a. c. m2* ‖ 19: redemptoris *A a. c.* | in *om. S a. c.* | similitudine *S p. c. KXY* | accepisse *G* sacramenta, sed verae naturae gratiam virtutemque consequeris.

4. „Ego sum", inquit, „panis vivus, qui de caelo descendi." Sed caro non descendit e caelo, hoc est carnem in terris adsumpsit ex virgine. Quomodo ergo descendit panis e caelo et panis vivus? Quia idem dominus noster Iesus Christus consors est et divinitatis et corporis, et tu, qui accipis carnem, divinae eius substantiae in illo participaris alimento.

2.5. Ergo accepisti de sacramentis, plenissime cognovisti omnia. Quod baptizatus es in nomine trinitatis, in omnibus, quae egimus, servatum est mysterium trinitatis. Ubique pater, filius et spiritus sanctus, una operatio, una | sanctificatio, etsi quaedam veluti specialia esse videantur. |74

6. Quomodo? Deus, qui te uncxit, et signavit te dominus, et posuit spiritum sanctum in corde tuo. Accepisti ergo spiritum sanctum in corde tuo. Accipe aliud, quia quemadmodum sanctus spiritus in corde, ita etiam Christus in corde. Quomodo? Habes hoc in Canticis canticorum, Christum dicentem ad ecclesiam: „Pone me sicut signaculum in corde tuo, sicut signaculum in brachiis tuis."

---

def. DE
1: sacramentum *Ω* > *S* | verae *GWRPa* vere *cet. m* | virtutum quae *G* virtutemque *s. l. S* virtuteque *Y* ‖ 3: ergo *β* ‖ 4: caro *om. ΦK, S p. c.* | sed caro non *om. M* | descendit] *add.* panis *B* descendi *S p. c.* | e] de *G, S a. c. m 2 R a. r. NBMX* | hoc est *om. SN* ‖ 4 sq.: assumpsit in terris *Y* ‖ 5: assumpsi *S* | e] de *NQ* ‖ 7: est *om. G* ‖ 8: carnem] panem *Xa* | divinae *om. S* ‖ 10: accepistis *N, SK a. c.* ‖ 11: trinitatis] *add.* in nomine sancto *G* ‖ 12: egimus *om. W* ‖ 13: pater et *R p. c. CFβηMam* ‖ 14: speciale *V a. c. m 2 T* ‖ 16: tuo et *R* | accepisti — 17 tuo *om. GW*, *π a. c. m 2* ‖ 17: sanctus spiritus *Gπη* s̃ps s̃cs *cet. am* (s̃cs *om. Y*) ‖ 19: corde] *add.* tuo *U* | hoc *om. N, S a. c. m 2 M* | hoc habes *Y* ‖ 20: sicut — 21 tuo *om. S a. c. m 2 πη* ‖ 21: brachiis (c *i. r. m 2*) *R*

Form eines Sinnbildes, erlangst aber die Gnade und die Kraft der wirklichen Natur[27].

4. „Ich, der ich vom Himmel herabgekommen bin", bezeugt er, „bin das lebendige Brot" (Joh 6,51). Das Fleisch aber ist nicht vom Himmel herabgekommen, das heißt, Fleisch hat er auf der Erde aus einer Jungfrau angenommen. Wie ist dann das Brot vom Himmel herabgekommen und (ist) lebendiges Brot? Weil unser Herr Jesus Christus zugleich an der Gottheit und am Körper teil hat. Du, der du das Fleisch empfängst, erhältst durch diese Speise Anteil an seinem göttlichen Wesen.

2.5. Du hast also die Sakramente empfangen und hast alles voll erfaßt. (Nämlich,) daß du im Namen der Dreifaltigkeit getauft worden bist. In allem, was wir vollzogen haben, ist das Mysterium der Dreifaltigkeit gewahrt worden. Überall, wo der Vater ist, dort sind auch der Sohn und der Heilige Geist. Eine (gemeinsame) Handlung, eine (gemeinsame) Heiligung, wenn auch das eine oder andere (den einzelnen Personen) gleichsam eigentümlich zu sein scheint.

6. Wieso? Gott war es, der dich gesalbt hat[28], der Herr hat dir das Siegel eingeprägt und dir den Heiligen Geist in dein Herz gegeben (vgl. 2 Kor 1,21f). Du hast also den Heiligen Geist in dein Herz aufgenommen. Höre noch etwas anderes: Wie der Heilige Geist im Herzen ist, so ist auch Christus im Herzen. Wieso? Im Hohenlied fordert Christus die Kirche auf: „Lege mich wie ein Siegel auf dein Herz, wie ein Siegel auf deine Arme" (Hld 8,6).

---

[27] Text nach BOTTE, *Notes* 212, der die Wendung *ire se* (FALLER), die handschriftlich nicht bezeugt ist, gestrichen hat.
[28] Vgl. dazu *sacr.* 2,24.

7. Ergo uncxit te deus, signavit te Christus. Quomodo? Quia ad crucis ipsius signatus es formam, ad illius passionem. Accepisti signaculum ad illius similitudinem, ut ad ipsius formam resurgas, ad ipsius vivas figuram, qui peccato crucifixus est et deo vivit. Et tuus homo vetus in fonte demersus, peccato crucifixus est, sed deo resurrexit.

8. Deinde habes alibi speciale, quod te vocaverit deus, in baptismate autem quasi specialiter concrucifigeris Christo, deinde quasi speciale, quando accipis spiritale signaculum. Vides distinctionem personarum esse, sed conexum omne mysterium trinitatis.

9. Deinde quid apostolus tibi dixit, ut lectum est nudius tertius? „Divisiones autem sunt gratiarum, | idem autem spiritus, divisiones ministeriorum, idem autem dominus, divisiones operationum sunt, idem autem deus, qui operatur omnia in omnibus." Omnia, inquit, operatur deus. Sed et de spiritu dei lectum est: „Unus atque idem spiritus dividens singulis, prout vult." Audi scripturam dicentem, quia dividit spiritus pro voluntate sua, non pro obsequio. Ergo divisit vobis spiritus gratiam „prout vult", non prout iubetur, et maxime quia spiritus dei, spiritus Christi est. Et

---

def. DE
1: deus] *add.* signavit te deus (!) *S m2* ‖ 2: ad *GWSNm om. cet. a* ‖ formam *GWSNZCFm* forma *cet. a* ‖ 3: accipis *G* ‖ 4: ad ipsius vivas figuram *Γ(S a. c.) m* ipsius vivas figura *cet. a* ‖ 5: fontem *Φ, S p. c. m2 a* ‖ 6: dimersus *GSRZAΔ* | peccato *om. Y* | resurgit *πηM* ‖ 7: speciales *G* ‖ 8: crucifigeris *VZβFYa* ‖ 9: speciale *W* aliter *η* specialiter *cet.* ‖ 10: vides *GW, M a. r.* vide *cet. am* ‖ 12: apostolus *post* dixit *M* | ut] cum *M* | nudus *GWFZ* ‖ 13: gratiarum sunt *Ω > S, am* ‖ 14: ministeriorum (mysteriorum *VTMa*, *Q a. c. m2*) sunt *Παm* | dominus] s̃p̃s *M* ‖ 15: sunt *om. W* | autem] vero *M* ‖ 16: omnia *pr.] add.* et *G, W p. c. m1* ‖ 17: et *om. R a. c. m2* | de *om. P* | dei *om. W* | idem] unus *GW* ‖ 20: divisit *ΓRZ, β (ex* dimisit), *CFΔ* dividit *cet. am* | nobis *KM* | gratiam spiritus *M* ‖ 21: x̃p̃i *bis a. r. G*

7. Also, Gott hat dich gesalbt, Christus hat dir das Siegel eingeprägt. Wieso? Weil du mit dem Zeichen seines Kreuzes besiegelt worden bist, mit dem (Zeichen) seines Leidens. Du hast das Siegel empfangen, um ihm ähnlich zu werden, damit du als sein Abbild auferstehst und nach seinem Vorbild lebst, der der Sünde gekreuzigt worden ist und für Gott lebt (vgl. Röm 6,10). Auch dein alter Mensch ist beim Untertauchen in den Taufbrunnen der Sünde gekreuzigt worden, aber für Gott auferstanden (vgl. Röm 6,4–6).

8. Ferner besteht eine andere Eigentümlichkeit darin, daß Gott dich gerufen hat (vgl. Röm 8,30), daß du aber in der Taufe gleichsam auf besondere Weise mit Christus gekreuzigt worden bist (vgl. Röm 6,6). Eine weitere Eigentümlichkeit ist gleichsam gegeben, wenn du das geistliche Siegel empfängst. Du siehst, es gibt eine Unterscheidung der Personen, aber das ganze Mysterium der Dreifaltigkeit ist zu einer Einheit verbunden.

9. Was hat dir außerdem der Apostel gesagt, als vorgestern die Lesung vorgetragen worden ist? „Es gibt verschiedene Gnadengaben, aber es ist derselbe Geist; es gibt verschiedene Dienste, aber es ist derselbe Herr; es gibt verschiedene Tätigkeiten, aber es ist ein und derselbe Gott, der alles in allen bewirkt" (1 Kor 12,4–6). Alles, sagt er, bewirkt Gott. Aber auch vom Geist Gottes hieß es in der Lesung: „Es ist ein und derselbe Geist, der den einzelnen zuteilt, wie er will" (1 Kor 12,11). Höre das Wort der Schrift, das besagt, daß der Geist nach seinem Willen zuteilt, nicht aus Gehorsam heraus. Also hat euch der Geist die Gnade zugeteilt, wie er will, nicht wie ihm befohlen wird, und zwar vor allem deshalb, weil er der Geist Gottes, der Geist Christi ist. Haltet fest, daß er selbst der Heilige

illud tenete ipsum esse spiritum sanctum, ipsum spiritum dei, ipsum spiritum Christi, ipsum spiritum paraclitum.

10. Arriani putant se derogare sancto spiritui, si dicant illum spiritum paraclitum. Quid est paraclitus nisi consolator? Quasi non et de patre lectum sit, quia ipse est „deus consolationis"! Vides ergo, quia in eo derogandum putant spiritui sancto, in quo patris aeterni potestas pio praedicatur adfectu.

3.11. Nunc, quomodo orare debeamus, accipite. Multae virtutes orationis sunt. Ubi orare debeas, non est mediocre | nec mediocris quaestio. Ait apostolus: „Volo autem viros orare in omni loco levantes puras manus sine ira et disceptatione." Et dominus dicit in evangelio: „Tu autem cum oras, intra in cubiculum tuum et clauso ostio ora patrem tuum." Non tibi videtur esse contrarium, ut dicat apostolus: „in omni loco ora", et dominus dicat: „intra cubiculum tuum ora"? Sed non est contrarium. Hoc ergo absolvamus, deinde quomodo debeas incipere orationem et quo ordine distinguere, quid subtexere, quid allegare, quemadmodum claudere orationem, deinde pro quo orare debeas, haec omnia discamus.

12. Primo ubi orare debeas. Aliud Paulus videtur dicere, aliud dominus. Numquid potuit Paulus contra Christi docere praecepta? Non utique. Qua ratione? Quia non

---

def. DE, a l. 22 Z
1: illum πη | tene *GN* | spm̃ *pr. bis M* | ipsum *alt.* (s *i. r.*) *G om. W* ||
1 sq.: spiritum dei — christi ipsum *om. S a. c. m2* || 2: ipsum *pr.*] *add.*
esse *M* | ipsum sp. christi *bis W* | spiritum *alt.* xp̃m *P* || 3: arriani —
4 paraclitum *om. RA* | sp̃ui s̃co *Mβ* || 4: spiritum] *add.* s̃c̃m *M* | nisi
om. πη || 5: quia] qui et *S* quia et πη || 6: eo] eũ *S* | eodem arrogandum
Z | adrogandum *C* | putant *om. P, β a. c. m2* potant *G* || 7: s̃p̃u *G* |
patris***** *P* | aeterna *W* || 10: virtutis *W a. c.* | operationis *β a. c.*
orationum *P* | debeamus *Φ* debemus *K a. c. m2* || 11: nec mediocris
i. r. M | autem *om. B* || 12: viros] vos *AM* | pura *R a. c. m2* ||
13: disceptione *β a. c. m2* || 14: in *om. G a. c. m2 β* | et — 15 tuum
om. β | cluso *GZ* || 15: tuum] *add.* et *G* | videatur *Aπη* || 16: ora et]

Geist, er selbst der Geist Gottes, er selbst der Geist Christi, er selbst der Fürsprecher-Geist ist.

10. Die Arianer meinen, daß sie den Heiligen Geist erniedrigen, wenn sie ihn Fürsprecher-Geist nennen. Was ist der Fürsprecher anderes als der Tröster? Ist nicht auch in der Lesung vom Vater gesagt worden, er sei „der Gott des Trostes" (2 Kor 1, 3)! Du siehst also, daß sie den Heiligen Geist in dem zu erniedrigen meinen, worin die Macht des ewigen Vaters mit frommem Herzen gepriesen wird.

3.11. Nun hört, wie wir beten sollen. Das Gebet besitzt viele Qualitäten. Wo du beten sollst, ist nicht unwichtig, ist keine müßige Frage. Der Apostel mahnt: „Ich will aber, daß die Männer überall beten und dabei ihre Hände in Reinheit erheben, frei von Zorn und Streit" (1 Tim 2, 8). Und der Herr sagt im Evangelium: „Du aber geh in deine Kammer, wenn du betest, und bete bei verschlossener Tür zu deinem Vater" (Mt 6, 6). Hast du nicht den Eindruck, es bestehe ein Widerspruch zwischen dem, was der Apostel sagt, nämlich: „Bete überall!", und dem, was der Herr sagt, nämlich: „Bete in deiner Kammer!"? Aber es besteht kein Widerspruch. Das wollen wir erklären. Außerdem (wollen wir erläutern), wie du das Gebet beginnen, welche Ordnung du einhalten, was du anfügen, was du (darüber hinaus) auswählen und wie du das Gebet beschließen, ferner für wen du beten sollst. Das alles wollen wir kennenlernen.

12. Erstens: Wo sollst du beten? Paulus scheint etwas anderes zu sagen als der Herr. Aber konnte Paulus etwas lehren, das den Vorschriften Christi widerspricht? Gewiß

---

orat *G a.r.* π orare *W*η | et — 17 ora *om. S* | intra in *codd. am* > *GN TA, M p.r.* ‖ 17: tuum et *SY, K p.c. m2 am* | ergo hoc *G* ‖ 18: quomodo debeas *bis a.r. G* ‖ 19: alligare *codd.* > *GT, R p.c. m2* η (alligere) ‖ 20: cludere *G* | oratione *PT* ‖ 21: haec] in aeclesia *G* | haec — 22 debeas *om. C* | dicamus *SΦYam* ‖ 22: primus *Y* | primo — aliud *i.r. S m2* | aliud — 14 (*p.* 194) conversa- *def. Z* | paulus *i.r. T* | videtur∗∗∗∗ (detur *eras.*) *G*

contrarius, sed interpres est Christi. „Imitatores", inquit, „mei estote, sicut et ego Christi." Quid ergo? Potes ubique orare et in cubiculo tuo semper orare; habes ubique cubiculum tuum. Etsi inter gentes, inter Iudaeos positus sis, habes tamen tuum ubique secretum. Cubiculum tuum mens tua est. In populo licet positus, tamen in interiore homine arcanum tuum secretumque conservas.

13. „Tu autem, cum oras, intra in cubiculum tuum." Bene ait „intra", ne sic ores, quomodo Iudaeus, cui dicitur: „Populus hic labiis me honorat, cor autem eorum longe est a me." Non ergo de labiis tantummodo tua procedat oratio, animo totus intende, intra in recessum pectoris tui, totus ingredere. Non te perfunctorium videat ille, cui placere desideras. Videat, quia ex corde oras, ut te ex corde orantem dignetur audire:

14. „Tu autem, cum oras, intra in cubiculum tuum." Habes hoc et alibi: „Ambula, populus meus, et intra in recessus tuos, abscondere pusillum, donec transeat ira domini." Hoc locutus est dominus per prophetam; in evangelio autem dicit: „Tu autem, cum oras, intra in cubiculum tuum et clauso ostio ora patrem tuum."

15. Quid est „clauso ostio"? Quod habemus ostium? Audi, quod ostium habeas, quod debeas claudere, quando

---

def. DEZ

1: inquit *om.* Q *a. c. m2 MN, post* 2 mei S *a. c. m2 VTP* ‖ 2: et *om.* Gη ‖ putes W ‖ 2 sq.: orare ubique S ‖ 3: utique WN ‖ 5: tamen *om.* GN *post* ubique β ‖ tuum *pr. om.* WS ‖ 6: in *alt. om.* βη ‖ interiorem C, S *a. c.* ‖ 7: hominem G, S *a. c.* C ‖ secretumque tuum (que tuum *s. l.*) V ‖ conserva Nπηβ, VK *p. c.* ‖ 9: ait] audis T audit V *a. r.* A audi V *p. r.* addit *a* ‖ ne *om.* G nec Φβa, S *p. c. m2* ‖ 10: eorum *om.* β illorum R ‖ 12: animum V *p. c.* animo tuo G ‖ intende *om.* V inde GUQTABM ‖ pectoris *s. l.* G *m2* ‖ 13: perfinctorium Pβη ‖ videat *om.* S *a. c. m2* ‖ cui te Ω > S *m1 NM* ‖ 14: videat quia *om.* Nπη, S *a. c. m2* ‖ oras] ora Nπη, S *a. c. m2* ‖ 14 sq.: orante RF, S *a. c. m2* ‖ 15: exaudire G, S *p. c. m2* ‖ 16: cum *om.* S ‖ intra *om.* G ‖ 17: habes — ambula *i. r.* M ‖ popule VUTBM, S *p. c. m2 a* ‖ 18: recessos GF secessos W ‖ tuos]

nicht. Warum? Weil er kein Gegner, sondern ein Erklärer Christi ist: „Ahmt mich nach", fordert er, „wie ich Christus (nachahme)" (1 Kor 11,1). Was also? Du kannst überall beten, und du kannst immer in deiner Kammer beten. Du hast deine Kammer überall (bei dir). Auch wenn du dich unter Heiden oder unter Juden befindest, dennoch hast du überall deine geheime (Kammer bei dir). Deine Kammer ist dein Geist. Auch wenn du dich in einer Menschenmenge aufhältst, bewahrst du doch in deinem Inneren deine verschlossene und geheime (Kammer).

13. „Du aber geh in deine Kammer, wenn du betest" (Mt 6,6). Mit gutem Grund sagt er: „Geh hinein", damit du nicht wie der Jude betest, dem gesagt wird: „Dieses Volk ehrt mich mit den Lippen, ihr Herz aber ist weit von mir entfernt" (Mt 15,8; Jes 29,13). Dein Gebet komme also nicht nur von den Lippen! Wende dich ganz dem Herzen zu, geh in das Innere deiner Brust, schreite ganz hinein! Erscheine vor dem nicht als oberflächlich, dem du gefallen möchtest! Er soll sehen, daß du aus dem Herzen betest, damit er dich als jemanden, der aus dem Herzen betet, zu erhören für würdig erachtet.

14. „Du aber geh in deine Kammer, wenn du betest." Das findest du auch anderswo: „Geh, mein Volk, und tritt in deine inneren Gemächer, zieh dich für eine kurze Zeit zurück, bis der Zorn des Herrn vergeht" (Jes 26,20). Das hat der Herr durch den Propheten gesprochen. Im Evangelium aber sagt er: „Du aber geh in deine Kammer, wenn du betest, und bete bei verschlossener Tür zu deinem Vater" (Mt 6,6).

15. Was heißt „bei verschlossener Tür"? Welche Tür besitzen wir? Höre, welche Tür du besitzt und verschlie-

---

add. claude ostium tuum *Pm* ‖ 19: domini *pr.*] dei *SNM* ‖ 20: dixit *Ππηβam* ‖ 21: et — tuum *om. G* ‖ 22: quid] qui *G* | cluso *R a. c.* | quod — ostium *Γ* (otium *G*), *β p. c. m2 om. cet. am*

oras. — Utinam mulieres audirent! — Audisti iam; sanctus David te docuit dicens: „Pone, domine, custodiam ori meo et ostium circuitus labiis meis." Est alibi ostium, quod ait apostolus Paulus dicens: „Ut aperiatur", inquit, „mihi ostium verbi ad | loquendum mysterium Christi." Hoc est: quando oras, noli sermone clamare nec diffundere orationem tuam nec iactare per populos. In secreto tuo ora, securus, quod te in secreto possit audire, qui omnia videt atque audit universa. „Et ora patrem tuum in abscondito; qui" enim „videt in abscondito", audit te deprecantem.

4.16. Quid prosit autem, interrogemus, qua ratione secreto magis orare debeamus quam cum vociferatione. Audi, de consuetudine hominum sumamus exemplum. Si aliquem rogas, qui cito audit, non opus putas esse clamore; sensim rogas, voce moderata. Si surdum aliquem roges, nonne incipis vociferari, ut te ille possit audire? Qui ergo clamat, putat, quod aliter deus non possit nisi clamantem audire, et dum rogat eum, eius derogat potestati. Qui autem in silentio orat, fidem defert et confitetur, quod deus scrutator cordis et renis sit, et orationem tuam ante ille audiat quam tuo ore fundatur.

---

def. DEZ
1 sq.: david s̃c̃s *M* ‖ 2: docuit te *V* | custodia *G* ‖ 3: circuitus] circumstantiae *GSπη* | est] et *CFπη, S a.c. m2* | aliud *U* ‖ 4: paulus *om. G* | aperiat *M* | mihi *om. S a.c. m2 Nπη* | mihi inquit *ΔQ* ‖ 5: verba *G* ‖ 6: oras (s *ex* t) *G* | nec] ne *R* | defundere *G* ‖ 7 sq.: securus ora *VT* ‖ 8: securum *Q* | quod *Γ (S m1) m* ut *ΠβS m2 a* | te] uite *T* iute *X m1* et te *X m2* | vidit *S a.c. m2 CF, B a.c.* ‖ 10: qui — abscondito *Γβ m2* (quidem) *om. Παm* | qui audit te in abscondito deprecantem *Ym* | et audit *Va* audit] videt *Nπη* ‖ 11: interrogamus *G* ‖ 12: secretum *RV a.c. QTCFβP, K a.c. m2 X* secretim *U ṁ1 AM* secreti *U m2 B* | debemus *G* | cum *om. M* ‖ 13: audi et *Nπη* | consuetudine] constitutione *R* ‖ 14: rogas *bis S a. c. N* roges *Y* | **esse *R* | clamore *GηS m2 R* clamorem *cet. am add.* sed *πη* ‖ 15: sensim] sed *BPMTa, V p.c.* (si *a.c.*) sim *U m1* (d *s.* i *m2*), *Q* sed sensum *N, S a.c.* sed inter *A* | sursum *S a.c. NPX* | rogas *NπηUa, Q a.c.* ‖

ßen mußt, wenn du betest. — Wenn doch die Frauen das hörten! — Du hast es schon gehört. Der heilige David hat dich unterwiesen, als er sagte: „Stelle, Herr, eine Wache vor meinen Mund und eine Tür rings um meine Lippen!" (Ps 141,3). Es gibt auch anderswo eine Tür, von der der Apostel Paulus spricht: „Daß mir eine Tür für das Wort geöffnet wird", sagt er, „um das Mysterium Christi verkünden zu können" (Kol 4,3). Das heißt: Wenn du betest, sollst du nicht laut sprechen, dein Gebet nicht hinausposaunen und unter die Leute werfen. Bete in deiner geheimen (Kammer) und sei gewiß, daß dich in der geheimen (Kammer) hören kann, der alles sieht und alles hört. „Und bete im Verborgenen zu deinem Vater. Er sieht" nämlich „im Verborgenen" (Mt 6,6), er hört dich bitten.

4.16. Was nützt es, so wollen wir nun fragen, aus welchem Grund sollen wir eher im stillen als mit lauter Stimme beten? Höre. Nehmen wir ein Beispiel aus dem gewöhnlichen menschlichen Umgang. Wenn du jemandem eine Bitte vorträgst, der dich sofort hört, hältst du es nicht für erforderlich, zu schreien. Leise, mit verhaltener Stimme trägst du deine Bitte vor. Wenn du aber jemandem, der taub ist, eine Bitte vorträgst, beginnst du dann nicht mit lauter Stimme zu sprechen, damit er dich hören kann? Wer also schreit, meint, Gott könne ihn nur hören, wenn er sich laut äußert. Und so spricht er ihm seine Macht ab, wenn er bittet. Wer dagegen still betet, bekundet den Glauben und bekennt, daß Gott der Erforscher des Herzens und der Nieren ist (vgl. Ps 7,10) und daß er dein Gebet bereits hört, noch bevor dein Mund es ausspricht.

16: vociferare *GWNπA, BC a.c.* | te *om. P* | ille *om. S a.c. m2* | qui] quid *Gη* ‖ 17: aliter *om. Q* ‖ 18: dum *T* cum *cet.* | qui] quisquis *N* quiqui *S a.c.* ‖ 19: in] cum *M* | differt *S* ‖ 20: scrutatur *GB, Q a.c.* creator *W* | renum *ABMS m2* | ille ante *M*

17. Ergo videamus! „Volo autem viros orare in omni loco": Qua ratione viros dixit? Utique communis oratio est et mulieribus et viris. Quod non invenio, nisi forte sanctus apostolus ideo viros dixit, ne mulieres usurparent et male intellegerent „in omni loco" et inciperent ubique clamare, quas in ecclesia sustinere non possumus.

18. „Volo autem viros", hoc est, qui possunt servare praeceptum, „orare in omni loco levantes puras manus." Quid est „levantes puras manus"? Numquid debes in oratione tua crucem domini gentibus demonstrare? Illud quidem signum virtuti est, non pudori. Est tamen, quomodo possis orare nec figuram demonstres, sed actus tuos leves: Si vis operari operationem tuam, levas puras manus per innocentiam. Levas eas non cottidie; semel levasti, non opus est, ut iterum leves.

19. „Volo autem in omni loco viros orare levantes puras manus sine ira et disceptatione." Nil l verius. „Ira", inquit, „perdit etiam sapientes." Ideo cum omni tempore, quantum fieri potest, Christianus vir iracundiam debeat temperare, maxime quando ad orationem accedit. Ne perturbet animum tuum indignatio, ne irae quidam furor inpediat

---

def. DEZ
1: videmus W | viros] *add.* inquit ap̃s Y | omne (e *ex* i) G, *add. man. antiqua:* dñe d̃s, *postea tertia pars paginae vacua relicta ob membranae defectum* || 2 sq.: est oratio M || 3: et *pr.*] ei G *om.* W | invenit GW Nπη || 5: et *pr. om.* W || 6: ecclesia] *add.* vis β *m2* | possemus Y || 7: possint Πβ (possit P) *am* || 9: quid — manus *om.* S *a. c. m2* πηβ | numquid] quid W || 10: illum G, Q *a. c. m2* η *a. c.* || 11: virtuti GVQTMF *om.* U virtutis *cet.* | pudori G (puturi), W, S *a. c. m2* VUQT pudoris *cet. am* || 12: nec — 13 (*p.* 194) valet *om.* W *(17½ lineae vacuae)* | demonstrare G || 13: operari] orari F orare πη, β *a. c. m2* C | orationem πηSC*am* in oratione N operationem *recte* GW *cum ceteris:* („*wenn du dein Werk wirken willst*") Ambrosius saepe „operationem" *christianam bonae orationis condicionem dicit, cf. locum simillimum in psalm. 118 22,8 (CSEL 62, 492,17)* si elevas actus tuos, elevasti orationem tuam | tuam *om.* β tua N | leva ANβ *m2 am* || 14: leva β*am* | ***semel R || 15: iterum (te *s. l.*) G | levas G laves S *a. c. m2* || 16: in

17. Sehen wir also zu: „Ich will aber, daß die Männer überall beten" (1 Tim 2,8). Warum spricht er (nur) von Männern? Beten doch Männer und Frauen ohne Zweifel in der gleichen Weise. Dafür finde ich keinen anderen Grund als den, daß der heilige Apostel vielleicht deshalb (nur) von Männern gesprochen hat, damit die Frauen sich (sein Wort) nicht zu eigen machen und aus einem falschen Verständnis (des Ausdrucks) „überall" heraus allerorts laut zu reden beginnen; was wir ihnen in der Kirche nicht gestatten können.

18. „Ich will aber, daß die Männer", das heißt diejenigen, die die Vorschrift einhalten können, „überall beten und dabei ihre Hände in Reinheit erheben" (1 Tim 2,8). Was heißt „die Hände in Reinheit erheben"? Sollst du etwa beim Beten das Kreuz des Herrn den Heiden vorführen? Dieses ist doch ein Zeichen für Mut und nicht für Scham. Die Art und Weise, wie du beten kannst, besteht darin: Stelle nicht das Zeichen (des Kreuzes) dar, sondern erhebe deine Taten! Wenn du deine Handlung ausführen willst, erhebst du reine Hände aufgrund (deiner) Unschuld. Du erhebst sie nicht täglich; du hast sie einmal erhoben; es ist nicht nötig, sie ein weiteres Mal zu erheben.

19. „Ich will aber, daß die Männer überall beten und dabei ihre Hände in Reinheit erheben, frei von Zorn und Streit" (1 Tim 2,8). Nichts ist vernünftiger. „Der Zorn", so heißt es, „richtet auch die Weisen zugrunde" (Spr 15,1 LXX). Daher muß ein christlicher Mann zu jeder Zeit, soweit er kann, seinen Zorn mäßigen, vor allem aber, wenn er sich anschickt zu beten. Kein Unmut soll deinen Geist verwirren, kein Wutausbruch dein Gebet behindern. Be-

---

s. l. G m2 (omni i. r.) ‖ 17: nil G, β a. c. m2 CFRPK nihil cet. ‖ 18: perdidit S a. c. m2 | cum om. RNYm cum in β | tempore] timore M ‖ 19: iracondia G | debet RNMYm ‖ 19 sq.: temperare et NYm ‖ 21: suum ηa, S p. c. m2 tū β eius N | indignatio ne] indignatione G | irae ne RY | quidem VUQTBM, P a. c. S p. c. m2

orationem tuam, magis placido accede pectore. Quid enim
irasceris? Servus peccavit? Tu accedis ad orationem, ut tibi
tua delicta donentur, et alii indignaris? Hoc est ergo „sine
ira".

5.20. Nunc de „disceptatione" videamus: Plerumque
negotiator venit ad orationem, aut avarus de pecunia co-
gitat, alter de lucro, alter de honore, alter de cupiditate, et
putat, quod eum deus possit audire. Et ideo quando oras,
divina humanis praeferre te convenit.

21. „Similiter et mulieres", inquit, volo orare non iac-
tantes se in ornamentis neque in margaritis, ait apostolus
Paulus. Sed et apostolus Petrus: Mulieris, inquit, gratia
plurimum valet, ut viri eius convertatur adfectus per uxoris
suae bonam conversationem et incredulus se flectat ad
gratiam Christi. Hoc valet mulieris gravitas et pudicitia et
eius bona conversatio, ut virum suum vocet ad | fidem et
devotionem, quod prudentis viri sermo frequenter operatur. Ergo mulier, inquit, non in ornatu capillorum, non „in
tortis crinibus" ornamentum suum habeat, sed oratione ex
corde puro, ubi „est absconditus cordis homo, qui" semper
„est apud deum locuples". Habes ergo, in quo sis dives: In
Christo divitiae tuae pudicitia est et castitas, infulae fides,

---

def. DE, usque ad l. 14 *Z*

1: tuam] *add.* sed *RYm add.* ideo πηβ *m*2 suam πηa eius *N* | placito
Sβ | accipe *R* | enim *om. S a. c. m*2 || 2 sq.: tua tibi *am* || 3: deleantur
β | ergo *GS*πη *om. cet.* || 5: de *om. G, S a. c.* | plerumque *om. S a. c.
m*2 || 6: avarus alter *MY* || 8: et ideo *om. S a. c. m*2 *N* || 11: in *alt. om.
G* || 12: mulieres *VTK*η *a. c., CFX, G p. c.* || 13: eius *om. G* | conver-
tatur *om. β* | affectus *G* | adfectus — 14 conversationem *om. S a. c.
m*2 || 14: -tionem et] *denuo incipit Z* | flectat *GSN* convertat *cet. am*||
15: gratia *G* | pudicitiae *W* || 17: quod et *SK* || 18: in *om. SX* |
hornatum *G* || 19: habeat *G, S p. c. m*2 *BMYam* habet *cet.* | sed in *V
p. c. MN* | orationi (*add.* sempleci) *G* orationem *UT a. c. QRZβCFY*
ornatione *W* | ex] et *GN*πη*ΦCFa* et in *R* e *WZY*Δ (de *K m*2) ||
21: apud] ad *P* || 22: christo] quo *ΦaS p. c. m*2 | pudicitia *G* et pudicae

ginne lieber mit ruhigem Gemüt. Was zürnst du denn? Hat dein Diener etwas falsch gemacht? Du willst beten, damit dir deine Sünden vergeben werden, und du empörst dich über einen anderen? Das ist (zu sagen zu dem Satzteil) „frei von Zorn".

5.20. Betrachten wir nun den „Streit". Nehmen wir einen häufig vorkommenden Fall: Ein Kaufmann kommt, um zu beten. Ein Geiziger denkt dann an Geld, ein anderer an Gewinn, ein weiterer an Ehre und wieder ein anderer an Lustbarkeiten und meint dennoch, Gott könne ihn erhören. Daher ziemt es sich für dich, wenn du betest, das Göttliche dem Menschlichen vorzuziehen.

21. Ich will, sagt er, daß auch die Frauen in ähnlicher Weise beten und sich dabei nicht mit kostbaren Kleidern und mit Perlen schmücken (vgl. 1 Tim 2,9), bemerkt der Apostel Paulus. Aber auch der Apostel Petrus (erklärt): Die Anmut einer Frau vermag sehr viel dazu beizutragen, sagt er, daß sich das Herz ihres Mannes aufgrund des guten Lebenswandels seiner Frau bekehrt und daß ein Ungläubiger sich der Gnade Christi zuwendet (vgl. 1 Petr 3,1 f). Die Würde und Sittsamkeit der Frau und ihr guter Lebenswandel sind in der Lage, ihren Mann zu gläubigem Gehorsam zu rufen, wie es oftmals das Wort eines klugen Mannes zustande bringt. Also, die Frau, sagt er, suche ihren Schmuck nicht in der Haartracht, nicht „in geflochtenen Haaren" (1 Tim 2,9), sondern im Gebet aus reinem Herzen, wo der innere Mensch verborgen ist, der bei Gott immer reich ist (vgl. 1 Petr 3,3 f). Hier findest du also (ausgesprochen), wodurch du reich bist: deine Reichtümer in Christus sind Sittsamkeit und Keuschheit, (deine) Kopfbinden sind Glaube, frommer Gehorsam und Barmherzig-

---

πη pudicitiae *cet.* | est G, S *a. c.* sunt *cet.* | castitas *GRZVUQBΔCY* castitatis *cet.*

devotio, misericordia. Hi sunt thesauri iustitiae, sicut propheta memoravit.

22. Deinde unde debeas incipere, audi: Dic mihi, si velis hominem rogare et sic incipias: „Da mihi ecce illud, quod te peto", nonne arrogans videtur oratio? Et ideo inchoari oratio debet a dei laude, ut roges omnipotentem deum, cui possibilia sunt omnia, qui voluntatem praestandi habet. Sequitur obsecratio, sicut apostolus docuit dicens: „Obsecro ergo primum fieri orationes, obsecrationes, postulationes, gratiarum | actiones." Prima ergo oratio laudem habere debet dei, secunda supplicationem, tertia postulationem, quarta gratiarum actionem. Non debes quasi famelicus ad cibum de cibo incipere, sed ante a laudibus dei.

23. Unde et oratores isti sapientes hanc habent disciplinam: Ut iudicem fautorem sibi praestent, incipiunt a laudibus eius, ut benivolum sibi faciant cognitorem. Deinde paulatim incipit rogare iudicem, ut patienter dignetur audire, tertio postulationem suam depromere, quid petat, exprimere, quarto.... quomodo coepit a laudibus dei, sic debet in dei laude et in gratiarum actione unusquisque nostrum desinere.

---

def. DE
1: devotio et *Πam* | hii *GWπηNCFUBM* | thesuri *G a.c.* ‖ 1 sq.: per prophetam *πη* per propheta *β* ‖ 2: memorat *G* ‖ 3: unde] *om. S a.c. m2* ubi *πη* | audi *G*, *(post deinde) M om. cet.* | si] sic *G* | volueris *G* ‖ 4: sic incipias] coeperis eum petere *G (om. ecce illud)* | illud *s.l. π m2* ‖ 5: arrogans illi *G* | oratio] petitio tua *G* ‖ 6: oratio debet] operatio tua debet *G* | ad dei laudem *G* ‖ 7: quae *U a.c. T a.c. m3 BQ* qui] *add.* prompta *G, add.* semper *N* | habet *post* qui *Πam* ‖ 8: apostolus] *add.* nos *G* ‖ 8 sq.: obsecro] obsecratio *W* ‖ 9: ergo] autem *VT* | orationes *WSπηYP om. cet. a* ‖ 9 sq.: postulationes *ΓY om. cet. a* ‖ 11: debet habere *Φam* | debeat *G* | dei *om. W* | supplicationem] obsecrationem *GN* ‖ 12 sq.: familicam *G* ‖ 13: cibo] *add.* primum *m* ‖ 14: oratorus *G a.c. m2* orationis *M* orationes *S a.c.* | istius *M* huius mundi *GN* | habent] *add.* consuitudinem adque *G* ‖ 15: ut iudicem *om. W* | praestent] fatiant *G* | incipiunt primum *G* ‖ 15 sq.: laude *M* ‖ 16: eius dicere *G* | faciant] praestent *G* ‖ 17: patienter eum *G* ‖

keit. Dies sind die Schätze der Gerechtigkeit (vgl. Jes 33, 6), wie der Prophet erklärt hat.

22. Höre ferner, von wo du ausgehen sollst. Sage mir, wenn du einem Menschen eine Bitte vortragen willst und so beginnst: „Gib mir das, worum ich dich bitte", wird deine Bitte dann nicht für anmaßend gehalten? Und daher soll auch das Gebet mit einem Lob Gottes beginnen, um danach dem allmächtigen Gott, dem alles möglich (vgl. Mt 19, 26; Mk 10, 27; 14, 36; Lk 1, 37) und der zu helfen gewillt ist, deine Bitte vorzutragen. Es folgt eine Anrufung, wie der Apostel gelehrt hat: „Vor allem ermahne ich euch zu Gebeten, Anrufungen, Bitten und Danksagungen" (1 Tim 2, 1). An erster Stelle soll also das Gebet ein Lob Gottes, an zweiter Stelle eine Anrufung, an dritter eine Bitte und an vierter Stelle eine Danksagung enthalten. Du sollst nicht wie jemand, der nach Speise hungert, mit der (Bitte um) Speise beginnen, sondern zunächst mit einem Lob Gottes.

23. Dementsprechend folgen auch kluge Redner der Methode, daß sie sich zunächst den Richter gnädig stimmen. Sie beginnen mit einem Lob auf ihn, um das Wohlwollen des Untersuchungsrichters zu gewinnen. Dann beginnt er allmählich die Bitte auszusprechen, der Richter möge geduldig zuhören. Als Drittes bringt er seine eigentliche Bitte vor, bringt zum Ausdruck, was er wünscht. Als Viertes ... Wie er mit dem Lob Gottes begonnen hat, so soll ein jeder von uns mit einem Lob Gottes und mit einer Danksagung schließen.

---

17 sq.: audire] *add.* audet *VU p. c.* PXMC*m* *add.* audiet *RZΦ* *add.* audet et *a* ‖ 18: qui *G* ǀ petat] expectat (c *exp.*) *W* ‖ 19: quarto] quartum ut *G* quarta *RZ, V a. c.* UQTBCKX, S *p. c. m*2 πη ǀ *in lacuna fortasse legendum:* in laude desinere. Ergo ǀ a] ad *G* ‖ 19 sq.: dei (*utroque loco*) *om.* Y ‖ 20: laudem *GRFUQPm* laudibus *W* ‖ 20 sq.: et in gratiarum actione unusquisque nostrum *G om. cet.* ‖ 21: desinere] *add.* in laudibus dei definire *M* desineret *W*

24. Habes hoc in oratione dominica: „Pater noster, qui es in caelis": Laus dei, quod pater praedicatur: in eo pietatis gloria; laus dei, quia in caelis habitat, non in terris: „Pater noster, qui es in caelis. Sanctificetur nomen tuum", id est, ut sanctificet servos suos; nomen enim illius sanctificatur in nobis, quando praedicantur homines Christiani. Ergo optantis est „sanctificetur nomen tuum". „Veniat regnum tuum": postulatio, ut in omnibus sit regnum Christi. Si deus in nobis regnat, locum habere adversarius non potest, culpa non regnat, peccatum non regnat, sed regnat virtus, regnat pudicitia, regnat devotio. Deinde: „Fiat voluntas tua sicut in caelo et in terra. Panem nostrum cottidianum da nobis hodie." Haec postulatio maxima est eorum, quae postulantur. „Et dimitte", inquit, „nobis debita nostra, sicut et nos dimittimus" debita „debitoribus nostris": Ideo cottidie accipe, ut cottidie debito tuo indulgentiam petas. „Et ne patiaris nos induci in temptationem, sed libera nos a malo." Quid sequitur? Audi, quid dicat sacerdos: „Per dominum nostrum Iesum Christum, in quo tibi est, cum quo tibi est honor, laus, gloria, magnificentia, potestas,

---

def. DE, a l. 9 Z
1: orationem *G* ‖ 2: caelis] *add.* sanctificetur nomen tuum *πη* | praedicetur *W* | in eo] nova *Y* ‖ 3: laudis *V, U p. c. QTBM* | laus — 4 caelis *om. η* | quia — terris *om. S a. c. m2* | non] et *a* | terra *G* | pater — 4 caelis *om. π* ‖ 4: id est *om. πη* hoc est *Y* ‖ 5: ut *om. RY* | nomen enim] nomini *G* ‖ 6: quando] quoniam *Δ* | praedicatur *Rβ a. c. m2 WQC* | hominis *W* ‖ 7: adveniat *ΦN, S p. c. m2* ‖ 8: omnibus *GNS* nobis *cet. am* | si enim *GN* ‖ 9: regnet *M (quinquies)* | locum] *add.* in nobis *M* | adver-] *def. usque ad finem folio amisso Z* | potest] debet *W* ‖ 10: non regnat culpa non regnat peccatum *G* | sed *om. S a. c. m2* ‖ 11: *ante* devotio *add.* castitas rignat *G* | deinde *om. M* ‖ 12: caelo ita *G* ‖ 13: postulatio ****** (*om.* maxima) *C* | eorum *i. r. M* ‖ 13 sq.: quae postulantur] a quibus haec postolantur, ut secundum volontatem dei pane angelorum mereantur hominis cotidie accepere in terris *G* ‖ 14: inquit *in mg. m2 U* | nobis *om. Δ, Y a. c. m2* | debita] *add.* et peccata *G* ‖ 15: debita *GW om. cet. am* ‖ 16: accipite *VA a. c. UQT* accipito *a* ‖ 17: nos patiaris *G* | indici *S* duci *η* ‖ 18: malo] *add.* si

24. Das findest du (auch) im Gebet des Herrn (vgl. Mt 6,9–13). „Vater unser, der du bist im Himmel." (Dies ist ein) Lob Gottes, weil er „Vater" genannt wird. In ihm ist die herrliche Vaterliebe. Lob Gottes, weil er im Himmel wohnt (vgl. Ps 123,1) und nicht auf der Erde. „Vater unser, der du bist im Himmel, geheiligt werde dein Name", das heißt, er möge seine Diener heiligen. Sein Name wird nämlich in uns geheiligt, wenn Menschen Christen genannt werden. „Geheiligt werde dein Name" bezieht sich also auf den, der die Bitte vorträgt. „Dein Reich komme." Es handelt sich dabei um die Bitte, daß das Reich Christi in allen sei. Wenn Gott in uns herrscht, vermag der Feind keinen Platz zu finden, die Schuld übt keine Herrschaft aus, die Sünde übt keine Herrschaft aus, sondern es herrscht die Tugend, es herrscht die Sittsamkeit, es herrscht der fromme Gehorsam. Ferner: „Dein Wille geschehe wie im Himmel so auf der Erde. Unser tägliches Brot gib uns heute." Diese Bitte ist die wichtigste aller Bittgebete. „Und vergib uns", heißt es, „unsere Schulden, wie auch wir unseren Schuldnern" die Schulden „erlassen". Deshalb nimm täglich auf dich, täglich um Vergebung deiner Schuld zu bitten. „Und laß nicht zu, daß wir in Versuchung geführt werden, sondern rette uns vor dem Bösen." Was folgt darauf? Höre, was der Bischof sagt: „Durch unseren Herrn Jesus Christus, in dem dir und mit dem dir Ehre, Lob, Verherrlichung, Hoheit und Macht mit

---

puru *(sic!)* corde et bona operatus deum exores omnis temtatio mala locum in te habere non poterit G | quid] quae U p.c. m2 ABπηa | secuntur UTBPη sequuntur RQAπa sequerunt (e s. u) V | quid] quod Q, S a.c. m2 ‖ 19: in — est *om.* V a.c. YR | in — 1 (p. 200) sancto *om.* G | tibi — 20 tibi *om.* Q | cum — 20 est *om.* BM ‖ 20: est *om.* πη, S m1 | honor *ante* 19 cum CFβ | laus et BM

cum spiritu sancto a saeculis et nunc et semper et in omnia saecula saeculorum. Amen."

25. Aliud: Psalmorum David licet unus libellus sit habens eas virtutes orationis, quas supra diximus, tamen plerumque et in uno psalmo omnes istae orationis partes inveniuntur, quomodo in octavo psalmo invenimus. Denique sic coepit: „Domine, dominus noster, quam admirabile est nomen tuum in universa terra." Oratio ergo prima. Deinde obsecratio: „Quoniam videbo caelos, opera digitorum tuorum"; hoc est „‚caelos videbo': lunam et stellas, quas tu fundasti". Utique non „caelum" dicit „videbo", sed „videbo caelos", in quibus incipit albescere gratia splendore caelesti. Hos sibi caelos tunc promittebat propheta dari, qui caelestem gratiam a domino mererentur: „lunam et stellas, quas tu fundasti", „lunam" ecclesiam, „stellas" caelestis gratiae resurgentes. Deinde vide postulationem eius: „Quid est homo, quod meministi eius, aut filius hominis, quoniam visitas eum? Minorasti eum paulo minus ab angelis, gloria et honore coronasti eum, et constituisti eum super opera manuum tuarum." Et alia: gra-

---

def. DEZ, a l. 3 *SNπηβ, a l.* 17 *F*
1: sancto *om.* Y ‖ 2: saeculorum amen *om.* πη (*qui hic desinunt verbis:* explicit liber sextus exameron paschalis) | amen *om.* WNβ amen] *add.* VII. item sequentia *G post* amen *desinunt sine subscr.* SNβ ‖ 3: aliut CF alius RQY alium G ille V *p. c. m2* (*s.* aliud) | psalmum G ‖ 5: plerumque *i. q.* saepissime | et *om.* G | in *om.* W | istas VU *a. c.*, QT istius M | orationes G, RVUA *a. c.*, BF ‖ 6: quomodo] quo Q *add.* et G ‖ 7: incaepit M | dominus] deus G | admirabile (rabi *s. l. m2*) G ‖ 9: caelos] *add.* tuos V *a. c.* QTP ‖ 10: hoc — videbo *om.* V *a. c.* | luna G | ste✱las G ‖ 11: quae GRM | dicit caelum GΔ | dicit] *add.* non Q ‖ 12: incoepit W | gratia] *add.* et *codd. praeter* G ‖ 13: splendore G splendere W splendor *cet.* | caelesti G caelestis *cet.* | tunc] tibi Q *om.* U ‖ 14: qui] quae R, VQ *a. c.* qui✱ U | gratiam caelestem Δ | gratia U *a. c.* | mereretur G merentur U *a. c. m2, F* ‖ 15: luna G | stelas G | quas — 16 stellas *om.* G | fundasti] fecisti M | ecclesiam dicit M ‖ 16: stellas] *add.* vocat sanctos Ym | caelesti gratia BYm | caelestes V *p. c. m2* | gratiae animas G | refulgentes BYm resurgentis

dem Heiligen Geist von Anfang an, jetzt und immer und in alle Ewigkeit zuteil werden. Amen."

25. Noch etwas anderes. Wenn auch ein einziges Buch der Psalmen Davids jene Eigenschaften des Gebets aufweist, die wir eben angeführt haben, so finden sich dennoch meist ebenfalls in ein und demselben Psalm alle diese Gebetsteile, wie wir sie in Psalm 8 antreffen. Er beginnt eben so: „Herr, unser Herr, wie bewundernswürdig ist dein Name auf der ganzen Erde" (Ps 8,2). Das erste ist also ein Lobgebet. Dann folgt eine Anrufung: „Denn ich werde die Himmel sehen, das Werk deiner Finger." Ich werde die Himmel sehen, das heißt: „Mond und Sterne, die du befestigt hast" (Ps 8,4). Doch er sagt nicht „Ich werde den Himmel sehen", sondern: „Ich werde die Himmel sehen", in denen die Gnade aufgrund des himmlischen Glanzes zu leuchten beginnt. Diese Himmel, so hat dann der Prophet versprochen, werden denen gegeben, die vom Herrn gewürdigt werden, die himmlische Gnade (zu empfangen). „Den Mond und die Sterne, die du befestigt hast": Der Mond (bezeichnet) die Kirche, die Sterne (bezeichnen) die durch die himmlische Gnade Auferstehenden[29]. Siehe, dann folgt seine Bitte: „Was ist der Mensch, daß du an ihn denkst, oder des Menschen Kind, daß du es besuchst? Du hast ihn nur ein wenig geringer als die Engel gemacht, du hast ihn mit Herrlichkeit und Ehre gekrönt und ihn über das Werk deiner Hände gesetzt" (Ps 8,5–7). Und das an-

---

[29] BOTTE, *Notes* 212f, hat *stellas caelestis gratiae resurgentes* (FALLER) in Anlehnung an *inst. virg.* 2,9 folgendermaßen geändert: *stellas filios ecclesiae luce caelestis gratiae refulgentes*. Es handelt sich dabei um einen Korrekturversuch, der nicht notwendig ist, da der vorliegende Text sinnvoll erscheint.

V a. c. | vide *om.* *VT* videbo *W* || 17: meministi] memor es *GC* | eius] desinit *F* || 18: minuisti *VTB* || 19: minis *W* || 20: super] *add.* omnia *G* | manum *G*

tiarum actio: „Omnia subiecisti sub pedibus | eius, oves et | 85
boves universas, insuper et pecora campi" et cetera.

26. Docuimus pro captu nostro, forsitan quod non didicimus; ut potuimus, expressimus. Sanctitas vestra institutis sacerdotalibus informata elaboret tenere, quod accepit, ut sit oratio vestra accepta deo, et sit oblatio sicut hostia pura, et in vobis semper suum signaculum recognoscat, ut et ipsi ad gratiam et ad praemia virtutum pervenire possitis, per dominum nostrum Iesum Christum, cui est honor et gloria, laus, perpetuitas a saeculis et nunc et semper et in omnia saecula saeculorum. Amen.

---

*def. DEZSN*πη*βF*
1: accionem *G* | eius *om. V a. c. m 2* || 2: universa *GVQP, K a. c. m 2* | et *pr. om. R a. c.*, et *alt. eras.* || 3: nostro] N *(!) G* | forsitam *G* | quod *om. M* | non *om. T add.* ut *M* || 3 sq.: ditimus *G* didicimus] *add.* et *V s. l. a. r. add.* sed *M* || 4: expresimus *G* | sanitas *G* || 5: formata *Y* informatum *W* informatae *R, UV a. c. m 2, Q* (informatae labor et) | elabor et *(sic!) G* elabore *W* elaboret *Y* laboret *cet. am* || 5 sq.: actipit *G* || 6: ut — accepta (*add. a ante* deo) *om.* Ω > *C, am* | et sit *W* ut sit *G* ut *Y* et *cet. am* | sicut] sit *B* || 7: et *om. RY, VK p. c.* || 8: gratia *G* || 9: possetis *U a. c.* possumus *Q a. c. m 2* || 9 sq.: x$\widetilde{pm}$] *desinit G* || 10: honor et gloria *W* honor gloria *U* gloria et honor *T om.* gloria *M* gloria honor *cet. am* | laus et *M* || 11: et *pr. om. UB* | amen *bis in Q* | *nulla subscriptio in GWUQT, V p. r. (duae lineae eras.), AB* explicit de sacramentis liber sextus *P* explicit de sacramentis sancti ambrosii liber sextus *RZK* explicit de sacramentis liber sextus sancti ambrosii mediolanensis *X* explicit liber sextus de sacramentis *M* lanfrancus hucusque correxi *Y (m 1!)*

dere: die Danksagung: „Du hast ihm alles zu Füßen gelegt, alle Schafe und Rinder, darüber hinaus auch die Tiere des Feldes" und so weiter (Ps 8,7f).

26. Wir haben euch nach unserem Wissen unterwiesen, vielleicht sogar in dem, was wir selbst nicht gelernt haben. Wir haben uns so ausgedrückt, wie wir dies konnten. Eure Heiligkeit möge, durch die bischöflichen Unterweisungen belehrt, sich darum bemühen, zu bewahren, was sie empfangen hat, damit euer Gebet Gott wohlgefällig, die Gabe (die ihr darbringt) ein reines Opfer sei und er in euch immer sein Siegel erkenne, auf daß auch ihr zur Gnade und zum Tugendlohn gelangen könnt durch unseren Herrn Jesus Christus, dem Ehre und Verherrlichung, Lob und ewige Dauer von Anfang an, jetzt und immer und in alle Ewigkeit zuteil werden. Amen.

DE MYSTERIIS
ÜBER DIE MYSTERIEN

1. 1. De moralibus cottidianum sermonem habuimus, cum vel patriarcharum gesta vel Proverbiorum legerentur praecepta, ut his informati atque instituti adsuesceretis maiorum ingredi vias eorumque iter carpere ac divinis oboedire oraculis, quo renovati per baptismum eius vitae usum teneretis, quae ablutos deceret.

2. Nunc de mysteriis dicere tempus admonet atque ipsam rationem sacramentorum edere, quam ante baptismum si putassemus insinuandam nondum initiatis, prodidisse potius quam edidisse aestimaremur; deinde quod inopinantibus melius se ipsa lux mysteriorum infuderit, quam si ea sermo aliqui praecucurrisset.

3. Aperite igitur aures et bonum odorem vitae aeternae inhalatum vobis munere sacramentorum carpite! Quod vobis significavimus, cum apertionis celebrantes mysterium diceremus „effetha, quod est adaperire", ut venturus unusquisque ad gratiam, quid interrogaretur, cognosceret, quid responderet, meminisse deberet.

---

def. O
Incipit sancti ambrosii mediolanensis episcopi de mysteriis π Incipit sancti Ambrosii mediolanensis episcopi liber primus de misteriis F incipit sancti ambrosii (ẽpi E) de divinis mysteriis GE incipit liber beati ambrosii mediolanensis archiẽpi de misteriis sive initiandis DY Incipit liber sancti Ambrosii de initiandis P de misteriis incipit η in nomine domini ñri iñu x̃pi incipit liber beatissimi ambrosii mediolanensis ẽpi primus liber de mysteriis U libri sancti ambrosii med. ẽpi unus de mysteriis. VI. de sacramentis feliciter incipiunt Q (in nomine dñi ñri iñu x̃pi R) incipiunt libri beatissimi ambrosii med. ẽpi primus (liber T) de misteriis et sex (sextus R) de sacramentis RT *similiter* AMBKX incipit liber primus de sacramentis beati ambrosii mediolanensis ẽpi de misteriis C incipit liber beati ambrosii de sacramentis χ incipit epistola sancti cypriani ẽpi karthaginiensis ad neophytos de sacramentis *man. rec.* W *deest inscriptio in* O *(mutilo!)*
2: legentur D ‖ 3: ut] *add.* in η ǀ his] is C ‖ 4: maiorem E *a. c.* (maiores *p. c.*), G ǀ capere M ǀ 6: absolutos U ǀ diceret W ‖ 7: nunc — admonet *om.* F ǀ tempus admonet *om.* P ‖ 8: sacramentorum rationem Φam ǀ edere] *add.* cupimus P *m* 2 ‖ 9: nisi (ni *s. l. m* 2) η ‖ 10: edisse T dedisse

ÜBER DIE MYSTERIEN 1–3

1. 1. Als Lesungen vorgetragen wurden, die die Geschichte der Patriarchen oder die Vorschriften des Buchs der Sprichwörter zum Inhalt hatten, haben wir jeden Tag eine Predigt über das sittliche Leben gehalten. Darin unterrichtet und unterwiesen, solltet ihr euch daran gewöhnen, den Weg der Vorfahren zu betreten, auf ihm voranzuschreiten und den göttlichen Anweisungen Folge zu leisten. So solltet ihr, durch die Taufe erneuert, jene Lebensform pflegen, die sich für Getaufte ziemt.

2. Nun mahnt die Zeit, über die Mysterien zu sprechen und den eigentlichen Sinn der Sakramente zu erklären. Wenn wir der Meinung gewesen wären, dies vor der Taufe Personen mitteilen zu sollen, die die Initiation noch nicht empfangen haben, würden wir eher als Verräter denn als Lehrer angesehen. Ferner (erläutern wir dies erst jetzt), weil das Licht der Mysterien sich selbst in Unwissende besser hineinergießt, als wenn ihnen eine Erklärung vorausgegangen wäre.

3. Öffnet also die Ohren und genießt den Wohlgeruch des ewigen Lebens (vgl. 2 Kor 2, 15 f), der euch durch die Gabe der Sakramente eingehaucht worden ist! Das haben wir euch angedeutet, als wir bei der Feier des Mysteriums der Öffnung gesagt haben: „Effata!, das heißt öffnen" (vgl. Mk 7, 34), damit ein jeder, der zur Gnade kommt, verstehe, was er gefragt würde, und sich erinnern sollte, was er zu antworten habe.

Γ | estimaremus *π* | deinde quod] denique *T* || 11: infunderet *T* || 12: ea *ΓUQM* eam *cet. am* | sermone *ηQKX* | aliqui *E* aliquo *FηUQMΔ* alicuius *G a. c. m3* aliquis *cet. am* | praecurrisset *GDπCM* procucurrisset *Q a. c. m2* praeco currisset *Fη* || 14: inlatum *ER, T p. c.* illato *Y* inaulatum *C* | capite *Y* || 15: signavimus *η* || 16: ut *CFηMK, P p. c. m2 Ym* et *cet. a* || 17: quod *M* || 18: respondisset *CFη*

4. Hoc mysterium celebravit Christus in evangelio, sicut legimus, cum mutum curaret et surdum. Sed ille os tetigit, quia et mutum curabat et virum, in altero, ut os eius infusae sono vocis aperiret, in altero, quia tactus iste virum decebat, feminam non deceret.

2. 5. Post haec reserata sunt tibi sancta sanctorum, ingressus es regenerationis sacrarium. Repete, quid interrogatus sis, recognosce, quid responderis! Renuntiasti diabolo et operibus eius, mundo et luxuriae eius ac voluptatibus. Tenetur vox tua non in tumulo mortuorum, sed in libro viventium.

6. Vidisti illic levitam, vidisti sacerdotem, vidisti summum sacerdotem. Noli considerare corporum figuras, sed ministeriorum gratiam. Praesentibus angelis locutus es, sicut scriptum est: „Quia labia sacerdotis custodiunt scientiam et | legem exquirunt ex ore ipsius, quoniam angelus est domini omnipotentis." Non est fallere, non est negare: angelus est, qui regnum Christi, qui vitam aeternam adnuntiat, non specie tibi aestimandus, sed munere. Quid tradiderit, considera, usum eius expende et statum eius agnosce.

7. Ingressus igitur, ut adversarium tuum cerneres, cui renuntiandum in os putaris, ad orientem converteris; qui

---

def. O
1: Christus] d̃ns *C* ‖ 2: curasset *T* | o̅s *U* ‖ 3: mutum] surdum *RTY* | et virum *om. A* | virum] visum *ΓUQM* | o̅s *U* ‖ 4: sonum *Φa* | in altero *del. E m1* ‖ 5: decebat *Ωm* ‖ 6: reserat (*om.* sunt tibi) *U* deserata *G a.c. m3* | tibi sunt *QAYam* ‖ 7: e̅s *G* et *T* | quis *C* quod *π* ‖ 8: renunciamus *M* ‖ 9: ac] et *M* ‖ 10: in *pr. om. C* ‖ 12: illum *M* ‖ 14: mynistrorum *T* mysteriorum *Mηm*, *G p.r.* ‖ 15: quia *om. A* ‖ 16: requirunt *TQ a.c. m2 X* | ipsius] eius *η* ‖ 17: d̃ni exercituum est (*om.* omnip.) *χ* | omnipotens *EG* (om̃ps *G*) ‖ 18: qui *alt.*] et *Ω* ‖ 19: aestimandus] *add.* est *a*, sit *Ωπ* (*add.* annuntiandus sit *P*) | sed] sub *U* ‖ 20: statim *EG* ‖ 21: agnosces *ED* ‖ 22: ingressus es *AYm* | ut *om. M* | cernas *E p.c.* ‖ 23: in os] eras. *Q* os in *U* in hos *T* mox *dett. 47. 76. 88. 106. 228. 292 a* in omnes *dett. 210. 222. 239* | putares *UQAa* putareris

4. Dieses Mysterium hat Christus im Evangelium vollzogen (vgl. Mk 7,32–37), wie wir lesen, als er einen Taubstummen heilte. Allerdings berührte er den Mund, weil er einen stummen Menschen heilte, und zwar einen Mann; zum einen, um dessen Mund durch den Klang der verliehenen Stimme zu öffnen, zum anderen, weil sich eine solche Berührung bei einem Mann ziemte, bei einer Frau aber ungehörig wäre.

2. 5. Danach ist für dich das Allerheiligste geöffnet worden, und du bist in das Heiligtum der Wiedergeburt eingetreten. Erinnere dich an das, was du gefragt worden bist, und vergegenwärtige dir, was du geantwortet hast! Du hast dem Teufel und seinen Werken sowie der Welt mit ihrer Prunksucht und ihren Vergnügungen abgesagt. Deine Aussage wird nicht in einer Totengruft, sondern im Buch der Lebenden (vgl. Ps 69,29; Phil 4,3; Offb 3,5) aufbewahrt.

6. Du hast dort den Leviten gesehen, du hast den Priester gesehen, du hast den Bischof gesehen. Achte nicht auf die körperliche Gestalt, sondern auf die Gnadengabe der Dienste. In Gegenwart von Engeln hast du dein Wort gegeben, wie geschrieben steht: „Die Lippen des Priesters bewahren die Erkenntnis, und aus seinem Mund erbittet man das Gesetz; denn er ist ein Engel des allmächtigen Herrn" (Mal 2,7). Da gibt es weder Täuschung noch Leugnung: Ein Engel ist, wer das Reich Christi, wer das ewige Leben verkündet. Dabei sollst du nicht das Aussehen, sondern den Dienst würdigen. Bedenke, was er dir übergeben hat, erwäge sein Tun, und erkenne seine Stellung an!

7. Du bist also eingetreten, um deinen Feind in den Blick zu nehmen, dem du ins Angesicht hinein widersagen zu müssen glaubtest. (Dann) hast du dich nach Osten

---

X prutaris (is *ex* e?) M sputaris C*π*Y *m* 2 *dett*. *50. 140. 153. 185. 189. 194. 246* sputares *307* | comverteris GD convertereris UAK, X *p. c. m* 2

enim renuntiat diabolo, ad Christum convertitur, illum directo cernit obtutu.

3. 8. Quid vidisti? Aquas utique, sed non solas: levitas illic ministrantes, summum sacerdotem interrogantem et consecrantem. Primum omnium docuit te apostolus „non" ea contemplanda „nobis, quae videntur, sed quae non videntur, quoniam, quae videntur, temporalia sunt, quae autem non videntur, aeterna". Nam et alibi habes, quia „invisibilia" dei „a creatura mundi per ea, quae facta sunt, conpraehenduntur, sempiterna quoque virtus eius et divinitas" operibus aestimatur. Unde et ipse dominus ait: „Si mihi non creditis, vel operibus credite." Crede ergo divinitatis illic adesse praesentiam. Operationem credis, non credis praesentiam? Unde sequeretur operatio, nisi praecederet ante praesentia?

9. Considera autem, quam vetus mysterium sit et in ipsius mundi praefiguratum origine. In principio ipso, quando fecit deus caelum et terram, „spiritus", inquit, „superferebatur super aquas". Qui superferebatur super aquas, non operabatur super aquas? Sed quid dicam operabatur? Quod ad praesentiam spectat, superferebatur. Non operabatur, qui superferebatur? Cognosce, quia operabatur in illa mundi fabrica, quando tibi dicit propheta: „Verbo domini caeli firmati sunt et spiritu oris eius omnis virtus eorum." Utrumque prophetico subnixum est

---

def. O
1: illum om. Γ illud C ‖ 2: obtuto G ‖ 3: vidistis F ‖ 4: illic vidisti M | sacerdotem] pontificem X | interrogantem] mynistrantem M ‖ 5: primum Γ primo cet. ‖ 6: sed] add. ea C ‖ 8: aeterna sunt K ‖ 10: et Γ ac cet. ‖ 11: aestimantur Φa | ipse om. Ma ‖ 13: esse C | operationem] opera enim M ‖ 14: sequerentur opera M ‖ 16: et („und zwar") Γ om. cet. ‖ 17: praefiguratam E p. c. (am ex om) | originem EG | ipso] ipse CB, autem η ‖ 18: quando] quomodo η ‖ 19: ferebatur DπCΦPa | qui — 20 aquas pr. om. G a. c. m3 in mg. | qui — 20 aquas alt. om. CF, η a. c. in mg. | ferebatur ΦP ‖ 20: non — aquas om. C | non — 22 operabatur i. r. R ‖ 21: quod] qui quod K p. c. qui A m1 quid A m2 |

ÜBER DIE MYSTERIEN 8-9

gewandt. Wer nämlich dem Teufel absagt, wendet sich Christus zu, schaut ihn direkt an.

3. 8. Was hast du gesehen? Auf jeden Fall Wasser, aber nicht nur das: Leviten, die dort Dienst taten, den Bischof, der die Fragen gestellt und die Konsekration (sc. des Taufwassers) vorgenommen hat. Allem voran hat dich der Apostel gelehrt, wir sollten nicht auf das achten, „was sichtbar, sondern auf das, was unsichtbar ist, da das Sichtbare zeitlich, das Unsichtbare aber ewig ist" (vgl. 2 Kor 4,18). Denn auch an anderer Stelle heißt es: „Seit Erschaffung der Welt wird die unsichtbare (Wirklichkeit) Gottes durch die Schöpfung erkannt, werden ebenfalls seine ewige Macht und Gottheit" durch die Werke wahrgenommen (vgl. Röm 1,20). Daher sagt auch der Herr selbst: „Wenn ihr mir nicht glaubt, glaubt wenigstens den Werken" (Joh 10,38). Glaube also, daß dort die Gottheit anwesend ist! Du glaubst an ihr Wirken, aber glaubst nicht an ihre Gegenwart? Wie könnte ihr Handeln erfolgen, wenn nicht ihre Anwesenheit vorausginge?

9. Beachte, wie alt das Mysterium ist, und daß es bereits bei der Erschaffung der Welt vorausgebildet worden ist! Schon am Anfang, als Gott Himmel und Erde erschuf, „schwebte", so heißt es, „der Geist über den Wassern" (Gen 1,2). Wer über den Wassern schwebte, hat der nicht über den Wassern gewirkt? Doch was soll ich vom Wirken sagen? „Er schwebte" bezieht sich auf seine Gegenwart. Hat nicht der gewirkt, der schwebte? Erkenne, daß er bei der Erschaffung der Welt gewirkt hat, wenn der Prophet dir sagt: „Durch das Wort des Herrn sind die Himmel befestigt worden, und durch den Geist seines Mundes (haben sie) all ihre Kraft (erhalten)" (Ps 33,6)! Beides, sein Schweben und sein Wirken, wird durch ein prophetisches

---

ad praesentiam] absentiam C | praesentia EG | spectat ΓπM expectat cet. ‖ 23: quomodo η ‖ 24: formati EG ‖ 25: propheticum Γ

testimonio, et quia superferebatur et quia operabatur. Quia superferebatur, Moyses dicit, quia operabatur, David testificatur.

10. Accipe aliud testimonium. Corrupta erat caro omnis ab iniquitatibus suis. „Non permanebit", inquit, „spiritus meus in hominibus, quoniam carnes sunt." Quo ostendit deus, quia carnali inmunditia et gravioris labe peccati gratia spiritalis | avertitur. Unde volens deus reparare, quod dederat, diluvium fecit, et iustum Noe in arcam iussit ascendere. Quando decidente diluvio corvum dimisit prius, qui non revertit, postea dimisit columbam, quae cum ramo oleae legitur revertisse. Vides aquam, vides lignum, columbam aspicis, et dubitas de mysterio?

11. Aqua est, qua caro mergitur, ut omne abluatur carnale peccatum. Sepelitur illic omne flagitium. Lignum est, in quo suffixus est dominus Iesus, cum pateretur pro nobis. Columba est, in cuius specie descendit spiritus sanctus, sicut didicisti in novo testamento, qui tibi pacem animae, tranquillitatem mentis inspirat. Corvus est figura peccati, quod exit et non revertitur, si in te quoque iusti custodia servetur et forma.

12. Tertium quoque testimonium est, sicut te apostolus docet: „Quoniam patres nostri omnes sub nube fuerunt et omnes mare transierunt et omnes in Moysen baptizati sunt

---

def. O
1: testimonium D ‖ 2: quia *[pr.?]* — 3 testificatur M *i. r.* ‖ 4 sq.: omnis caro *UAMY* ‖ 5: inquit] *add.* deus πΩ > U ‖ 6: meus *om.* GD, M *a. c.* ǀ in] *add.* his CFη ǀ omnibus η ǀ quo] qua GD ‖ 7: deum Γ ǀ inmunditię GCηY ǀ et *om.* Ωπ ‖ 8: spiritualis DM, Tp. c. m2 ǀ voluit T ‖ 9: quod] *i. e.* gratiam *l.* 8 ǀ dederat] deerat Ωπ *(cf. in psalm. 1,3: CSEL 64, 4,17; Noe 74: CSEL 32/1, 467,9 sq.)* ǀ arca U ‖ 10: quando] qui dum Y qui *dett. 55. 88. 105. 132–135. 137. 151. 300* qui iam *47. 76. 106. 167. 220. 292* qui cum *52* quoniam C ǀ decedente ECRTΔ descendente SF *dett.* ǀ dimisisset Y ‖ 11: revertitur ETp. c. m2 η *a. r.* AMPK, *dett.* revertebatur K *p. c.* m2 ǀ postea *om.* Ωπ ‖ 12: oliuae DC, F *p. c.* m2 MY ‖ 14: est ergo Ωπ ‖ 14 sq.: carnale *om.* Φ ‖ 15: sepeliatur Cηπ ǀ flagitium] vi-

Zeugnis gestützt. Daß er schwebte, sagt Mose, daß er wirkte, bezeugt David.

10. Vernimm noch ein weiteres Zeugnis! Alles Fleisch war aufgrund seiner Ungerechtigkeiten verdorben. „Mein Geist", heißt es, „wird nicht in den Menschen bleiben, denn sie sind Fleisch" (Gen 6, 3). Dadurch macht Gott deutlich, daß die geistliche Gnade durch die fleischliche Unreinheit und den Makel einer schwereren Sünde vertrieben wird. Da Gott wiederherstellen wollte, was er (ursprünglich) gegeben hatte, ließ er die Sintflut kommen und befahl dem gerechten Noach, in die Arche zu steigen (vgl. Gen 6, 12 – 8, 12). Als die Flut sank, entließ dieser zunächst einen Raben, der nicht zurückkehrte. Später entließ er eine Taube, von der es heißt, sie sei mit einem Ölzweig zurückgekommen. Du siehst das Wasser, du siehst das Holz, du erblickst die Taube, und du zweifelst, daß hier ein Mysterium vorliegt?

11. Das Wasser ist es, in das das Fleisch eingetaucht wird, damit alle fleischlichen Sünden abgewaschen werden. Dort werden alle Vergehen begraben. Das Holz ist es, an dem der Herr Jesus angenagelt worden ist, als er für uns litt. Die Taube ist es, in deren Gestalt der Heilige Geist herabgekommen ist, wie du aus dem Neuen Testament gelernt hast (vgl. Lk 3, 22); er haucht dir seelischen Frieden und geistige Ruhe ein. Der Rabe ist ein Bild der Sünde, die auszieht und nicht zurückkehrt, wenn auch in dir die Achtsamkeit und das Ideal des Gerechten erhalten bleiben.

12. Auch das dritte Zeugnis ist (in einem Wort enthalten), mit dem dich der Apostel lehrt: „Unsere Väter waren alle unter der Wolke, und alle sind durch das Meer gezogen, und alle sind in der Wolke und im Meer auf Mose

---

tium *Φa* ‖ 16: fixus *M* ‖ 18: animi *C, F p. c. m2 η* ‖ 19: tranquillitatemque *TUQM* ‖ 20: quod] qui *U* ǀ exiuit *M* ǀ quoque et *Q* ‖ 21: et forma servetur *Ω* ‖ 23: docuit *UQA* ‖ 24: moysen *EFUQ* moyse *cet.*

in nube et in mari." Denique et ipse Moyses dicit in cantico: „Misisti spiritum tuum et cooperuit eos mare." Advertis, quod in illo Hebraeorum transitu iam tunc sacri baptismatis figura praecesserit, | in quo Aegyptius interiit et Hebraeus evasit. Quid enim aliud in hoc cottidie sacramento docemur, nisi quia culpa demergitur et error aboletur, pietas autem et innocentia tota pertransit?

13. Audis, quia sub nube fuerunt patres nostri, et bona nube, quae carnalium refrigeravit incendia passionum, bona nube: obumbrat, quos revisit spiritus sanctus. Denique supervenit in Mariam virginem et virtus altissimi obumbravit ei, quando redemptionem genti generavit humanae. Et illud miraculum per Moysen in figura factum est. Si ergo in figura fuit spiritus, nunc adest in veritate, cum scriptura tibi dicat: „Quia lex per Moysen data est, gratia autem et veritas per Iesum Christum facta est."

14. Merra fons amarus erat: misit in eum Moyses lignum et dulcis est factus. Aqua enim sine praedicatione dominicae crucis ad nullos usus futurae salutis est; cum vero salutaris fuerit crucis mysterio consecrata, tunc ad usum spiritalis lavacri et salutaris poculi temperatur. Sicut ergo in illum fontem Moyses lignum misit, hoc est prophe-

---

def. O
1: in cantico *om.* *Δ* ‖ 2: operuit *Ω* ‖ 4: figuram *UP* | prae (*om.* -cesserit — 5 sacramento) *Γ* | perit *U* periit *QAM* ‖ 5: cottidie *om.* *P* ‖ 6: mergitur *Ω* | et *om.* *B* | abluitur *Γ* ‖ 7: tuta *Cπη, P p. c. m2* | permansit *Ωπ* ‖ 8 sq.: bona nubes *CKX* ‖ 10: nubes *Ω > CFη* | revixit *E* visitat *π* (revisere *i. q.* visitare: *cf. Ioseph 29: CSEL 32/2, 93,5; in Luc. 10,182: CSEL 32/4, 528,1*) ‖ 11 sq.: obumbrabit *Q a. c.* ‖ 12: ei] tibi *G a. c. m3 η a. c.* | genti *om.* *C, Fη a. c. m2* genuit *Ω > CFη* ‖ 14: figura] frustra *D* | fuit *Γπ* affuit *Q m2, MΔ* adfuit *cet.* | nunc] non *Ω > CFη, am* | est *ΦT* ‖ 15: dicit *ERP* | quia *om.* *M* | autem *M s. l.* ‖ 16: christum *om.* *UC* ‖ 17: myrra *EG, π (add.* autem), *RUQ, PK a. c.* mirra *DFAX* mara *BCM, PK p. c.* marath *Y* | amarissimus (*post* erat *M*) *Ω > CFη* ‖ 18: factus est *π* | aquam *EG* ‖ 19: nullo *G, E a. c.* nullius

getauft worden" (1 Kor 10,1f). Schließlich sagt Mose selbst in einem Lied: „Du sandtest deinen Geist, und er bedeckte sie mit dem Meer" (Ex 15,10). Du erkennst, daß schon damals in jenem Durchzug der Hebräer (sc. durch das Rote Meer) ein Bild der heiligen Taufe vorausgegangen ist, bei dem der Ägypter zugrunde ging und der Hebräer entkam. Was anderes werden wir täglich in diesem Sakrament gelehrt, als daß die Schuld untergeht und der Irrtum getilgt wird, die Frömmigkeit aber und die Unschuld unbeschadet hindurchgehen?

13. Du hörst, daß unsere Väter unter der Wolke gewesen sind, und zwar einer guten Wolke, welche die Glut der fleischlichen Leidenschaften abgekühlt hat; einer guten Wolke, denn sie überschattet diejenigen, in die der Heilige Geist einkehrt. Schließlich ist er auf Maria, die Jungfrau, herabgekommen, und die Kraft des Allerhöchsten hat sie überschattet (vgl. Lk 1,35), als sie dem Menschengeschlecht die Erlösung geboren hat. Und jenes Wunder ist von Mose als Vor-Bild vollbracht worden (vgl. Ex 13,21f; 14,21f). Wenn nun der Geist schon im Vor-Bild war, ist er jetzt in der Wirklichkeit anwesend, da dir die Schrift sagt: „Das Gesetz ist durch Mose gegeben, die Gnade und die Wahrheit aber sind durch Jesus Christus bewirkt worden" (Joh 1,17).

14. Die Quelle Mara war bitter. Mose warf ein Stück Holz hinein, und sie wurde süß (vgl. Ex 15,23–25). Das Wasser ist nämlich ohne den Lobpreis des Kreuzes des Herrn für das zukünftige Heil bedeutungslos. Wenn es aber durch das Mysterium des heilbringenden Kreuzes konsekriert worden ist, dann ist es bereitet, um als geistliches Bad und heilsamer Trank (vgl. Ps 116,13) verwendet zu werden. Wie also Mose, das heißt der Prophet, in jene

---

UA nullus *R a. c. m2* || 21: usus *π* | spiritualis *D, P p. c. m2* || 22: misit lignum *Ωπa* || 22 – 1 (*p.* 216): propheta ita *FTPYm*

ta, et in hunc fontem | sacerdos praedicationem dominicae
crucis mittit et aqua fit ad gratiam dulcis.

15. Non ergo solis corporis tui credas oculis. Magis
videtur, quod non videtur, quia istud temporale, illud
aeternum. Magis aspicitur, quod oculis non conpraehenditur, animo autem ac mente cernitur.

16. Denique doceat te decursa Regnorum lectio. Neman Syrus erat et lepram habebat nec ab ullo mundari
poterat. Tunc ait puella ex captivis, quoniam esset propheta
in Israhel, qui posset eum a leprae contagione mundare.
Sumpto, inquit, auro et argento perrexit ad regem Israhel.
Qui cognita adventus eius causa scidit vestimenta sua,
dicens, quod temptaretur magis, cum de se ea, quae non
essent potestatis regiae, poscerentur. Helisaeus autem regi
intimavit, ut ad se dirigeret Syrum, quo cognosceret, quod
esset deus in Israhel. Et cum venisset, mandavit ei, ut
septies mergeret in Iordane fluvio.

17. Tunc ille secum tractare coepit, quod meliores aquas
flumina haberent patriae suae, in quibus saepe mersisset et
numquam a lepra esset ablutus, eoque revocatus non oboediebat mandatis prophetae. Sed admonitu et persuasionibus
| servulorum adquievit et mersit, mundatusque ilico intellexit
non aquarum esse, quod unusquisque mundatur, sed gratiae.

---

def. O — usque ad l. 3 oculis
2: transmitti *M* | dulcis ad gratiam *Ω* > *CFη, am* || 3: soli *G* | magis]
incipit O || 4: temporale istud *Y* || 5: magis *om. Ω* > *CFη, am* | quod —
6 cernitur *om. C, η a. c. m 2 (add. in mg.)* || 7: regum *Y p. c.* || 10: possit
EGπCηRO | mundari *P* || 11: inquam *Dπ* || 12: adventus *om. Δ* ||
13: quod] quid *K a.c. m 2 X* || 14: regiae potestatis *QPK* reginae
potestatis *X* || 15: quo] quod *EG* qui *OM* || 16: est *GD* | ei *om. CF* ||
17: mergeret *G cf. l.* 19 *et* 22; *sacr.* 1,13 sq. mergeretur *cet.* | iordanis *M* ||
18: quod *om. C* quos *E a. c.* ut *η* || 19: flumina *om. Ω* | habere *C* haberet
Ω > *A* | patria sua *M, K p. c. m 2* | saepe] *add.* se *Dπ, η m 2 R m 2 m*
septie (!) *O* || 20: ablutus] mundatus *Ma* absolutus *Y* | vocatus *GD*
revocatur *E a. c.* (ba *s.* a *m 2*) (revocari *i. q.* deterreri: *cf. exam.* 5,41: *CSEL*
32/1, 173,10 *et saepius*) || 21: sed et *RΔYm* | monitu *T* || 22: et] ac *m*

Quelle ein Stück Holz geworfen hat, so senkt der Bischof in diesen Brunnen den Lobpreis des Kreuzes des Herrn, und das Wasser wird zur süßen Gnadenquelle[1].

15. Glaube also nicht nur deinen körperlichen Augen. Besser sieht man, was unsichtbar ist, weil jenes zeitlich, dieses ewig ist. Besser erblickt man, was nicht mit den Augen erfaßt, vielmehr mit dem Gemüt und dem Geist wahrgenommen wird.

16. Schließlich möge dich noch die Lesung aus dem Buch der Könige, die vorgetragen worden ist, belehren (vgl. 2 Kön 5,1–19). Naaman war ein Syrer, hatte Aussatz und konnte von niemandem gereinigt werden. Da sagte die gefangene Sklavin, in Israel gäbe es einen Propheten, der ihn von der Befleckung des Aussatzes reinigen könne. Er nahm Gold und Silber, so heißt es, und reiste zum König von Israel. Als dieser erfuhr, aus welchem Grund jener gekommen sei, zerriß er seine Kleider und sprach, (der Syrer) wolle ihn in erster Linie auf die Probe stellen, da von ihm etwas verlangt werde, das nicht in der Macht eines Königs stehe. Elischa aber ließ dem König mitteilen, er solle den Syrer zu ihm schicken, damit dieser erkenne, daß es in Israel einen Gott gebe. Als er angekommen war, befahl ihm (Elischa), siebenmal im Jordanfluß unterzutauchen.

17. Da dachte jener bei sich, die Flüsse seiner Heimat enthielten besseres Wasser, in das er schon oft untergetaucht, (durch das er) aber nie vom Aussatz befreit worden sei. Dadurch zurückgehalten, befolgte er die Anweisungen des Propheten nicht. Auf die Mahnungen und das Zureden seiner Diener hin wurde er jedoch (wieder) ruhig und tauchte (sc. im Jordan) unter. Nachdem er auf der Stelle gereinigt worden war, sah er ein, daß nicht das Wasser bewirkt, daß jemand gereinigt wird, sondern die Gnade.

---

[1] Zur Bedeutung von *ad gratiam* vgl. *sacr.* 3,3.

18. Cognosce nunc, quae sit illa „puella ex captivis"! Iunior scilicet ex gentibus congregatio, id est ecclesia domini depressa ante captivitate peccati, quando libertatem adhuc gratiae non habebat, cuius consilio vanus ille populus nationum verbum audivit propheticum, de quo diu ante dubitavit, postea tamen ubi credidit exequendum, ablutus ab omni est contagione vitiorum. Et ille dubitavit, antequam sanaretur, tu iam sanatus es et ideo dubitare non debes.

4. 19. Ideo tibi ante praedictum est, ut non hoc solum crederes, quod videbas, ne forte et tu diceres: „Hoc est illud magnum mysterium, ‚quod oculus non vidit nec auris audivit nec in cor hominis ascendit'? Aquas video, quas videbam cottidie: istae me habent mundare, in quas saepe descendi et numquam mundatus sum?" Hinc cognosce, quod aqua non mundat sine spiritu.

20. Ideoque legisti, quod „tres" testes in baptismate „unum sunt", aqua, sanguis et spiritus, quia, si unum horum detrahas, non stat baptismatis sacramentum. Quid est enim aqua sine cruce Christi nisi elementum commune sine ullo sacramenti profectu? Nec iterum sine aqua | regenerationis mysterium est. „Nisi" enim „quis renatus fuerit ex aqua et spiritu, non potest introire in regnum dei." Credit autem etiam catechumenus in crucem domini Iesu,

---

1: recognosce *TUQOAa* | ex captivis *om.* **Φ** || 2: illa iunior *M* | id est *om. D* idē *C* id̃ *π* || 3: captivitatem *codd.* > *GDRM* || 5: ante diu *TOMXm* || 6: et sequendum *G* | absolutus *GD* || 7: ab *om. Δ* | ab hominum *T a.c. m3* (omnium) | est *om. πT* | contagione *om. P* contagio *U, Q a.c. m2 OAa* congregatione *Γ* | et quidem ille *Y* et ille quidem *m* || 10: ut *om. π* | solum hoc *πO* | solum] *add.* non *alt. P* || 13: corde *O* || 14: habent me *Δ* | qua *G* || 16: mundet *CFO* || 18: sint *RTUQAKXF* | et *om. π* | quia si] quasi *U* || 19: horum *om. M* || 20: enim *om. Y* | cruce] cruore *C* | nisi *om. Ωa* || 21: affectu *A* effectu *Ω* > *CFηA, am* || 22: est *om. T* || 23: intrare *π* || 24: credidit *C* | iam catecuminus *Y m1 in mg.* catecuminus etiam *DAMX* | cruce *DOMχΔ*

18. Erkenne jetzt, wer jene „gefangene Sklavin" ist! Es ist natürlich die jüngere, aus Heiden bestehende Versammlung, das heißt die Kirche des Herrn, die früher durch die Gefangenschaft der Sünde unterdrückt war, als sie die Freiheit der Gnade noch nicht besaß (vgl. Röm 6, 15–23). Auf ihren Rat hin hörte das wankelmütige Volk der Heiden auf das prophetische Wort, dem es zuvor lange mißtraut hatte. Als es aber später glaubte, ihm folgen zu sollen, ist es von jedem Makel der Sünde reingewaschen worden. Auch jener hegte Mißtrauen, bevor er geheilt wurde. Du bist bereits geheilt worden und darfst dich deshalb nicht mehr dem Mißtrauen hingeben.

4. 19. Deshalb ist dir vorhin eingeschärft worden, nicht nur an das zu glauben, was du gesehen hast[2], damit nicht etwa auch du sagst: „Ist das jenes große Mysterium, ‚das kein Auge gesehen und kein Ohr gehört hat und das in keines Menschen Herz gedrungen ist' (1 Kor 2, 9)? Ich sehe Wasser, wie ich es täglich gesehen habe: Das soll (die Kraft) haben, mich zu reinigen, wo ich doch schon so oft hineingestiegen und niemals gereinigt worden bin?" Lerne daraus, daß das Wasser ohne den Geist nicht reinigt (vgl. Joh 3, 5).

20. Deshalb hast du gelesen, daß in der Taufe drei Zeugen eins sind: das Wasser, das Blut und der Geist (vgl. 1 Joh 5, 8), (und zwar deshalb,) weil das Sakrament der Taufe nicht mehr besteht, wenn du einen von ihnen wegnimmst. Was ist nämlich das Wasser ohne das Kreuz Christi anderes als ein gewöhnliches Element ohne jede sakramentale Wirkung? Anderseits gibt es ebenfalls ohne Wasser kein Mysterium der Wiedergeburt. „Wer" nämlich „nicht aus dem Wasser und dem Geist wiedergeboren worden ist, kann nicht in das Reich Gottes eingehen" (Joh 3, 5). Es glaubt zwar auch der Katechumene an das Kreuz

---

[2] Vgl. *myst.* 8.

qua et ipse signatur; sed nisi baptizatus fuerit „in nomine patris et filii et spiritus sancti", remissionem non potest accipere peccatorum nec spiritalis gratiae munus haurire.

21. Ergo ille Syrus septies mersit in lege, tu autem baptizatus es in nomine trinitatis, confessus es patrem — recordare, quid feceris! —, confessus es filium, confessus es spiritum. Tene ordinem rerum! In hac fide mundo mortuus es, deo resurrexisti, et quasi in illo mundi consepultus elemento, peccato mortuus ad vitam es resuscitatus aeternam. Crede ergo, quia non sunt vacuae aquae.

22. Ideo tibi dictum est, quia „angelus domini secundum tempus descendebat in natatoriam et movebatur aqua, et qui prior descendisset in natatoriam post conmotionem aquae, sanus fiebat a languore, quocumque tenebatur". Haec piscina in Hierosolyma erat, in qua unus annuus sanabatur. Sed nemo ante sanabatur, quam descendisset angelus. Descendebat igitur angelus, et ut esset indicium, quia descenderat angelus, movebatur aqua. Movebatur aqua propter incredulos, illis signum, tibi fides; illis angelus descendebat, tibi spiritus sanctus; illis creatura movebatur, tibi Christus operatur, ipse dominus creaturae.

23. Tunc curabatur unus, nunc omnes sanantur, aut certe unus solus populus Christianus. Est enim in aliquibus

---

1: quia *πUOM, C a. c. a* ‖ 4: mergit *D* | autem] *add.* in gratia *Y* ‖ 5: es *alt. om. QOMa* ‖ 7: spiritum sanctum *Ωπ* | rerum firmiter *A* | rerum in hac fide *coniungunt m* ‖ 8: es et *Ωπ* | deo] ideo *CM,* x̃p̃o *U* | consepultus *om. D* sepultus *CFX* es consepultus *a* ‖ 10: credo *OF* ‖ 11: ideoque *Γ* ‖ 11 sq.: descendebat secundum tempus *Ω > CFη* ‖ 12: natatoriam] *add.* syloe *M* natatoria *U* | et — 13 natatoriam *om. R* | aquã *G* ‖ 13: prius *U p. c. m 2* ‖ 14: a *om. U a. r. m 2* | quo *π* ‖ 15: in *om. A* | hierosolima *Γ* yerosolima *π* hierosolymis *Ωam* | annuus] insanus *η p. r.* ‖ 17: descendebat — et *om. Ωam, add. η m 2 s. l.* (*om.* et *πη*) | ut — 18 angelus *om. P* | essent *E a. r. G* | iudicium *Rη a. c. m 2* ‖ 18: descendebat *CFη* ‖ 18 sq.: movebatur aqua *om. Ωam* ‖ 21: christus] s̃p̃s s̃c̃s *π, η p. c. m 2* | operabatur *πUOA, K p. c. m 2* ‖ 22: curabat unum *E p. c. m 2* ‖ 23: solus *om. P*

des Herrn Jesus, mit dem er selbst bezeichnet wird; wenn er aber nicht „im Namen des Vaters und des Sohnes und des Heiligen Geistes" (Mt 28,19) getauft worden ist, ist es ihm nicht möglich, Vergebung der Sünden zu empfangen und das Geschenk der geistlichen Gnade in sich aufzunehmen.

21. Jener Syrer tauchte also siebenmal in das Gesetz ein (vgl. 2 Kön 5,14). Du aber bist im Namen der Dreifaltigkeit getauft worden. Du hast ein Bekenntnis zum Vater abgelegt — vergegenwärtige dir, was du getan hast! —, du hast ein Bekenntnis zum Sohn abgelegt, und du hast ein Bekenntnis zum Geist abgelegt. Halte an dieser Ordnung der Wirklichkeiten fest! In diesem Glauben bist du der Welt gestorben und für Gott auferstanden. Du bist gleichsam in diesem irdischen Element mitbegraben worden; du bist der Sünde gestorben und zum ewigen Leben auferweckt worden (vgl. Röm 6,4–11). Glaube also, daß das Wasser nicht ohne Wirkung ist!

22. Deshalb ist dir verkündet worden: „Ein Engel des Herrn stieg zu einer bestimmten Zeit in den Schwimmteich hinab, und das Wasser bewegte sich. Wer nach dem Bewegen des Wassers als erster in den Schwimmteich hinabstieg, wurde geheilt, an welcher Krankheit auch immer er litt" (Joh 5,4). Dieser Teich, in dem jährlich einer geheilt wurde, befand sich in Jerusalem. Aber es wurde niemand geheilt, bevor (nicht) ein Engel hinabgestiegen war. Es stieg also ein Engel hinab, und zum Zeichen dafür, daß ein Engel hinabgestiegen war, bewegte sich das Wasser. Das Wasser bewegte sich der Ungläubigen wegen; ihnen (entsprach) das Zeichen, dir (entspricht) der Glaube. Für sie stieg ein Engel hinab, für dich der Heilige Geist. Für sie bewegte sich Geschaffenes, für dich wirkt Christus, der Herr der Schöpfung.

23. Damals wurde einer geheilt, nun werden alle geheilt oder (anders ausgedrückt:) genau einer, einzig und allein

et „aqua mendax"; non sanat baptismum perfidorum, non mundat, sed polluit. Iudaeus urceos baptizat et calices, quasi insensibilia vel culpam possint recipere vel gratiam, tu baptiza hunc calicem tuum sensibilem, in quo bona opera tua luceant, in quo gratiae tuae splendor effulgeat. Ergo et illa piscina in figura, ut credas, quia et in hunc fontem vis divina descendit.

24. Denique paralyticus ille expectabat hominem. Quem illum nisi dominum Iesum natum ex virgine, cuius adventu iam non umbra sanaret singulos, sed veritas universos? Iste est ergo, qui expectabatur, ut descenderet, de quo dixit deus pater ad Iohannem baptistam: „Super quem videris spiritum descendentem de caelo et manentem super eum, hic est, qui baptizat in spiritu sancto"; de quo testificatus est Iohannes dicens: „Quia vidi spiritum descendentem de caelo quasi columbam et manentem super eum." Et hic quare | spiritus sicut columba descendit, nisi ut tu videres, nisi ut tu cognosceres etiam illam columbam, quam Noe iustus emisit ex arca, istius columbae speciem fuisse, ut typum agnosceres sacramenti?

25. Et fortasse dicas: „Cum illa vera columba fuerit, quae emissa est, hic quasi columba descenderit, quomodo illic speciem fuisse dicimus, hic veritatem, cum secundum Graecos ‚in specie columbae' spiritum descendisse sit

---

1: baptismus *Y, P p. c.* ‖ 2: polluet *EG* ‖ 4: sensibile *G* | in quo — 5 luceant *om. QO* ‖ 5: fulguet *Ωam* ‖ 6: figura erat *M* | quia *om. K* | et *om. Φam* ‖ 7: vis]ius *G* | descendat *T, A a. c.* ‖ 8: -liticus ille expectabat *M i. r.* ‖ 9: illum *om. πRTY, plurimi rec.* alium *M* nisi illum *a* | iesum x͞p͞m *M* ‖ 10: adventum *GCF* | iam *om. F* ‖ 12: pater *om. C* ‖ 13: spiritum dei *D* ‖ 16: de caelo *post* columbam *KX*, *post* quasi *P* ‖ 17: quare] quasi *G a. c.* | tu *om. M* ‖ 18: videris *CF, η a. c. m2* | nisi *om. π* | tu *om. M* | agnosceris *CF, η a. c. m2* agnosceres *Ω > CFO, am* | columbam etiam illam *Ωam* ‖ 19: ex] de *D* ‖ 20: agnosceris *C, η a. c. m2* | sacramentum *O* ‖ 21: vero *E* ‖ 22: qua *U* | est et *M* ‖ 24: columbae] *add.* super aquam divinitatis *a* | spiritum *om. P* | spiritum descendisse *om. D* ‖ 24 – 1 (*p.* 224): sit scriptum] sicut scriptum est *UO*

das christliche Volk. Es gibt nämlich auch Leute, die „trügerisches Wasser" (Jer 15,18) besitzen. So heilt die Taufe der Ungläubigen nicht; sie reinigt nicht, sondern beschmutzt. Der Jude spült Krüge und Becher, als könnten empfindungslose Gegenstände sowohl für Schuld als auch für Gnade empfänglich sein (vgl. Mk 7,4). Wasche du diesen deinen mit Empfindungen ausgestatteten Becher, in dem deine guten Werke leuchten und der Glanz deiner Gnade erstrahlen sollen! So stellt also jener Teich ein Vor-Bild dar, damit du glaubst, daß auch in diesen Brunnen die göttliche Kraft herabsteigt.

24. Schließlich wartete der Gelähmte auf einen Menschen (vgl. Joh 5,7). Auf wen anders als auf den Herrn Jesus, geboren aus der Jungfrau, mit dessen Ankunft nicht mehr der Schatten nur einzelne heilt, sondern die Wirklichkeit alle? Er also ist es, von dem man erwartete, daß er herabkomme, und über den Gott, der Vater, zu Johannes dem Täufer gesagt hat: „Auf wen du den Heiligen Geist vom Himmel herabkommen und über wem du ihn bleiben siehst, der ist es, der im Heiligen Geist tauft" (Joh 1,33). Von ihm hat Johannes Zeugnis abgelegt mit dem Wort: „Ich habe den Geist wie eine Taube vom Himmel herabkommen und über ihm bleiben sehen" (Joh 1,32). Warum kam auch hier der Geist wie eine Taube herab, wenn nicht (deshalb), damit du siehst, wenn nicht (deshalb), damit du erkennst, daß auch jene Taube, die der gerechte Noach aus der Arche entlassen hat, ein Bild dieser Taube gewesen ist, damit du (darin) das Vor-Bild des Sakraments erkennst?

25. Vielleicht möchtest du einwenden: „Wenn jene Taube, die entlassen worden ist, echt war, und er hier wie eine Taube herabgekommen ist, wie können wir behaupten, dort habe es sich um ein Bild, hier um die Wirklichkeit gehandelt, da im griechischen (Text) geschrieben steht, der Geist sei ‚in Gestalt einer Taube' herabgekommen" (vgl.

scriptum?" Sed quid tam verum quam divinitas, quae „manet" semper? Creatura autem non potest veritas esse, sed species, quae facile solvitur atque mutatur. Simul quia eorum, qui baptizantur, non in specie esse debeat, sed vera simplicitas. Unde et dominus ait: „Estote astuti sicut serpentes et simplices sicut columbae." Merito ergo sicut columba descendit, ut admoneret nos simplicitatem columbae habere debere. Speciem autem pro veritate accipiendam legimus et de Christo: „Et specie inventus ut homo", et de patre deo: „Neque speciem eius vidistis."

5. 26. Est adhuc, quod dubitare debeas, cum evidenter tibi clamet in evangelio pater, qui ait: „Hic est filius meus in quo conplacui", clamet filius, super quem sicut columba se demonstravit spiritus sanctus, clamet et spiritus sanctus, qui | sicut columba descendit, clamet David: „Vox domini super aquas, deus maiestatis intonuit, dominus super aquas multas", cum tibi scriptura testetur, quod ad Hieroboal preces ignis descendit de caelo, et rursus precante Helia ignis est missus, qui sacrificium consecravit?

27. Non merita personarum consideres, sed officia sacerdotum. Et si merita spectes, sicut Heliam consideres, Petri quoque merita spectato vel Pauli, qui acceptum a domino Iesu hoc nobis mysterium tradiderunt. Ignis illis

---

2: creaturae *a* | esse veritas *C* ‖ 5:*[?]* et *om. GD* ‖ 8: debere *om. E a. c. FP* | debere — 9 de christo *om. O* | autem et *Y* | veritatem *G, E a. c.* ‖ 11: est *Γ* estne *cet.* ‖ 12: clamat *RT (etiam l.* 13 *et* 14) ‖ 13: quo] *add.* mihi *M a. r.*, bene *C* | clamet et *π* ‖ 14: clamet — 15 descendit *om. P* | et *om. D* ‖ 15: qui *s. l. G* | clamet et *C* ‖ 16: deus — 17 multas *in mg. M* ‖ 17: testatur *ΓπηRTΦ* | quo *U, Q a. c.* | hieroboal *ΓUη, Q m 1, AK, X a. c.* hierobohal *C* yeroboal *π* hierobahal *F* ieroboal *RTY* hieroboal *cet.* ‖ 18: preceps *Y p. c. m 2* | descenderit *Φam* | rursum *π* | predicante *O* orante *A* ‖ 19: sit *m* | missus *om. Γ* | concremavit *B* ‖ 21: expectes *RXYCη* expectas *TKFΦ* spectas *πa* species *D* consideres *P* | consideres *ΓP, K a. c. m 2* consideras *cet.* ‖ 22: expectato *Ω* | accepto *Ω > CY, a* ‖ 23: vobis *Uη*

Lk 3,22)? Aber was ist denn so wirklich wie die Gottheit, die immer bleibt? Das Geschaffene kann nicht die Wirklichkeit sein, sondern nur ein Bild, das leicht vergeht und wechselt. Zugleich (handelt es sich hier aber auch deshalb um Wirklichkeit), weil die Arglosigkeit derjenigen, die getauft werden, nicht bloß bildhaft vorhanden sein darf, sondern wirklich vorhanden sein muß. Deshalb sagt auch der Herr: „Seid listig wie die Schlangen und arglos wie die Tauben" (Mt 10,16). Mit Recht also kam (der Geist) wie eine Taube herab, um uns zu ermahnen, daß wir die Arglosigkeit der Taube besitzen müssen. Daß das Bild aber als Wirklichkeit aufgefaßt werden muß, lesen wir auch von Christus: „Der Gestalt nach galt er als Mensch" (Phil 2,7). Und von Gott, dem Vater, (heißt es): „Ihr habt seine Gestalt nicht gesehen" (Joh 5,37).

5. 26. Darfst du noch Zweifel hegen, da dir im Evangelium die Stimme des Vaters klar und deutlich ertönt, der beteuert: „Das ist mein Sohn, an dem ich Gefallen gefunden habe" (Mt 3,17; Mk 1,11; Lk 3,22); da die Stimme des Sohnes ertönt, über dem sich der Heilige Geist wie eine Taube zeigte; da die Stimme des Heiligen Geistes ertönt, der wie eine Taube herabkam; da die Stimme Davids ertönt: „Die Stimme des Herrn (erschallte) über den Wassern, der Gott der Herrlichkeit donnerte, der Herr über gewaltigen Wassern" (Ps 29,3); da dir die Schrift bezeugt, daß auf Bitten Jerubbaals hin Feuer vom Himmel gefallen ist (vgl. Ri 6,19–21.32) und daß ebenfalls auf Bitten des Elija hin Feuer geschickt worden ist, welches das Opfer geheiligt hat (vgl. 1 Kön 18,36–38)?

27. Schau nicht auf die Verdienste der Personen, sondern auf das priesterliche Amt! Und wenn du auf Verdienste schauen willst: Wie du sie bei Elija feststellst, so schau auch auf die Verdienste des Petrus oder des Paulus, die uns das vom Herrn Jesus empfangene Mysterium überliefert haben! Jenen ist sichtbares Feuer geschickt worden, damit

visibilis mittebatur, ut crederent, nobis invisibilis operatur, qui credimus, illis in figura, nobis ad conmonitionem. Crede ergo adesse dominum Iesum invocatum precibus sacerdotum, qui ait: „Ubicumque fuerint duo vel tres, ibi et ego sum." Quanto magis ubi ecclesia est, ubi mysteria sunt, ibi dignatur suam inpertire praesentiam.

28. Descendisti igitur; recordare, quid responderis! Quod credas in patrem, credas in filium, credas in spiritum sanctum. Non habes illic „credo in maiorem et minorem et ultimum". Sed eadem vocis tuae cautione constringeris, ut similiter | credas in filium, sicut in patrem credis, similiter in spiritum credas, sicut credis in filium, hoc solo excepto, quod in crucem solius domini Iesu fateris tibi esse credendum.

6. 29. Post haec utique ascendisti ad sacerdotem. Considera, quid secutum sit. Nonne illud, quod ait David: „Sicut unguentum in capite, quod descendit in barbam, in barbam Aaron?" Hoc est unguentum, de quo et Salomon ait: „Unguentum exinanitum est nomen tuum, propterea adulescentulae dilexerunt te et adtraxerunt te." Quantae hodie renovatae animae dilexerunt te, domine Iesu, dicentes: „Adtrahe nos post te, in odorem vestimentorum tuorum curramus", ut odorem resurrectionis haurirent!

30. Quare hoc fiat, intellege: „Quia oculi sapientis in capite ipsius." Ideo in barbam defluit, id est in gratiam

---

2: in] ad *Ym* | figuram *Ωam* ǁ 3: credere *E a. r. G* | principibus *Δ* ǁ 4: ubi *Ωam* | tres congregati *Mπ* ǁ 5: et *om. π* | sum *om. M* | est ecclesia *Ω > CFη, am* | ubi] ibi *D* | ministeria *CF* mysteria sua *Ω > η, am* ǁ 6: ubi *GD, E a. c.* ǁ 8: qui *M* | credis *(ter) M* | patre *FS* patrem et *π* | credas *tert.*] *add.* et *π* ǁ 10: et] vel *Γ* | cautionem *E a. c. GD* vocatione *Φ* triplicatione (*om.* tuae) *B* ǁ 12: spiritum *Γ, add.* sanctum *cet.* ǁ 13: cruce *Ωπ > Y, a* | solius *i. r. P, s. l.* Q *m 2* ǁ 15: post] p *G* | descendisti *M* ǁ 17: capite eius *C* | barbam *om. Y* | in *EGπηFQ om. cet. am* ǁ 18: hoc] hos *G* | et *om. QOM* ǁ 19: examinatum *Q* ǁ 22: nos dñe *C* | poste *MTOY* (*om.* te) | odore ungentorum *D* ǁ 23: curremus

sie glaubten, für uns, die wir gläubige Menschen sind, wirkt unsichtbares (Feuer). Jenen (diente es) als Vor-Bild, uns (dient es) zur Erinnerung. Glaube also, daß der Herr Jesus, der versichert: „Wo zwei oder drei beisammen sind, dort bin auch ich" (Mt 18,20), infolge der Anrufung durch die priesterlichen Gebete gegenwärtig ist! Um so eher läßt er sich dort, wo die Kirche ist, wo die Mysterien sind, dazu herab, seine Anwesenheit zu gewähren.

28. Du bist also hinabgestiegen. Erinnere dich an das, was du geantwortet hast! Nämlich, daß du an den Vater glaubst, an den Sohn glaubst und an den Heiligen Geist glaubst. Da heißt es nicht: „Ich glaube an einen Größeren, einen Geringeren und einen Letzten." Du bist durch dein mündliches Versprechen daran gebunden, in der gleichen Weise an den Sohn zu glauben, wie du an den Vater glaubst, in der gleichen Weise an den Geist zu glauben, wie du an den Sohn glaubst. Die einzige Ausnahme besteht darin, daß du bekennst, du seist verpflichtet zu glauben, daß allein der Herr Jesus gekreuzigt worden ist.

6. 29. Danach bist du dann zum Bischof hinaufgestiegen. Bedenke, was dann folgte! War es nicht das, was David sagt: „Wie Salböl auf dem Haupt, das in den Bart herabfließt, in den Bart Aarons" (Ps 133,2)? Das ist das Salböl, von dem auch Salomo sagt: „Ausgegossenes Salböl ist dein Name. Deshalb liebten dich die Mädchen und zogen dich an sich" (Hld 1,3). Wie viele heute erneuerte Seelen sind in Liebe zu dir, Herr Jesus, entbrannt und sprechen: „Ziehe uns hinter dir her! Dem Duft deiner Kleider wollen wir nachlaufen" (Hld 1,4), damit sie den Wohlgeruch der Auferstehung in sich aufnehmen!

30. Verstehe, warum das geschieht: „Weil die Augen des Weisen in seinem Haupt sind" (Koh 2,14). Daher floß es

---

Φa currimus *ΔYm* cucurrerunt *E p. c. m2* (curramus *m1*) | hauriant *Y* || 25: ipsius] eius *Ωam* | grã *π*

iuventutis, ideo „in barbam Aaron", ut fias „electum genus", sacerdotale, praetiosum; omnes enim in regnum dei et in sacerdotium unguimur gratia spiritali.

31. Ascendisti de fonte, memento evangelicae lectionis. Etenim dominus noster Iesus in evangelio lavit pedes discipulis suis. Quando venit ad Simonem Petrum et ait Petrus: | „Non lavabis mihi pedes in aeternum", non advertit mysterium et ideo ministerium recusavit, quod gravari servi humilitatem crederet, si domini obsequium patienter admitteret. Cui respondit dominus: „Si non lavero tibi pedes, non habebis mecum partem." Quo audito Petrus: „Domine, non tantum pedes", inquit, „sed etiam manus et caput." Respondit dominus: „Qui lotus est, non indiget nisi ut pedes lavet, sed est mundus totus."

32. Mundus erat Petrus, sed plantam lavare debebat; habebat enim primi hominis de successione peccatum, quando eum subplantavit serpens et persuasit errorem. Ideo planta eius abluitur, ut hereditaria peccata tollantur; nostra enim propria per baptismum relaxantur.

33. Simul cognosce mysterium ipsum humilitatis consistere ministerio. Ait enim: „Si ego lavi pedes vobis, dominus et magister", quanto magis „et vos debetis lavare

---

1: ideo *om. Y* idẽ *CM* id̃ *K* id est *RTUQAPXFη* | barba *G* | fiat *GDF, Q p. c.* facias *T* ‖ 2: regno *RT* ‖ 3: et in sacerdotium *Γπ, η p. r., om.* in *M, P p. c. m2* consacerdotium (*om.* et in) *RTUQAΔYF* consacerdotale *U a. c. m1* consacerdotio *C* ‖ 5: etenim dominus] etiam *Γ* | iesus x̃p̃s *Δ* ‖ 6: et *om. AY* ‖ 7: lavas *CFηPY, K a. c. m2* | aeternum] totum et ait petrus non lavabis mihi pedes in aeternum *GE* | avertit *CO* ‖ 8: mysterium] ministerium *π, M i. r.* mynisterium *GE* misterium *DCF TX* mysterium *cet.* | recusavit eo *M* ‖ 9: humilitatem servi *Ωam* | crederit *C* | si sibi *Ωam* | domini *om. F* | obsequium domini *ΦPam* ‖ 11: partem mecum *CPK, X p. c. m2 M a. c. am* | petrus respondit *s. l. E m2* ‖ 12: etiam *Γ om. CUQOMa* | et *cet. m* ‖ 17: eum] enim *M a. c. Fη* | errorem et *Y* ‖ 20: mynisterium *R* ministerium *CFη* mynisterio *U* ministeria *T* | in ipso *m* ‖ 21: mysterio *π* mysterium *Y* in mysterio *M* in ministerio *a* | vobis pedes *DΦPam* ‖ 22: et *alt. om. T* | lavari *E*

in den Bart herab, das heißt in die Gnade der Jugend; deshalb „in den Bart Aarons", damit du ein auserwähltes, ein priesterliches, ein kostbares Geschlecht würdest (vgl. 1 Petr 2,9). Wir alle werden nämlich durch die geistliche Gnade zum Königtum Gottes und zum Priestertum gesalbt.

31. Du bist aus dem Taufbrunnen gestiegen. Erinnere dich an die Evangelienlesung! Unser Herr Jesus hat nämlich im Evangelium seinen Jüngern die Füße gewaschen. Als er zu Simon Petrus kam, sagte Petrus: „Du wirst mir in Ewigkeit nicht die Füße waschen!" (Joh 13,8). Er bemerkte das Mysterium nicht und wies daher den Dienst zurück. Denn er glaubte, die Demut eines Dieners könne es nur schwer hinnehmen, wenn er sich den Dienst des Herrn geduldig gefallen ließe. Ihm antwortete der Herr: „Wenn ich dir die Füße nicht wasche, wirst du keinen Anteil an mir haben" (Joh 13,8). Als Petrus das hörte, bat er: „Herr, nicht nur die Füße, sondern auch die Hände und das Haupt" (Joh 13,9). Darauf erwiderte der Herr: „Wer gewaschen ist, braucht sich nur die Füße zu waschen; denn er ist ganz rein" (Joh 13,10).

32. Petrus war rein, aber er mußte sich die Füße waschen (lassen); denn er war durch die Abkunft vom ersten Menschen mit Sünde behaftet, nachdem die Schlange diesen zu Fall gebracht und irregeführt hatte. Daher werden seine Füße gewaschen, um die ererbten Sünden zu beseitigen; unsere eigenen werden durch die Taufe nachgelassen.

33. Nimm zugleich zur Kenntnis, daß in diesem Demutsdienst das Mysterium selbst enthalten ist! Er sagt nämlich: „Wenn ich, der Herr und Meister, euch die Füße gewaschen habe", wieviel mehr „müßt auch ihr einander die Füße waschen" (Joh 13,14). Da nämlich der Urheber

pedes invicem vobis." Cum enim ipse auctor salutis per oboedientiam nos redemerit, quanto magis nos, servuli eius, humilitatis et oboedientiae exhibere debemus obsequium.

7. 34. Accepisti post haec vestimenta candida, ut esset indicio, quod exueris involucrum peccatorum, indueris | innocentiae casta velamina, de quibus dixit propheta: „Asparges me hysopo et mundabor, lavabis me et super nivem dealbabor." Qui enim baptizatur, et secundum legem et secundum evangelium videtur esse mundatus, secundum legem, quia hysopi fasciculo Moyses agni aspergebat sanguinem, secundum evangelium, quia Christi erant candida vestimenta sicut nix, cum resurrectionis suae gloriam in evangelio demonstraret. „Super nivem" dealbatur, cui culpa dimittitur; unde et per Esaiam dominus ait: „Si fuerint peccata vestra sicut phoenicium, ut nivem dealbabo."

35. Haec vestimenta habens ecclesia, „per lavacrum regenerationis" adsumpta, dicit in Canticis: „Nigra sum et decora, filiae Hierusalem", nigra per fragilitatem condicionis humanae, decora per gratiam, nigra, quia ex peccatoribus, decora fidei sacramento. Haec vestimenta cernentes filiae Hierusalem stupefactae dicunt: „Quae est haec, quae ascendit dealbata?" Haec erat nigra, unde nunc subito dealbata?

36. Dubitaverunt enim etiam angeli, cum resurgeret Christus, dubitaverunt potestates caelorum videntes, quod

---

2: nos om. T | redimeret ΓΟ m 2 redemit πηCF redimerit X ‖ 5: post haec om. P ‖ 6: indicium E p.c., Ωam | involutionem E p.c. m2 volutabrum π ‖ 6 sq.: innocentia U ‖ 7 sq.: asparges E p.c. G aspergis η asperges cet. ‖ 8: emundabor Y ‖ 9: baptiza∗tur DQ baptizatus E | et pr. om. GπO est in mg. E m2 ‖ 11: quia] quidem Y | agni post 11 sq. sanguinem Ωam ‖ 14: super] si per E a.c. m2 (c s. i), G | nivem ergo Y | dealbabuntur F p.c. m2, C a.c. m2 (dealbabatur) ‖ 16: vestra om. X | sicut] ut M | phoenicium] coccinum M | dealbabor πηF, RK a. r. ‖ 18: canticis canticorum π ‖ 19: filiae GD, E a.r. K p.c. m2 fylie π filia cet. ‖ 20: nigram E a.r. G ‖ 22: quae est] qua eẽ G ‖ 23: haec]

des Heils selbst uns durch Gehorsam erlöst hat, müssen um so mehr wir, seine Diener, demütigen und gehorsamen Dienst leisten.

7. 34. Danach hast du weiße Kleidung erhalten zum Zeichen dafür, daß du die Hülle der Sünden ausgezogen und das reine Gewand der Unschuld angelegt hast, von dem der Prophet gesagt hat: „Besprenge mich mit Ysop, und ich werde rein; du wäschst mich, und ich werde weißer als Schnee" (Ps 51, 9). Wer nämlich getauft wird, erscheint sowohl nach dem Gesetz als auch nach dem Evangelium als rein. Nach dem Gesetz, weil Mose mit dem Ysopbüschel das Blut des Lammes versprengt hat (vgl. Ex 12, 22); nach dem Evangelium, weil die Kleidung Christi weiß wie Schnee war, als er im Evangelium die Herrlichkeit seiner Auferstehung offenbarte (vgl. Mt 17, 2; Mk 9, 3; Lk 9, 29). „Weißer als Schnee" wird derjenige, dem die Schuld erlassen wird. Deshalb spricht der Herr auch durch den Propheten Jesaja: „Wären eure Sünden (rot) wie phönizischer Purpur, ich werde sie weiß wie Schnee machen" (Jes 1, 18).

35. Die Kirche, die diese Kleidung trägt, die sie durch „das Bad der Wiedergeburt" (Tit 3, 5) erhalten hat, spricht im Hohenlied: „Schwarz bin ich und (doch) schön, Töchter Jerusalems" (Hld 1, 5); schwarz wegen der Gebrechlichkeit der menschlichen Natur, schön wegen der Gnade; schwarz, weil aus Sündern, schön durch das Sakrament des Glaubens. Beim Anblick dieser Kleidung staunen die Töchter Jerusalems und fragen: „Wer ist diese, die weiß heraufsteigt?' (Hld 8, 5). Sie war schwarz, wie ist sie nun plötzlich weiß geworden?"

36. Auch die Engel waren nämlich unsicher, als Christus auferstand. Die himmlischen Mächte waren unsicher, als sie sahen, daß Fleisch in den Himmel aufstieg. Da

---

om. *M*, ista *A* ‖ 25: enim *om. RPY* | etiam] et *M* ‖ 26: videntes *R m1 in mg.* (audentes *m1*, audientes *m2*)

caro in | caelum ascenderet. Denique dicebant: „Quis est | 104
iste rex gloriae?" Et cum alii dicerent: „Tollite portas,
principes vestri, et elevamini, portae aeternales, et introibit
rex gloriae", alii dubitabant dicentes: „Quis est iste rex
gloriae?" In Esaia quoque habes dubitantes virtutes caelo- 5
rum dixisse: „Quis est iste, qui ascendit ex Edom, rubor
vestimentorum eius ex Bosor, speciosus in stola candida?"

37. Christus autem videns ecclesiam suam in vestimen-
tis candidis, — pro qua ipse, ut habes in Zacchariae libro
prophetae, „sordida vestimenta" susceperat —, vel ani- 10
mam regenerationis lavacro mundam atque ablutam dicit:
„Ecce formonsa es, proxima mea, ecce es formonsa, oculi
tui sicut columbae." In cuius specie spiritus sanctus descendit de caelo. Formonsi oculi, sicut diximus supra, quia
sicut columba descendit.   15

38. Et infra: „Dentes tui sicut grex tonsarum, quae
ascenderunt de lavacro, quae omnes geminos creant, et
infecunda non est in eis; ut resticula coccinea labia tua."
Non mediocris ista laudatio, primum dulci conparatione
tonsarum; capras enim et in altis pasci sine periculo novi- 20
mus et in praeruptis securas cibum sumere, deinde, cum
tondentur, deonerari | superfluis. Harum gregi conparatur | 105
ecclesia, multas in se habens animarum virtutes, quae per

1: in *om.* U | denique *om.* π ‖ 3: principis Ω > Fη m2 OKY, am |
principes vestri *i. q.* οἱ ἄρχοντες ὑμῶν *(LXX), cf. in psalm. 118 12, 14:
CSEL 62, 259, 18 sq.; in psalm. 37, 35: CSEL 64, 164, 12; fid. 4, 9. 12:
CSEL 78, 160 sq.* | vestras ΓπKMη m2 | introivit EG ‖ 4: dubitant
EG ‖ 7: eius *om.* Γ ‖ 9: zachariā C ‖ 11: ablutam] lotam π ‖ 12: ecce
— mea *om.* Γ | es *alt. om.* OMΔY | es formonsa *om.* π ‖ 13: sicut *om.*
P (columbarum; *in mg.:* sicut columbae) ‖ 14: formonsi GF, E *a. r.*
formosi *cet.* | diximus — 15 descendit] columbae quia in eius specie
spiritus sanctus descendit de caelo m ‖ 17: gemellos Q *p. c.* ‖ 19: duci
Φ ‖ 20: et *om.* Γ ‖ 21: cybum securas M | sumere] capere AP ‖
22: tonduntur TUQ tundentur O | dehonorari Q *a. c.* F | harum] har
m̄ tum E *a. c.* (harmentu**✢**†ti *s.* tu m 2) armentum GD harum**✢✢** (*er eras.*)
T | gregis E *p. c.* m2

fragten sie: „Wer ist dieser König der Herrlichkeit?" (Ps 24,8). Während die einen riefen: „Hebt die Tore, eure Fürsten, erhebt euch, ihr ewigen Pforten, und der König der Herrlichkeit zieht ein" (Ps 24,7), waren andere unsicher und fragten: „Wer ist dieser König der Herrlichkeit?" (Ps 24,8). Bei Jesaja findest du ebenfalls ausgesprochen, daß die himmlischen Kräfte unsicher waren und fragten: „Wer ist dieser, der aus Edom heraufsteigt, dessen rote Kleider aus Bozra stammen, der in seinem weißen Gewand prächtig aussieht?" (Jes 63,1).

37. In dem Augenblick aber, da Christus seine Kirche in weißer Kleidung sieht — für die er selbst, wie es im Buch des Propheten Sacharja heißt, „schmutzige Kleider" (Sach 3,3) angezogen hatte — oder da er die Seele erblickt, die durch das Bad der Wiedergeburt gereinigt und abgewaschen worden ist, spricht er: „Sieh, schön bist du, meine Schwester; sieh, schön bist du; deine Augen sind wie die einer Taube" (Hld 4,1). In deren Gestalt ist der Heilige Geist vom Himmel herabgekommen (vgl. Lk 3,22). Schöne Augen (sind es), wie wir vorhin erklärt haben, da er wie eine Taube herabgekommen ist.

38. Und weiter (heißt es): „Deine Zähne sind wie eine Herde geschorener Ziegen, die aus der Schwemme heraufgestiegen sind und alle Zwillinge gebären; keine von ihnen ist unfruchtbar; deine Lippen sind wie ein dünnes scharlachrotes Band" (Hld 4,2f). Das ist kein geringes Lob. Zunächst wegen des netten Vergleichs mit den geschorenen Ziegen. Wir wissen nämlich, daß Ziegen auch in großen Höhen gefahrlos weiden und an steilen Hängen mit sicherem Halt Futter suchen. Außerdem (ist es ein Lob), weil sie bei der Schur von Überflüssigem entlastet werden. Mit einer solchen Herde wird die Kirche verglichen, welche die Tugendfülle jener Seelen besitzt, die durch das Bad

lavacrum superflua peccata deponant, quae mysticam fidem et moralem gratiam deferant Christo, quae crucem domini Iesu loquantur.

39. In his formonsa est ecclesia. Unde ad eam verbum deus dicit: „Tota formonsa es, proxima mea, et repraehensio non est in te", quia culpa demersa est; „ades huc a Libano, sponsa, ades huc a Libano; transibis et pertransibis a principio fidei", eo quod renuntians mundo transierit saeculum, pertransierit ad Christum. Et iterum dicit ad eam deus verbum: „Quid pulchra et suavis facta es, caritas, in deliciis tuis? Statura tua similis facta est palmae, et ubera tua botryes."

40. Cui respondet ecclesia: „Quis dabit te, frater, mihi lactantem ubera matris meae? Inveniens te foris osculabor te, et quidem non spernent me. Adsumam te et inducam te in domum matris meae et in secretum eius, quae concepit me. Docebis me." Vides, quemadmodum delectata munere gratiarum ad interiora cupit mysteria pervenire et omnes sensus suos consecrare Christo? Adhuc quaerit, adhuc
| suscitat caritatem et suscitari eam sibi poscit a filiabus

1: lavacra *D* | deponant peccata *Y* | deponat *D* ‖ 2: mortalem *GD, K a. c.* | ✳✳✳✳quae *E* ‖ 4: hiis *GC* iis *DUTOMP* | formonsa *GF, E a. r.* formosa *cet.* | eandem *DT* | verbum *om. C* ‖ 5: dn̄s *C* | formonsa *GF, E a. r.* formosa *cet.* | es *om. Y a. c. m 2* ‖ 6: dimersa *FηRMΔY* dimissa *T* ‖ 7: sponsa — Libano *om. η* | adhes *E a. r. G* | huc] adhuc *UQ* | transibis *om. TΦ > A* ‖ 8: transieris *E p. c. m 2 C* ‖ 9: saeculum et *π* | pertransieris *E p. c. m 2 C* | ad *pr. s. l. D m 2* ‖ 10: quid] quam *Tη p. c., MKa* | es] est *RTUOΔYCFa* ‖ 12: botryes *FX* botries *ηR, UQ a. r. K a. c.* abotries *O* butruaes *E a. c.* botruus *G* botrus *DM* botros *E p. c.* botri *Q p. r. C* botris *cet. am* ‖ 13: respondet *OAY* respondit *cet.* | mihi] mi *C, Y p. c. m 2* ‖ 14: lactentem *FMOX, KY p. c. m 2 am* ‖ 15: et quid est *R* (equidem *s. l.*) | spernens *C* spernes *M* ‖ 16: domo *T* | meae] me *G* | secreto *Y* ‖ 17: me] te *C* | docebit *E p. c. m 2 M a. c.* ‖ 19: consecrari *RT* | x̄po consecrare *M* ‖ 19 sq.: adhuc suscitat caritatem] suscitantem *ΔΦ* (suscitationem *A*), *a* ‖ 20: sibi eam *M* | poscit *post* 1 (*p*. 236) Hierusalem *M*

überflüssige Sünden ablegen, Christus den Glauben an das Mysterium und eine wohlgefällige Lebensweise darbringen sowie das Kreuz des Herrn Jesus im Mund führen sollen.

39. In ihnen ist die Kirche schön. Daher spricht Gott zu ihr das Wort: „Ganz schön bist du, meine Schwester, und kein Makel haftet dir an" (Hld 4,7), da die Schuld versenkt worden ist. „Du bist vom Libanon hierher gekommen, (meine) Braut, du bist vom Libanon hierher gekommen. Vom Anfang des Glaubens her wirst du vorübergehen und ans Ziel gelangen" (Hld 4,8). Indem sie der Welt abgesagt hat, ist sie am Zeitlichen vorübergegangen und zu Christus gelangt[3]. Erneut richtet Gott das Wort an sie: „Was bist du in deinen Reizen schön und anmutig geworden, (meine) Liebe! Deine Gestalt gleicht einer Palme, deine Brüste sind wie Trauben" (Hld 7,7f).

40. Ihm antwortet die Kirche: „(Mein) Bruder, der du an der Brust meiner Mutter Milch trinkst, wer wird dich mir geben? Wenn ich dich draußen finde, werde ich dich küssen. Doch man sollte mich deshalb nicht verachten. Ich werde dich mitnehmen, in das Haus meiner Mutter führen und in das geheime Gemach derjenigen, die mich empfangen hat. (Dort) wirst du mich unterweisen" (Hld 8,1f). Siehst du, wie sie durch das Geschenk der Gnade mit Freude erfüllt worden ist und sich danach sehnt, zu den verborgeneren Mysterien zu gelangen und alle ihre Empfindungen Christus zu weihen? Noch sucht sie, noch weckt sie die Liebe und fordert die Töchter Jerusalems auf,

---

[3] Vgl. *myst.* 5–7.

Hierusalem, quarum gratia, hoc est animarum fidelium, sponsum in amorem sui uberiorem desiderat provocari.

41. Unde dominus Iesus et ipse invitatus tantae studio caritatis, pulchritudine decoris et gratiae, quod nulla iam in ablutis delicta sorderent, dicit ad ecclesiam: „Pone me ut signaculum in cor tuum, ut sigillum in brachium tuum", hoc est: „Decora es, proxima mea, tota formonsa es, nihil tibi deest. ‚Pone me ut signaculum in cor tuum', quo fides tua pleno fulgeat sacramento. Opera quoque tua luceant et imaginem dei praeferant, ad cuius imaginem facta es. Caritas tua nulla persecutione minuatur, quam multa aqua excludere et flumina inundare non possint."

42. Unde repete, quia accepisti signaculum spiritale, „spiritum sapientiae et intellectus, spiritum consilii atque virtutis, spiritum cognitionis atque pietatis, spiritum sancti timoris", et serva, quod accepisti. Signavit te deus pater, confirmavit te Christus dominus, et „dedit pignus", spiritum, „in cordibus" tuis, sicut apostolica lectione didicisti.

8. 43. His abluta plebs dives insignibus ad Christi contendit altaria dicens: „Et introibo ad altare dei, ad deum, qui laetificat iuventutem meam." Depositis enim inveterati erroris exuviis, renovata in aquilae iuventutem caeleste

---

1: est *om.* T ‖ 2: sponsam *Γπ* ∣ uberiorem *om.* M ∣ procurari *Γ, η p. c.* provocaret *T* provocare *P* ‖ 3: tanta *EG* tanto *Dπ* ‖ 4: pulchritudinem *RFηP* ∣ decoris] decorisque *E p. c.* ‖ 6: corde tuo *TΦa* ∣ brachio tuo *TΦa* ‖ 8: sigillum *Γ* ∣ corde tuo *TΦa* ∣ quod *M* ‖ 9: plena *M, P a. c.* ∣ quoque *om.* U ∣ tua quoque *ΓX* ‖ 10: factus *C* ‖ 11: nulla *bis* G, *E a. c.* ∣ muniatur *OF* ∣ multae aquae *E p. c. Dπ* ‖ 12: inundare *Dπ, X a. c. a* mundare *EGO* undare *cet. m* ∣ possent *EGπ* non possent *ante* et (possint *D*) *Γπ* possunt *UF a. c.* O ‖ 13: repetere *Γ* ∣ spiritalem *R a. c. TF* ‖ 14: spiritum *alt.*] s͞ps *E a. c.* G ‖ 15: sancti *om.* C ‖ 17: d͞ns x͞ps *D* x͞ps d͞s *C* ‖ 17 sq.: s͞ps pignus *Y* ∣ spiritum *ΓΔCFηRT, cf. in Luc. 7, 232: CSEL 32/4, 386, 11* spiritus *cet.* ‖ 18: corde tuo *E p. c.* ‖ 19: ples *RT* ‖ 20: ad *pr.* — 21 meam *i. r.* E ∣ altari *E a. c.* GQ ∣ deum] d͞nm *UOA* ‖ 21: iuventutem] adolescentiam *A* ∣ depositi *CF, R a. c.* ∣ enim]

für sich die Liebe zu wecken, (denn) durch deren Anmut, das heißt (durch die Anmut) der gläubigen Seelen, möchte sie erreichen, daß der Bräutigam angeregt wird, für sie noch tiefere Liebe zu empfinden.

41. Der Herr Jesus aber, seinerseits angezogen vom Verlangen einer so großen Liebe und von der außerordentlich anmutigen Schönheit, da die Getauften durch keine Sünde mehr beschmutzt sind, fordert die Kirche auf: „Lege mich wie ein Siegel auf dein Herz, wie ein Siegel auf deinen Arm!" (Hld 8,6). Das heißt: „Voll Anmut bist du, meine Schwester, ganz schön bist du, nichts fehlt dir. ‚Lege mich wie ein Siegel auf dein Herz', damit dein Glaube durch die Fülle des Sakraments leuchte. Auch deine Werke sollen glänzen und das Bild Gottes widerspiegeln, nach dessen Bild du geschaffen bist. Deine Liebe, die mächtige Wasser nicht zunichte machen und Ströme nicht überfluten können (vgl. Hld 8,7), soll durch keine Verfolgung gemindert werden."

42. Daher rufe dir ins Gedächtnis zurück, daß du das geistliche Siegel empfangen hast, „den Geist der Weisheit und der Einsicht, den Geist des Rates und der Stärke, den Geist der Erkenntnis und der Frömmigkeit, den Geist der heiligen Furcht" (Jes 11,2), und bewahre, was du empfangen hast! Gott, der Vater, hat dich gesiegelt; Christus, der Herr, hat dich gestärkt und dir den Geist als Unterpfand in dein Herz gegeben, wie du durch die Apostellesung erfahren hast (vgl. 2 Kor 1,21f).

8. 43. In diesem reichen Schmuck eilt die Schar der Getauften zum Altar Christi und spricht: „Ich will zum Altar Gottes hintreten, zu Gott, der meine Jugend erfreut" (Ps 43,4). Nachdem sie die Hülle des alteingewurzelten Irrtums abgelegt hat und zur Jugend des Adlers erneuert

---

autem *TUOAa* | veteris *PX, K a. c. m 2* || 22: exubiis *F, R a. c.* excubiis *η* | renovate *UC* revocata *Q a. c. m 2* | iuventute *CFηRPXY,* (-tae) *T*

illud festinat adire convivium. Venit igitur et videns sacrosanctum altare conpositum exclamans ait: „Parasti in conspectu meo mensam." Hanc loquentem inducit David dicens: „Dominus pascit me, et nihil mihi deerit, in loco pascuae ibi me conlocavit; super aquam refectionis educavit me." Et infra: „Nam etsi ambulem in medio umbrae mortis, non timebo mala, quoniam tu mecum es. Virga tua et baculus tuus ipsa me consolata sunt. Parasti in conspectu meo mensam adversus eos, qui tribulant me. Inpinguasti in oleo caput meum, et poculum tuum inebrians quam praeclarum est."

44. Nunc illud consideremus, ne quis forte visibilia videns — quoniam quae sunt invisibilia, non videntur nec possunt humanis oculis conpraehendi — dicat forte: „Iudaeis deus manna pluit, pluit coturnices, ecclesiae autem suae illi dilectae haec sunt, quae praeparavit, de quibus dictum est: |‚Quod oculus non vidit nec auris audivit nec in cor hominis ascendit, quae praeparavit deus diligentibus eum'?" Ergo ne quis hoc dicat, summo studio volumus conprobare, quia et antiquiora sunt sacramenta ecclesiae quam synagogae et praestantiora quam manna est.

45. Antiquiora docet lectio de Genesi, quae decursa est. Synagoga enim ex lege Moysi principium sumpsit, Abraham vero longe anterior. Qui victis hostibus et nepote

---

1: festina $CF\eta RUQO$ | inire A | veniens T | vidit π ‖ 5 sq.: edocavit O ‖ 8: baculum tuum $E\ a.\ c.\ G$ | ipse me consolate $F\eta$ ‖ 10: poculus $G\ p.\ c.$ | poculum meum $RMYa$ calix meus A | inebr∗ians G ‖ 11: praeclarus $E\ a.\ c.\ GA$ ‖ 12: visibilia — 13 sunt om. $C\ m1$ (in mg. $m2$) ‖ 13: videns] credens (⸶ vi s. cre) P | videns — invisibilia om. η ‖ 14: dicant $CF\eta TUQOX$, $RPK\ a.\ c.$ | forte om. AY ‖ 15: iudaeus $\Gamma\pi$ | mannam $E\ a.\ c.\ GD$ | pluuit R (u alt. $m2$) bis | pluit alt.] pauit E pauit GD om. O | coturnicibus D ‖ 16: suae om. Ωam add. $\eta\ m2\ s.\ l.$ | ille $E\ a.\ c.\ G$ ‖ 17: nec alt.] et non (non post 18 hominis) D ‖ 19: eum] se CA, $K\ p.\ c.\ m2$ ‖ 20: quod am | sunt Y (post 21 synagogae) π, (u i. r. $m2$) E om. cet. ‖ 21: quam alt.] q̃nm U | est] esse E sunt π, $\eta\ p.\ c.$ ‖ 22: antiquiora (ti s. l.) D, i. r. $\pi\ m2$ | de Genesi] genesis Ω

worden ist, tritt sie eilends zu diesem himmlischen Gastmahl hinzu (vgl. Ps 103,5). Sie kommt also, sieht den zubereiteten heiligen Altar und ruft laut aus: „Du hast vor meinem Angesicht den Tisch bereitet" (Ps 23,5). Sie ist es, die David sprechen läßt, wenn er sagt: „Der Herr führt mich auf die Weide, und nichts wird mir fehlen. Er hat mich dort auf dem Weideplatz lagern lassen und mich an erquickendes Wasser geführt" (Ps 23,1f). Und weiter: „Wenn ich auch mitten im Schatten des Todes wandle, ich fürchte kein Unheil, weil du bei mir bist. Dein Stab und dein Stock, sie haben mir Trost gespendet. Du hast vor meinem Angesicht den Tisch bereitet, denen zum Trotz, die mich bedrängen. Du hast mein Haupt mit Öl gesalbt, und dein berauschender Trank, wie köstlich ist er" (Ps 23,4f).

44. Wir wollen nun noch dies bedenken, damit ja niemand beim Anblick des Sichtbaren — da das Unsichtbare sich dem Blick entzieht und mit den menschlichen Augen nicht erfaßt werden kann — etwa sage: „Gott ließ für die Juden Manna herabregnen, und er ließ Wachteln herabregnen (vgl. Ex 16,13–15); für diese seine geliebte Kirche jedoch soll er nur das bereithalten, von dem es heißt: ‚Kein Auge hat gesehen, kein Ohr hat gehört und in keines Menschen Herz ist gedrungen, was Gott denen bereitet hat, die ihn lieben' (1 Kor 2,9)?" Damit also nur ja niemand so etwas sage, wollen wir mit höchster Gründlichkeit den Nachweis erbringen, daß die Sakramente der Kirche älter sind als die der Synagoge und vorzüglicher als das Manna.

45. Daß sie älter sind, lehrt die Lesung aus dem Buch Genesis, die vorgetragen worden ist. Denn die Synagoge hat mit dem Gesetz des Mose ihren Anfang genommen, Abraham jedoch (lebte) lange vorher. Nachdem er die Feinde geschlagen, den eigenen Neffen zurückerhalten

proprio recepto cum potiretur victoria, tunc illi occurrit Melchisedech et protulit ea, quae Abraham veneratus accepit. Non Abraham protulit, sed Melchisedech, qui inducitur „sine patre, sine matre, neque initium dierum neque finem habens, similis autem filio dei", de quo ait Paulus ad Hebraeos, quia „manet sacerdos in sempiternum", qui interpretatione Latina dicitur rex iustitiae, rex pacis.

46. Non agnoscis, quis iste sit? Potest homo esse rex iustitiae, cum ipse vix iustus sit, potest rex pacis, cum vix possit esse pacificus? — „Sine matre" secundum divinitatem, quia ex patre deo genitus est unius substantiae cum patre, „sine patre" secundum incarnationem, quia natus ex virgine est, „initium et finem non habens", quia ipse est „initium et | finis" omnium, „primus et novissimus". Non igitur humani, sed divini est muneris sacramentum, quod accepisti, ab eo prolatum, qui benedixit fidei patrem Abraham, illum, cuius gratiam et gesta miraris.

47. Probatum est antiquiora esse ecclesiae sacramenta; nunc cognosce potiora. Re vera mirabile est, quod manna deus pluerit patribus et cottidiano caeli pascebantur alimento. Unde dictum est: „Panem angelorum manducavit homo." Sed tamen panem illum qui manducaverunt, omnes in deserto „mortui sunt", ista autem esca, quam accipis,

---

1: cum potiretur] confoderetur *G, E a. c.* (confungeretur *p. c.*) | occurrit illi *M* ‖ 2: ei *Δ* ‖ 4: sine matre sine patre *CFRTY* ‖ 5: filio autem *π* | paulus apostolus *CO* apostolus Paulus *M, add.* ait *π* ‖ 6: sempiternum *Γ* aeternum *U a. c. OMπ* perpetuum *cet.* | quia *Φ* ‖ 7: latina *om. Γ* latine *PM* | rex iustitiae dicitur *M* ‖ 8: qui *π* | esse homo *Δπ* ‖ 9: ipse *om. Φa* | vix *om. Y a. c. m2* vir *M* | potest] *add.* esse *CF am,* (*post* rex) *π,* (*post* pacis) *AM* ‖ 10: potest *M* | matrem *E a. r.* ‖ 11: d$\overline{m}$ *E a. c.* ‖ 12: incarnem *C a. c.* (*del.* in) | qui *DTΦ > M* ‖ 13: est *om. DT* | et] ac *π* | habet *C* ‖ 15: est *om. M* ‖ 16: probatum *Dπ* | 16 sq.: patris habrahae illius *E p. c. m2* ‖ 17: gratia *TUQO* ‖ 19: cognoscere *D* | magna *G a. c. m3* ‖ 19 sq.: deus manna *π* ‖ 20: pluit *C* pluuerit *R p. c. m2* | pascebatur *Γ* ‖ 22: manducarunt *D* ‖ 23: in deserto *om. M* | accepisti *C*

und den Sieg errungen hatte, da kam ihm Melchisedek entgegen und brachte ihm etwas, das Abraham ehrerbietig entgegennahm (vgl. Gen 14,18). Nicht Abraham brachte etwas, sondern Melchisedek, der vorgestellt wird als jemand, der „ohne Vater und ohne Mutter ist und keinen Anfang und kein Ende der Tage hat, ähnlich wie der Sohn Gottes" (Hebr 7,3). Von ihm schreibt Paulus im Brief an die Hebräer, er bleibe „Priester auf ewig" (Hebr 7,3). (Sein Name bedeutet) in lateinischer Übersetzung „König der Gerechtigkeit", „König des Friedens" (Hebr 7,2).

46. Du weißt nicht, wer das ist? Kann etwa ein Mensch König der Gerechtigkeit sein, da er selbst kaum gerecht ist? Kann er König des Friedens sein, da er kaum friedfertig zu sein vermag? Er ist „ohne Mutter" der Gottheit nach, da er aus Gott, dem Vater, gezeugt worden und eines Wesens mit dem Vater ist. Er ist „ohne Vater" der Menschwerdung nach, da er aus einer Jungfrau geboren worden ist. „Er hat keinen Anfang und kein Ende", da er selbst „der Anfang und das Ende" von allem ist, „der Erste und der Letzte" (Offb 22,13). Das Sakrament, das du empfangen hast, ist daher keine menschliche, sondern eine göttliche Gabe, dargeboten von dem, der Abraham, den Vater des Glaubens, gesegnet hat (vgl. Röm 4,11f.17f), den Mann, dessen Gnade und Taten du bewunderst.

47. Nachdem der Nachweis erbracht worden ist, daß die Sakramente der Kirche älter sind, erkenne nun, daß sie bedeutsamer sind. Es ist wirklich wunderbar, daß Gott den Vätern Manna herabregnen ließ, und sie täglich mit der Speise des Himmels genährt wurden (vgl. Ex 16,13–31). Daher heißt es: „Brot der Engel hat der Mensch gegessen" (Ps 78,25). Aber dennoch sind alle, die jenes Brot gegessen haben, in der Wüste gestorben (vgl. Joh 6,49). Diese Speise aber, die du empfängst, dieses „lebendige Brot, das vom

iste „panis vivus, qui descendit de caelo", vitae aeternae substantiam subministrat, et quicumque hunc manducaverit, „non morietur in aeternum"; est enim corpus Christi.

48. Considera nunc, utrum praestantior sit panis angelorum an caro Christi, quae utique corpus est vitae. Manna illud de caelo, hoc supra caelum, illud caeli, hoc domini caelorum, illud corruptioni obnoxium, si in diem alterum servaretur, hoc ab omni alienum corruptione, quod, quicumque religiose gustaverit, corruptionem sentire non poterit. Illis aqua de petra fluxit, tibi sanguis e Christo; illos ad horam satiavit aqua, te sanguis diluit in aeternum. Iudaeus bibit et sitit, tu cum biberis, sitire non | poteris, et illud in umbra, hoc in veritate.

49. Si illud, quod miraris, umbra est, quantum istud est, cuius et umbram miraris? Audi, quia umbra est, quae apud patres facta est: „Bibebant", inquit, „de consequenti petra, petra autem erat Christus; sed non in pluribus eorum conplacitum est deo; nam prostrati sunt in deserto. Haec autem in figura nobis facta sunt." Cognovisti praestantiora; potior est enim lux quam umbra, veritas quam figura, corpus auctoris quam manna de caelo.

9. 50. Forte dicas: „Aliud video; quomodo tu mihi adseris, quod Christi corpus accipiam?" Et hoc nobis adhuc superest, ut probemus. Quantis igitur utimur exemplis, ut

---

1: vita G ‖ 3: est enim corpus π etenim corpus Γ et corpus est Ωam ‖ 5: vita est P ‖ 6: illa $\Gamma\pi$ | de $\Gamma\pi RTX$, η p.c. m2, cf. sacr. 4,13 a P e cet. ‖ 7: istud P ‖ 8: servetur P | alienum ab omni Ωam ‖ 10: sanguinis C ‖ 11: oram C hora G, E a. c. m2 | deluit EG, Q p.c. ‖ 12: sentire O, P a. c. ‖ 15: et om. T ⁂et E | umbram] umbra GCT, E a. c. m2 | quia et ΓU quia om. η a. c. m2 ‖ 16: consequente RT, add. eos ηm ‖ 19: nobis facta sunt] facta sunt nostri $\Phi\Delta a$ facta sunt nostra $CF\eta RT Ym$ ‖ 20: potiora C a. c. potiorem G a. c. | est] et Φa (om. U) ‖ 22: mihi⁂ R ‖ 23: adhuc om. Δ ‖ 24: utimus G utemur T | ut om. $\Omega > A\eta$ m2, am

Himmel herabgekommen ist", verleiht dir die Wirklichkeit des ewigen Lebens. Wer es ißt, wird „in Ewigkeit nicht sterben" (Joh 6,50f); denn es ist der Leib Christi.

48. Überlege nun, was vorzüglicher ist, „das Brot der Engel" oder das Fleisch Christi, welches doch der lebenspendende Leib ist. Das Manna stammte vom Himmel, dieser (*sc.* der lebenspendende Leib) ist über dem Himmel; jenes gehörte dem Himmel an, dieser aber gehört dem Herrn der Himmel; jenes war dem Verderben ausgesetzt, wenn es bis zum folgenden Tag aufbewahrt wurde, dieser aber widersteht jeglichem Verderben, so daß, wer ihn in gläubiger Gesinnung genießt, nicht verderben kann. Für jene (*sc.* die Juden) floß aus dem Felsen Wasser (vgl. Ex 17, 5f), für dich aus Christus Blut (vgl. Joh 19,34). Jenen löschte das Wasser nur eine Zeitlang den Durst, dich aber befeuchtet das Blut auf ewig. Der Jude trinkt und hat wieder Durst, du aber kannst keinen Durst mehr bekommen, wenn du getrunken hast. Jenes (geschah) im Schatten, dieses (geschieht) in der Wirklichkeit.

49. Wenn das, was du bewunderst, nur Schatten ist, wieviel bedeutsamer ist dann das, dessen Schatten sogar deine Bewunderung erregt? Höre, daß das Schatten ist, was sich zur Zeit der Väter ereignet hat: „Sie tranken", heißt es, „aus dem Felsen, der mit ihnen zog. Der Fels aber war Christus. Gott aber hatte an den meisten von ihnen kein Gefallen; denn sie sind in der Wüste umgekommen. Das aber ist als Vor-Bild für uns geschehen" (1 Kor 10, 4–6). Du hast (also) erkannt, was vorzüglicher ist. Bedeutsamer ist nämlich das Licht als der Schatten, die Wirklichkeit als das Vor-Bild, der Leib des Schöpfers als das Manna vom Himmel.

9. 50. Vielleicht möchtest du einwenden: „Ich sehe etwas anderes; wie kannst du mir sagen, daß ich den Leib Christi empfange?" Dafür den Nachweis zu führen steht noch aus. Eine große Zahl von Belegen könnten wir an-

probemus non hoc esse, quod natura formavit, sed quod benedictio consecravit, maioremque vim esse benedictionis quam naturae, quia benedictione etiam natura ipsa mutatur.

51. Virgam tenebat Moyses, proiecit eam et facta est serpens; rursus prendit caudam serpentis et in virgae naturam revertit. Vides igitur prophetica gratia bis mutatam esse naturam et serpentis et virgae. Currebant Aegypti flumina puro aquarum meatu: subito de fontium venis sanguis coepit erumpere; non erat potus in fluviis. Rursus ad prophetae precem cruor cessavit fluminum, aquarum natura remeavit. | Circumclusus undique erat populus Hebraeorum, hinc Aegyptiis vallatus, inde mari clausus: virgam levavit Moyses, separavit se aqua et in murorum speciem congelavit, atque inter undas via pedestris apparuit. Iordanis retrorsum conversus contra naturam in sui fontis revertit exordium. Nonne claret naturam vel maritimorum fluctuum vel fluvialis cursus esse mutatam? Sitiebat populus patrum: tetigit Moyses petram, et aqua de petra fluxit. Numquid non praeter naturam operata est gratia, ut aquam vomeret petra, quam non habebat natura? Merra fluvius amarissimus erat, ut sitiens populus bibere

---

1: hoc non *O, dett.* ‖ 2 sq.: benedictioni *P, K a. c. m2* ‖ 3: benedictionem *E a. r. G* ‖ 6: rursum *OAπ* | prehendit *Cm* apprehendit *a* ‖ 7: revertit] con *s. re C m2* (*in mg.* se vertit) revertitur *E p. c. m2, TAM Δa* | propheticam gratiam *Fη, CR a. c.* | bis] his *G a. c.* ‖ 8: et *alt. om. η* ‖ 10: coepit sanguis *π* | erumpere et *Δ* | rursum *π* rursus∗∗∗∗ *R* ‖ 11: ad] a *TAη om. Δ* | prece *SFTΔA* preces *UQ* voces *MY* ‖ 12: erat undique *P* ‖ 13: aegypti uis *E a. c. m2* (aegyptiorum uis *m2*), *G* egyptius *C a. c. m2* aegyptus *XY* | valatus *G* vallatur *T* | clusus *C, T a. c.* ‖ 13 sq.: virga *OF* ‖ 15: speciem *EπΦa* specie *cet. m* | atque — 15 sq. apparuit *in mg. inf. G m1* ‖ 16: iordanes *GCFQ, Eη a. c.* | retro *π* | conversus] *add.* est *EG om. Δ* ‖ 17: revertitur *AM, P p. c. a* | claret] daret *DUQO* ‖ 18 sq.: sitibat *EG* sciebat *Q a. c. m2* ‖ 19: patrum *om. T* patrum et *GD* ‖ 21: moveret *EG* | habebat] *add.* petrae *A* ‖ 22: erat amarissimus *M*

führen, um zu beweisen, daß es sich nicht um das handelt, was die Natur gebildet hat, sondern um das, was die Segnung konsekriert hat, und daß der Segnung eine größere Kraft als der Natur zukommt, da durch die Segnung sogar die Natur selbst verwandelt wird.

51. Mose hielt einen Stab in der Hand, warf ihn auf den Boden, und (der Stab) wurde zu einer Schlange. Dann faßte er die Schlange am Schwanz, und sie verwandelte sich wieder in einen natürlichen Stab (vgl. Ex 4,3f). Du siehst also, daß durch die Prophetengabe zweimal die Natur verändert worden ist: sowohl die der Schlange als auch die des Stabes. Die Flüsse Ägyptens strömten als reine Wasserläufe dahin, plötzlich begann Blut aus den Adern der Quelle zu sprudeln; da befand sich in den Flüssen kein Trinkwasser mehr (vgl. Ex 7,19–21). Wiederum auf das Gebet des Propheten hin verschwand das Blut aus den Flüssen, und natürliches Wasser kehrte zurück. Das Volk der Hebräer war ringsum eingeschlossen, auf der einen Seite wurde es von den Ägyptern belagert, auf der anderen war es vom Meer umschlossen. Da hob Mose den Stab, das Wasser teilte sich und gefror zu einer Art von Wällen, und zwischen den Wogen tauchte ein Fußweg auf (vgl. Ex 14, 21f). Der Jordan wandte sich ganz gegen seine Natur um und floß rückwärts in die Ursprungsquelle (vgl. Jos 3,15f). Geht daraus nicht klar hervor, daß die Meereswogen und der Flußlauf in ihrer Natur umgewandelt worden sind? Das Volk der Väter hatte Durst. Da schlug Mose an den Felsen, und aus dem Felsen floß Wasser (vgl. Ex 17,5f). Hat da nicht die Gnade etwas Außernatürliches bewirkt, nämlich daß ein Felsen Wasser hervorsprudeln ließ, das er von Natur aus nicht besaß? Mara war ein sehr bitterer Fluß, so daß das dürstende Volk nicht aus ihm trinken

non posset: misit lignum Moyses in aquam, et amaritudinem suam aquarum natura deposuit, quam infusa subito gratia temperavit. Sub Helisaeo propheta uni ex filiis prophetarum excussum est ferrum de securi et statim mersum est. Rogavit Helisaeum, qui amiserat ferrum: misit etiam Helisaeus lignum in aquam, et ferrum natavit. Utique et hoc praeter naturam factum cognoscimus; gravior enim ferri species quam aquarum liquor.

52. Advertimus igitur maioris operationis esse gratiam | quam naturam, et adhuc tamen propheticae benedictionis numeramus gratiam. Quod si tantum valuit humana benedictio, ut naturam converteret, quid dicimus de ipsa consecratione divina, ubi verba ipsa domini salvatoris operantur? Nam sacramentum istud, quod accipis, Christi sermone conficitur. Quod si tantum valuit sermo Heliae, ut ignem de caelo deposceret, non valebit Christi sermo, ut species mutet elementorum? De totius mundi operibus legisti: „Quia ipse dixit et facta sunt, ipse mandavit et creata sunt." Sermo ergo Christi, qui potuit ex nihilo facere, quod non erat, non potest ea, quae sunt, in id mutare, quod non erant? Non enim minus est novas rebus dare quam mutare naturas.

1: possit *ΓπRTUO*, *Q a. c.* | moyses lignum *Ωπ* || 3: sub] sed *T* || 5: immiserat *C* || 6: natavit ferrum *M* || 7: factum esse *a* | gravior] *add.* est *ΦΔam* || 9: maiorem *CMX*, *U p. c.* | operationis *om.* *Ω* (*add. s. l. η m* 2), *am* | esse] *add.* virtutis *Yam add.* uis *K* || 10: prophetiae *CFηUQX*, *K a. c. m*2 *a* || 13: salutaris *Γ* || 13 sq.: operatur *π* || 14: accipis] *add.* grā *C* || 16: deposceret *Fa. scripsit* poneret *C* deponeret *cet.* | valet *Γ* || 17: mutetur *E p. c. m*2 *Q* || 18: ipse *alt. om.* *CηRYΔ* | mandavit — 19 sunt *om.* *R* || 19: ergo] igitur *MX* || 21: erat *RX*, *PK a. c.* | non enim] nonne *Q p. c.* (*ex* non e), *K p. c. m*2 *M* | maius *K p. c. m*2 | re(bus *eras.*) *Q* res *K p. c. m*2

---

[4] Zum lateinischen Text Zeile 15: *deposceret* ist eine Konjektur von FALLER, die nicht zwingend erscheint. Lies mit BOTTE, *Notes* 214 f, das in den meisten Handschriften überlieferte *deponeret*!

konnte. Da warf Mose ein Stück Holz in das Wasser, und das Wasser verlor seine natürliche Bitterkeit, die die mitgeteilte Gnade sofort milderte (vgl. Ex 15,22–25). Zur Zeit des Propheten Elischa löste sich bei einem der Prophetensöhne die eiserne Klinge von der Axt und versank sofort (im Wasser). Derjenige, der die eiserne Klinge verloren hatte, bat Elischa (um Hilfe). Da warf auch Elischa ein Stück Holz in das Wasser, und die eiserne Klinge schwamm (obenauf) (vgl. 2 Kön 6,5 f). Wir erkennen sofort, daß es sich auch dabei um einen außernatürlichen Vorgang gehandelt hat, denn Eisen ist seiner Beschaffenheit nach schwerer als die flüssige Substanz des Wassers.

52. Daraus ersehen wir also, daß die Gnade eine größere Wirksamkeit besitzt als die Natur. Aber dennoch wollen wir eine weitere Gnadenwirkung der prophetischen Segnung anführen. Wenn schon die Segnung durch einen Menschen eine solche Kraft besaß, daß sie die Natur verwandeln konnte, was sagen wir dann von der göttlichen Konsekration, bei der die Worte des Herrn und Erlösers selbst ihre Wirksamkeit ausüben? Denn das Sakrament, das du empfängst, wird durch ein Wort Christi bereitet. Wenn nun aber das Wort des Elija eine derartige Macht besaß, Feuer vom Himmel herabzurufen (vgl. 1 Kön 18, 36–38), soll dann das Wort Christi nicht die Macht haben, die Elemente in ihrer Art zu verändern?[4] Über die Geschöpfe der ganzen Welt hast du gelesen: „Er hat gesprochen, und sie sind entstanden; er hat einen Befehl gegeben, und sie sind geschaffen worden" (vgl. Ps 33,9). Das Wort Christi also, das aus dem Nichts hervorbringen konnte, was nicht existierte, kann das nicht, was existiert, in etwas verwandeln, das vorher nicht da war? Dingen eine neue Natur zu verleihen ist keineswegs geringer (einzuschätzen), als (deren) Natur zu verändern.

53. Sed quid argumentis utimur? Suis utamur exemplis incarnationisque mysteriis adstruamus mysterii veritatem. Numquid naturae usus praecessit, cum Iesus dominus ex Maria nasceretur? Si ordinem quaerimus, viro mixta femina generare consuevit. Liquet igitur, quod praeter naturae ordinem virgo generavit. Et hoc quod conficimus corpus ex virgine est. Quid hic quaeris naturae ordinem in Christi corpore, cum praeter naturam sit ipse dominus Iesus partus ex virgine? Vera utique caro Christi, quae crucifixa est, quae sepulta est: vere ergo carnis illius sacramentum est.

54. Ipse clamat | dominus Iesus: „Hoc est corpus meum." Ante benedictionem verborum caelestium alia species nominatur, post consecrationem corpus significatur. Ipse dicit sanguinem suum. Ante consecrationem aliud dicitur, post consecrationem sanguis nuncupatur. Et tu dicis „amen", hoc est „verum est". Quod os loquitur, mens interna fateatur; quod sermo sonat, adfectus sentiat.

55. His igitur sacramentis pascit ecclesiam suam Christus, quibus animae firmatur substantia, meritoque videns profectum eius gratiae continentem dicit ad eam: „Quam decora facta sunt ubera tua, soror mea sponsa, quam decora facta sunt a vino, et odor vestimentorum tuorum super omnia aromata. Favum distillant labia tua, o sponsa, mel

---

1: quod $F\eta$, R *a.c.* $TUQOMKXY$ quoad *a* || 2: incarnationis quae G, EKO *a.c.* incarnationesque CF | mysteriis] *om.* $E\Omega a$, exemplo m | mysterii] mysteriis E, U *a.r.* | veritate Y || 3: dominus Iesus π || 3 sq.: ex Maria nasceretur *in mg.* E $m1$ || 4: Maria virgine π || 5: consueverat $UOAa$ | liquit E *a.c.* G liquid F || 7: in *om.* E *a.c.* $m2$ GD || 8: dominus iesus *om.* $CF\Delta$ || 10: illius hoc Y || 13: corpus christi *a* | significatur corpus M || 14: dixit π || 15: nunc cupatur GC || 16: dices R | quod — 17 fateatur *om.* $\Phi > M$ | os] hos G || 17: intenta GD in terra F *a.c.* $m2$ | effectus $\Gamma\pi\eta F\Phi KXa$ || 18: is T || 19: quibus *om.* Γ | meritoquae G | videris G || 21: sunt facta U || 22: et] cum Γ | tuorum *om.* Y *a.c.* $m2$ || 23: favus distillans $C\Phi am$

---

[5] Vgl. dazu *sacr.* 4, 21–23.

53. Doch wozu sollen wir Beweise anführen? Nehmen wir ihn (*sc.* Christus) selbst als Beispiel, und beweisen wir mit den Mysterien der Menschwerdung die Wahrheit des Mysteriums. Ist etwa ein natürlicher Verkehr vorausgegangen, als der Herr Jesus aus Maria geboren wurde? Wenn wir nach der (natürlichen) Ordnung fragen, (ergibt sich,) daß eine Zeugung normalerweise durch die Verbindung eines Mannes und einer Frau erfolgt. Damit ist klar, daß die Jungfrau außerhalb der natürlichen Ordnung geboren hat. Und das, was wir bereiten, ist der Leib aus der Jungfrau. Was fragst du hier beim Leib Christi nach der natürlichen Ordnung, da der Herr Jesus selbst auf außernatürliche Weise aus einer Jungfrau geboren worden ist? Es ist das wirkliche Fleisch Christi, das gekreuzigt und begraben worden ist. Hier ist wirklich das Sakrament dieses Fleisches.

54. Der Herr Jesus selbst ruft: „Das ist mein Leib" (1 Kor 11,24; Mt 26,26; Mk 14,22; Lk 22,19). Vor der Segnung durch die himmlischen Worte spricht man von einer anderen Art, nach der Konsekration wird sie als Leib bezeichnet. Er selbst spricht von seinem Blut. Vor der Konsekration heißt es anders, nach der Konsekration wird es Blut genannt[5]. Und du sagst: „Amen", das heißt: „Es ist wahr." Was der Mund ausspricht, soll man im Inneren des Geistes bekennen; was im Wort laut wird, soll das Herz empfinden.

55. Mit diesen Sakramenten nährt Christus seine Kirche. Durch sie wird die Lebenskraft der Seele gestärkt. Daher spricht er mit Recht zu ihr, wenn er sieht, daß sie in der Gnade Fortschritte erzielt: „Wie anmutig sind deine Brüste geworden, meine Schwester Braut. Wie anmutig sind sie vom Wein geworden, und der Duft deiner Kleider übertrifft alle Gewürze. Süßen Honig lassen deine Lippen herabträufeln, (meine) Braut. Milch und Honig sind unter

et lac sub lingua tua et odor vestimentorum tuorum sicut odor Libani. Hortus clusus soror mea sponsa, hortus clusus, fons signatus." Quo significat signatum debere apud te mysterium manere, ne violetur operibus malae vitae atque adulterio castitatis, ne divulgetur, quibus non convenit, ne garrula loquacitate dispergatur in perfidos. Bona debet ergo fidei tuae esse custodia, ut intemerata vitae ac silentii integritas perseveret.

56. Unde et ecclesia altitudinem servans mysteriorum caelestium reicit | a se graviores venti procellas et invitat vernantis gratiae suavitatem; et sciens, quod hortus suus Christo displicere non possit, ipsum advocat sponsum dicens: „Exsurge, aquilo, et veni, auster, perfla hortum meum et defluant unguenta mea. Descendat frater meus in hortum suum et edat fructum pomiferarum suarum." Bonas enim arbores et fructiferas habet, quae radices suas tincxerint sacri „fontis inriguo" et in bonos fructus novae fecunditatis germine pullulaverint, ut iam non prophetica caedantur securi, sed evangelica ubertate fundantur.

57. Denique fertilitate earum etiam dominus delectatus respondet: „Ingressus sum in hortum meum, soror mea sponsa. Vindemiavi myrram meam cum unguentis meis,

---

2: odor *om. M* | ortus *(bis) MKX* ‖ 2 sq.: clusus *(bis) RTCF* clausus η conclusus *cet. am* ‖ 2: soror — 2 sq. clusus *om.* $\Gamma\pi K$ | sponsa] *add.* mea $RPX\Phi > M$, a ‖ 3: quod RCF ‖ 4: manere mysterium Ω 5: adulterium E *a. c.* G | castitas E *p. c.* | ne] nec GD ut Y *a. c.* | devulgetur G ‖ 6: dispargatur $CF\eta$ ‖ 7: ergo debet AX | fides E, G *a. r.* ‖ 8: silendi Γ ‖ 9: ecclesiae $P\eta$ | ministeriorum π ‖ 11: suavitatis G suavitates E *a. c.* | ortus $\Gamma CF\eta AM$ | suos $GD\pi$ ‖ 12: christus $D\pi$ | displacere F dispicere GE despicere π, η *p. c.* | vocat M | advocat ipsum a ‖ 13: surge A ‖ 13 *et* 15: ortum DCM ‖ 14: defluent O ‖ 15: suum] meum O | pomiferum F ‖ 16: habent Da ‖ 17: tincxerint E, G *p. c.* $FUQT$ tinxerunt Y tinxerit M tinxeris G *a. c.* tinxerint *cet.*, *add.* in Φa | fontes R *a. c.* ‖ 18: non iam ΦPam | prophete C ‖ 19: fundentur Δ findantur T, K *p. c.* $m2$ fecundentur ΦY ‖ 20: fertili-

deiner Zunge, und der Duft deiner Kleider gleicht dem Duft des Libanon. Ein verschlossener Garten bist du, meine Schwester Braut, ein verschlossener Garten, eine versiegelte Quelle" (Hld 4,10-12). Dadurch deutet er an, daß das Mysterium in dir versiegelt bleiben muß, damit es nicht durch einen schlechten Lebenswandel und durch Verletzung der Keuschheit Schaden erleidet, damit es Unberufenen nicht mitgeteilt und nicht durch Geschwätz unter Ungläubigen verbreitet wird. Du mußt deinen Glauben mit großer Wachsamkeit schützen, damit dein Leben und dein Schweigen unversehrt erhalten bleiben.

56. Deshalb schützt auch die Kirche die erhabenen himmlischen Mysterien, indem sie stärkere Stürme von sich fernhält und um die Süße der verjüngenden Gnade bittet. Da sie weiß, daß ihr Garten Christus nicht mißfallen kann, ruft sie den Bräutigam mit folgenden Worten herbei: „Nordwind, erhebe dich, Südwind, komm und durchwehe meinen Garten, und meine Salböle mögen herabfließen. Mein Bruder komme in seinen Garten herab und genieße die Frucht seiner Obstbäume" (Hld 4,16). In ihm finden sich gute und fruchtbringende Bäume, die ihre Wurzeln mit dem Wasser der heiligen Quelle getränkt haben und an den Zweigen mit junger Fruchtbarkeit gute Früchte tragen, so daß sie nicht mit der vom Propheten erwähnten Axt gefällt werden (vgl. Mt 3,10; Lk 3,9; 2 Kön 6,4f), sondern in der Fruchtbarkeit des Evangeliums ihren festen Grund haben.

57. Über deren Fruchtbarkeit erfreut, antwortet denn auch der Herr: „Ich bin in meinen Garten gekommen, meine Schwester Braut. Ich habe meine Myrrhe mit meinem Balsam geerntet. Ich habe meine Speise mit meinem

---

tatem *RT* | eam *Γ* | etiam *om. a* | delectatur *FQ* ‖ 21: respondit *CFRTΦ, K a. c.* | sum *om. M* | ortum *DM, K p. c.* ‖ 22: meam *om. C, η a. c. m2 RTΦ > O, PKY*

manducavi" cibum „meum cum melle meo, bibi" potum „meum cum lacte meo". Quare „cibum" et „potum" dixerim, fidelis, intellege! Illud autem non dubium, quod in nobis et ipse manducat et bibit, sicut in nobis legisti quia et in carcere esse se dicit.

58. Unde et ecclesia videns tantam gratiam hortatur filios suos, hortatur | proximos, ut ad sacramenta concurrant dicens: „Edite, proximi mei, et bibite et inebriamini, fratres mei." Quid edamus, quid bibamus, alibi tibi per prophetam spiritus sanctus expressit dicens: „Gustate et videte, quoniam suavis est dominus: Beatus vir, qui confidit in eo." In illo sacramento Christus est, quia corpus est Christi. Non ergo corporalis esca, sed spiritalis est. Unde et apostolus de typo eius ait: „Quia patres nostri escam spiritalem manducaverunt et potum spiritalem biberunt"; corpus enim dei corpus est spiritale, corpus Christi corpus est divini spiritus, quia spiritus Christus, ut legimus: „Spiritus ante faciem nostram Christus dominus." Et in Petri epistola habemus: „Et Christus pro vobis mortuus est." Denique cor nostrum esca ista confirmat et potus iste „laetificat cor hominis", ut propheta memoravit.

59. Unde adepti omnia sciamus regeneratos nos esse. Nec dicamus: „Quomodo regenerati sumus? Numquid in ventrem matris nostrae introivimus et renati sumus? Non agnosco usum naturae!" — Sed nullus hic naturae ordo,

---

1: potum *P i. r.* uinum *M* ‖ 2: quare autem *Y* ‖ 2 sq.: dixerit *DCY* ‖ 3: fideles *CRTU, QA a. c.* | intelligite *RT* intellegunt *U p. c. m2* ‖ 4: vobis *M* | et *pr. om.* Ωπαm | bibat *D* | sicut et π | quia *om. U* qui *FM* ‖ 5: et *om.* Ωαm | se esse ΓπX esse *om. M* ‖ 7: ad *om.* η ‖ 9 sq.: per prophetam *om.* π ‖ 11: quoniam] quam *X* ‖ 11 sq.: confidit] sperat Ωαm ‖ 12: eum *CFηRPK, X p. c.* | est *om.* Γ ‖ 12 sq.: corpus x̃p̃i est π ‖ 15: et — biberunt *post* 16 dei *CFηP, K a. c. m2 X a. r.* | potus *C* ‖ 17: christus *Ym* christi *cet. a* ‖ 18: nostram] meam *P* ‖ 19: et *om.* TΦY *m1 am* | nobis *Q a. c. TAPXYCπam* ‖ 22: unde et *Y* | scimus *EUQ MΔa* | nos regeneratos *C* ‖ 23: num✳quid *G* ‖ 24: ventre *GFηKX* ‖ 25: cognosco *M* | natura *F*

Honig gegessen. Ich habe meinen Trank mit meiner Milch zu mir genommen" (Hld 5,1). Glaubender, suche zu erfassen, warum ich von „Speise" und „Trank" gesprochen habe! Es gibt keinen Zweifel daran, daß er selbst auch in uns ißt und trinkt, da er, wie du gelesen hast, von sich sagt, er sei in uns eingekerkert (vgl. Mt 25,35–40).

58. Daher mahnt auch die Kirche beim Anblick einer solch großen Gnade ihre Kinder, mahnt sie ihre Angehörigen, zu den Sakramenten zusammenzukommen, indem sie spricht: „Eßt, meine Angehörigen, trinkt und berauscht euch, meine Brüder!" (Hld 5,1). Was wir essen und was wir trinken sollen, hat dir der Heilige Geist durch den Propheten an einer anderen Stelle mit den Worten erklärt: „Kostet und seht, wie angenehm der Herr ist. Selig der Mann, der auf ihn vertraut" (Ps 34,9). In diesem Sakrament ist Christus, da es der Leib Christi ist. Es ist keine körperliche Speise, sondern eine geistliche. Daher sagt auch der Apostel über ihr Vor-Bild: „Unsere Väter aßen die geistliche Speise und tranken den geistlichen Trank" (1 Kor 10,3f). Der Leib Gottes ist nämlich ein geistlicher Leib (vgl. 1 Kor 15,44); der Leib Christi ist der Leib des göttlichen Geistes, denn Christus ist Geist, wie wir lesen: „Ein Geist vor unserem Angesicht ist Christus, der Herr" (Klgl 4,20). Und im Petrusbrief steht: „Christus ist für euch gestorben" (1 Petr 2,21). Schließlich stärkt diese Speise unser Herz, und dieser Trank „erfreut des Menschen Herz" (Ps 104,15), wie der Prophet erwähnt hat.

59. Nachdem wir in alle (Mysterien) eingeführt worden sind, sollen wir uns bewußt bleiben, daß wir wiedergeboren sind. Fragen wir nur ja nicht: „Wie sind wir wiedergeboren worden? Sind wir etwa in den Schoß unserer Mutter eingegangen und erneut geboren worden (vgl. Joh 3,4)? Ich kenne eine solche Praxis in der Natur nicht!" Hier, wo die höhere Kraft der Gnade wirkt, waltet nicht die Ordnung der Natur. Schließlich bestimmt nicht immer die

ubi excellentia gratiae. Denique non semper usus naturae generationem facit: Generatum ex virgine Christum dominum confitemur et naturae ordinem denegamus. Non enim ex viro Maria concepit, sed de spiritu sancto in utero accepit, ut dicit | Matthaeus, quia „inventa est in utero habens de spiritu sancto". Si ergo superveniens spiritus sanctus in virginem conceptionem operatus est et generationis munus inplevit, non est utique dubitandum, quod superveniens in fontem spiritus, vel super eos, qui baptismum consequuntur, veritatem regenerationis operatur.

1: excellentiae *RK a.c.* | gratiae est *RTY* ‖ 2: regenerationem *Δ* ‖ 2 sq.: x͞pm d͞nm ex virgine *D* ‖ 5: matheus dicit *M* | invento *π* ‖ 5 sq.: habens in utero *M* ‖ 9: spiritus *om. Ωam* | eum *CFΦa* ‖ 10: consecuntur *DCFRTUQP* consequitur *AMa* consequuntur *cet.* | generationis *π* | regenerationis operatur *om. T* | operatur *GπD a.c. m2* cooperetur *D m2 Φa* operetur *cet. m add.* amen *Δ* | explicit de divinis mysteriis *E* de divinis mysteriis explicit *G* explicit liber de mysteriis feliciter *U* liber∗explicit de mysteriis *Q* finit liber de mysteriis *TM* explicit tractatus de mysteriis *Y* finit de initiandis *OCΔ*, (finet) *F*, (*add.* feliciter) *RA deest subscriptio in πDη*

Ordnung der Natur den Geburtsvorgang: Wir bekennen, daß Christus, der Herr, aus einer Jungfrau geboren worden ist, und stellen in Abrede, daß die Ordnung der Natur (eingehalten worden ist). Denn nicht von einem Mann hat Maria (Christus) empfangen, sondern vom Heiligen Geist hat sie (ihn) in ihrem Schoß empfangen, wie Matthäus bezeugt: „Es zeigte sich, daß sie vom Heiligen Geist schwanger war" (Mt 1,18). Wenn also der Heilige Geist über die Jungfrau gekommen ist, die Empfängnis bewirkt und die Zeugung vollbracht hat, dann gibt es gewiß keinen Zweifel daran, daß der Geist über den Taufbrunnen kommt oder über diejenigen, die die Taufe empfangen, und die wahre Wiedergeburt bewirkt.

ABKÜRZUNGEN

Werkabkürzungen

Ambrosius
- *Abr.* — de Abraham
- *Cain et Ab.* — de Cain et Abel
- *epist.* — epistulae
- *exam.* — exameron
- *fid.* — de fide ad Gratianum Augustum
- *Hel.* — de Helia et ieiunio
- *Iac.* — de Iacob et vita beata
- *incarn.* — de incarnationis dominicae sacramento
- *inst. virg.* — de institutione virginis
- *Iob* — de interpellatione Iob et David
- *Ioseph* — de Ioseph
- *Isaac* — de Isaac vel anima
- *in Luc.* — expositio Evangelii secundum Lucam
- *myst.* — de mysteriis
- *Noe* — de Noe
- *off.* — de officiis ministrorum
- *paenit.* — de paenitentia
- *patr.* — de patriarchis
- *in psalm.* — explanatio super Psalmos 12
- *in psalm. 118* — expositio de Psalmo 118
- *sacr.* — de sacramentis
- *spir.* — de Spiritu Sancto
- *symb.* — explanatio symboli
- *virg.* — de virginibus
- *virginit.* — de virginitate

Augustinus
- *epist.* — epistulae
- *persev.* — de dono perseverantiae liber ad Prosperum et Hilarium secundus
- *serm. Guelf.* — sermones Moriniani ex collectione Guelferbytana

ABKÜRZUNGEN

Cyprian
    epist.   epistulae

Cyrill von Jerusalem
    myst. cat.   mystagogicae catecheses

Hieronymus
    adv. Pelag.   dialogi adversus Pelagianos libri 3

Ignatius von Antiochien
    Philad.   epistula ad Philadelphios

Itinerarium Egeriae
    Itin. Eger.   itinerarium seu peregrinatio Egeriae ad loca sancta

Johannes Chrysostomus
    ad ill. cat.   ad illuminandos catechesis 1 et 2
    cat. ad ill.   catecheses ad illuminandos 1–8
    cat. de iur.   catechesis de iuramento
    cat. ult. ad bapt. catechesis ultima ad baptizandos

Paulinus von Mailand
    vita Ambr.   vita S. Ambrosii episcopi Mediolanensis

Rituale Romanum
    Rit. Rom.   Rituale Romanum Pauli V Pontificis Maximi jussu editum

Testamentum Domini
    Test. Dom.   Testamentum Domini nostri Iesu Christi

Allgemeine Abkürzungen

Aufl.	Auflage	Rez.	Rezensent, Rezension
d.h.	das heißt	*sc.*	*scilicet*
ders./dies.	derselbe/dieselbe	u.	und
ebd.	ebenda	u.a.	und andere; unter anderem
eingel.	eingeleitet		
f	folgende	übers.	übersetzt
hrsg.	herausgegeben	Vg.	Vulgata
Jh.	Jahrhundert	vgl.	vergleiche
LXX	Septuaginta	z.B.	zum Beispiel

Bibliographische Abkürzungen

AuC	Antike und Christentum, Münster
Bib.	Biblica. Commentarii periodici ad rem biblicam scientifice investigandam, Rom
BKV	Bibliothek der Kirchenväter ¹1,1869 – 80,1888 ²1,1911 – 62/63,1931 2. Reihe: 1,1932 – 20,1938
CCL	Corpus Christianorum. Series Latina
CSEL	Corpus scriptorum ecclesiasticorum Latinorum
CSLP	Corpus scriptorum Latinorum Paravianum
DACL	Dictionnaire d'archéologie chrétienne et de liturgie, Paris 1,1903 – 15,1953
DR	Downside review. A quarterly of catholic thought and of monastic history, Bath
EL	Ephemerides liturgicae, Città del Vaticano
FlorPatr	Florilegium patristicum
GdK	Gottesdienst der Kirche: Handbuch der Liturgiewissenschaft
HAW	Handbuch der Altertumswissenschaft
JbAC	Jahrbuch für Antike und Christentum, Münster
JLW	Jahrbuch für Liturgiewissenschaft, Münster
JThS.NS	Journal of theological studies. New series, Oxford u. a.
LCP	Latinitas Christianorum primaeva
Leit.	Leiturgia. Handbuch des evangelischen Gottesdienstes
LQF	Liturgiewissenschaftliche (23, 1928 – 31, 1939: Liturgiegeschichtliche) Quellen und Forschungen
MBTh	Münsterische Beiträge zur Theologie
MThS.S	Münchener theologische Studien. Systematische Abteilung
MThZ	Münchener theologische Zeitschrift, München
NZM.S	Neue Zeitschrift für Missionswissenschaft. Supplement
OstKSt	Ostkirchliche Studien, Würzburg
PG	Patrologiae cursus completus. Accurante J.-P. Migne. — Series Graeca
PL	— Series Latina
PLS	Patrologiae Latinae supplementum
RAC	Reallexikon für Antike und Christentum, Stuttgart 1950 ff
RBen	Revue bénédictine de critique, d'histoire et de littérature religieuses, Abbaye de Maredsous
RQ	Römische Quartalschrift für christliche Altertumskunde und für Kirchengeschichte, Freiburg
SCA	Studies in Christian antiquity
SCh	Sources chrétiennes

SDM	Scripta et documenta edita cura monachorum scriptorii Monteserrati
SeL	Storia e letteratura. Raccolta di studi e testi
SGKA	Studien zur Geschichte und Kultur des Altertums
SPLi	Studia patristica et liturgica
SPMed	Studia patristica mediolanensia
SUC	Schriften des Urchristentums
Theoph.	Theophaneia. Beiträge zur Religions- und Kirchengeschichte des Altertums
TLL	Thesaurus Linguae Latinae, Leipzig 1900 ff
TRE	Theologische Realenzyklopädie, Berlin 1976 ff
VetChr	Vetera Christianorum, Bari
VigChr	Vigiliae Christianae. Review of early Christian life and language, Amsterdam
VSen.NS	Verba seniorum. Collana di testi patristici e medievali. Nuova serie
ZKG	Zeitschrift für Kirchengeschichte, Stuttgart u. a.
ZKTh	Zeitschrift für katholische Theologie, Wien

BIBLIOGRAPHIE

A. QUELLEN

AMBROSIUS

De Abraham:
— De Abraham: *Sancti Ambrosii Opera 1* (hrsg. von C. SCHENKL = CSEL 32/1), Prag/Wien/Leipzig 1897, 499–638.

De Cain et Abel:
— De Cain et Abel: *Sancti Ambrosii Opera 1* (hrsg. von C. SCHENKL = CSEL 32/1), Prag/Wien/Leipzig 1897, 337–409.

Epistulae:
Zu der bei FALLER *und* ZELZER *von* PL *abweichenden Zählung der Briefe vgl.* PLS 5, 393–395.
— *Sancti Ambrosii Opera 10. Epistulae et Acta 1. Epistularum libri 1–6* (Brief 1–35, hrsg. von O. FALLER = CSEL 82/1), Wien 1968.
— Epistularum liber decimus (Brief 70–77). Epistulae extra collectionem (Brief 1–15): *Sancti Ambrosi Opera 10. Epistulae et Acta 3* (hrsg. von M. ZELZER = CSEL 82/3), Wien 1982, 1–311.
— Sancti Ambrosii Mediolanensis episcopi epistolae in duas classes distributae: *Sancti Ambrosii Mediolanensis episcopi Opera Omnia 3* (PL 16), 875–1286.

Exameron:
— Exameron: *Sancti Ambrosii Opera 1* (hrsg. von C. SCHENKL = CSEL 32/1), Prag/Wien/Leipzig 1897, 1–261.
— *Des heiligen Kirchenlehrers Ambrosius von Mailand Exameron* (übers. von J. NIEDERHUBER = BKV² 17), Kempten/München 1914.

Explanatio super Psalmos 12:
— *Sancti Ambrosii Opera 6. Explanatio psalmorum 12* (hrsg. von M. PETSCHENIG = CSEL 64), Wien/Leipzig 1919.

Explanatio symboli:
— Explanatio symboli: *Sancti Ambrosii Opera 7* (hrsg. von O. FALLER = CSEL 73), Wien 1955, 1–12.
— Explication du symbole: *Ambroise de Milan: Des sacrements. Des mystères. L'Explication du symbole* (hrsg. u. übers. von B. BOTTE = SCh 25bis), Paris 1961, 46–59.

Expositio de Psalmo 118:
— *Sancti Ambrosii Opera 5. Expositio psalmi 118* (hrsg. von M. PETSCHENIG = CSEL 62), Wien/Leipzig 1913.

Expositio Evangelii secundum Lucam:
— Expositio Evangelii secundum Lucam: *Sancti Ambrosii Mediolanensis Opera 4* (hrsg. von M. ADRIAEN = CCL 14), Turnholt 1957, 1–400.
— *Sancti Ambrosii Opera 4. Expositio Evangelii secundum Lucam* (hrsg. von C. SCHENKL = CSEL 32/4), Prag/Wien/Leipzig 1902.
— *Ambroise de Milan: Traité sur l'Évangile de S. Luc*, 2 Bde. (hrsg. u. übers. von G. TISSOT = SCh 45.52), Paris 1956.1958.
— *Des heiligen Kirchenlehrers Ambrosius von Mailand Lukaskommentar mit Ausschluß der Leidensgeschichte* (übers. von J. NIEDERHUBER = BKV² 21), Kempten/München 1915.

De fide ad Gratianum Augustum:
— *Sancti Ambrosii Opera 8. De fide [ad Gratianum Augustum]* (hrsg. von O. FALLER = CSEL 78), Wien 1962.

De Helia et ieiunio:
— De Helia et ieiunio: *Sancti Ambrosii Opera 2* (hrsg. von C. SCHENKL = CSEL 32/2), Prag/Wien/Leipzig 1897, 409–465.

De Iacob et vita beata:
— De Iacob et vita beata: *Sancti Ambrosii Opera 2* (hrsg. von C. SCHENKL = CSEL 32/2), Prag/Wien/Leipzig 1897, 1–70.

De incarnationis dominicae sacramento:
— De incarnationis dominicae sacramento: *Sancti Ambrosii Opera 9* (hrsg. von O. FALLER = CSEL 79), Wien 1964, 223–281.

De institutione virginis:
— Sancti Ambrosii Mediolanensis episcopi de institutione virginis et S. Mariae virginitate Perpetua ad Eusebium liber unus: *Sancti Ambrosii Mediolanensis episcopi Opera Omnia 3* (PL 16), 305–334.

De interpellatione Iob et David:
— De interpellatione Iob et David: *Sancti Ambrosii Opera 2* (hrsg. von C. SCHENKL = CSEL 32/2), Prag/Wien/Leipzig 1897, 209–296.

De Ioseph:
— De Ioseph: *Sancti Ambrosii Opera 2* (hrsg. von C. SCHENKL = CSEL 32/2), Prag/Wien/Leipzig 1897, 71–122.

De Isaac vel anima:
— De Isaac vel anima: *Sancti Ambrosii Opera 1* (hrsg. von C. SCHENKL = CSEL 32/1), Prag/Wien/Leipzig 1897, 639–700.

De mysteriis:
— De mysteriis: *Sancti Ambrosii Opera 7* (hrsg. von O. FALLER = CSEL 73), Wien 1955, 87–116.
— Des mystères: *Ambroise de Milan: Des sacrements. Des mystères. L'Explication du symbole* (hrsg. u. übers. von B. BOTTE = SCh 25bis), Paris 1961, 156–193.

— Über die Mysterien: *Des heiligen Kirchenlehrers Ambrosius von Mailand Pflichtenlehre und ausgewählte kleinere Schriften* (übers. von J. NIEDERHUBER = BKV² 32), Kempten/München 1917, 276–303.

De Noe:
— De Noe: *Sancti Ambrosii Opera 1* (hrsg. von C. SCHENKL = CSEL 32/1), Prag/Wien/Leipzig 1897, 411–497.

De officiis ministrorum:
— Sancti Ambrosii Mediolanensis episcopi de officiis ministrorum libri tres: *Sancti Ambrosii Mediolanensis episcopi Opera Omnia 3* (PL 16), 23–184.
— Von den Pflichten der Kirchendiener: *Des heiligen Kirchenlehrers Ambrosius von Mailand Pflichtenlehre und ausgewählte kleinere Schriften* (übers. von J. NIEDERHUBER = BKV² 32), Kempten/München 1917, 11–269.

De paenitentia:
— De paenitentia: *Sancti Ambrosii Opera 7* (hrsg. von O. FALLER = CSEL 73), Wien 1955, 117–206.
— *Ambroise de Milan: La pénitence* (hrsg. u. übers. von R. GRYSON = SCh 179), Paris 1971.
— Des heiligen Ambrosius Schrift „Über die Buße": *Ausgewählte Schriften des heiligen Ambrosius, Bischofs von Mailand 1* (übers. von F. X. SCHULTE = BKV¹ [13]), Kempten 1871, 231–318.

De patriarchis:
— De patriarchis: *Sancti Ambrosii Opera 2* (hrsg. von C. SCHENKL = CSEL 32/2), Prag/Wien/Leipzig 1897, 123–160.

De sacramentis:
— De sacramentis: *Sancti Ambrosii Opera 7* (hrsg. von O. FALLER = CSEL 73), Wien 1955, 13–85.
— Des sacrements: *Ambroise de Milan: Des sacrements. Des mystères. L'Explication du symbole* (hrsg. u. übers. von B. BOTTE = SCh 25bis), Paris 1961, 60–155.

De Spiritu Sancto:
— De Spiritu Sancto: *Sancti Ambrosii Opera 9* (hrsg. von O. FALLER = CSEL 79), Wien 1964, 5–222.

De virginibus:
— S. Ambrosii Mediolanensis episcopi de virginibus libri tres (hrsg. von E. CAZZANIGA = CSLP), Turin u. a. 1948.
— Über die Jungfrauen: *Des heiligen Kirchenlehrers Ambrosius von Mailand Pflichtenlehre und ausgewählte kleinere Schriften* (übers. von J. NIEDERHUBER = BKV² 32), Kempten/München 1917, 311–386.

De virginitate:
— *S.Ambrosii Mediolanensis episcopi de virginitate liber unus* (hrsg. von E. CAZZANIGA = CSLP), Turin u.a. 1952.
— Des heiligen Ambrosius Schrift „Über die Jungfräulichkeit": *Ausgewählte Schriften des heiligen Ambrosius, Bischofs von Mailand 1* (übers. von F.X.SCHULTE = BKV[1] [13]), Kempten 1871, 141–195.

AUGUSTINUS

De dono perseverantiae liber ad Prosperum et Hilarium secundus:
— S.Aurelii Augustini Hipponensis episcopi de dono perseverantiae liber ad Prosperum et Hilarium secundus: *Sancti Aurelii Augustini Hipponensis episcopi Opera Omnia 10* (PL 45), Paris 1841, 993–1050.
— Die Gabe der Beharrlichkeit (oder: Die Vorherbestimmung der Heiligen — 2.Teil). Zweites Buch an Prosper und Hilarius: *Aurelius Augustinus Schriften gegen die Semipelagianer* (hrsg. u. übers. von S. KOPP / A. ZUMKELLER = Sankt Augustinus. Der Lehrer der Gnade), Würzburg 1955, 328–439.

Epistulae:
— *S.Aureli Augustini Hipponiensis episcopi epistulae 3* (Brief 124–184, hrsg. von A. GOLDBACHER = CSEL 44), Wien/Leipzig 1904.

Sermones Moriniani ex collectione Guelferbytana:
— Sermones Moriniani. 1. Ex collectione Guelferbytana: *Sancti Augustini sermones post Maurinos reperti* (hrsg. von G. MORIN = Miscellanea Agostiniana 1), Rom 1930, 439–585 (PLS 2, Paris 1960, 536–657).

CYPRIAN
Epistulae:
— *S.Thasci Caecili Cypriani Opera Omnia 2. Epistulae* (hrsg. von G. HARTEL = CSEL 3/2), Wien 1871.
— *Des heiligen Kirchenvaters Caecilius Cyprianus Briefe* (übers. von J. BAER = BKV[2] 60), München 1928.

CYRILL VON JERUSALEM
Mystagogicae catecheses:
— *Cyrille de Jérusalem: Catéchèses mystagogiques* (hrsg. von A. PIÉDAGNEL = SCh 126bis), Paris 1988.
— *Des heiligen Cyrillus Bischofs von Jerusalem Katechesen* (übers. von P. HAEUSER = BKV[2] 41), München 1922, 361–391.

HIERONYMUS
Dialogi adversus Pelagianos libri 3:
— S.Eusebii Hieronymi Stridonensis presbyteri dialogus adversus Pelagianos sub persona Attici catholici et Critobuli haeretici: *Sancti Eu-*

sebii Hieronymi Stridonensis presbyteri Opera Omnia 2 (PL 23), Paris 1883, 518–618 (1845, 495–590).

— Dialog gegen die Pelagianer: *Des heiligen Kirchenvaters Eusebius Hieronymus ausgewählte historische, homiletische u. dogmatische Schriften* (übers. von L. SCHADE = BKV² 15), Kempten/München 1914, 335–497.

IGNATIUS VON ANTIOCHIEN
Epistula ad Philadelphios:
— Ignatius an die Philadelphier: *Die Apostolischen Väter* (hrsg. u. übers. von J. A. FISCHER = SUC 1), Darmstadt 9. Aufl. 1986, 194–203.

ITINERARIUM EGERIAE
Itinerarium seu peregrinatio Egeriae ad loca sancta:
— Itinerarium Egeriae (hrsg. von A. FRANCESCHINI / R. WEBER): *Itineraria et alia geographica* (CCL 175), Turnholt 1965, 35–90.
— Pilgerreise der Aetheria (übers. von K. VRETSKA): *Die Pilgerreise der Aetheria* (hrsg. von H. PÉTRÉ / K. VRETSKA), Klosterneuburg 1958, 88–261.
— Die Nonne Etheria (um 400). Peregrinatio Etheriae (Kap. 1–23, übers. von H. DONNER): *Pilgerfahrt ins Heilige Land. Die ältesten Berichte christlicher Palästinapilger (4.–7. Jahrhundert)* (hrsg. von H. DONNER), Stuttgart 1979, 82–137.

JOHANNES CHRYSOSTOMUS

Ad illuminandos catechesis 1 et 2:
— Catecheses II ad illuminandos: *S. P. N. Joannis Chrysostomi Opera Omnia 2* (PG 49), Paris 1862, 223–240.
— Zwei Anreden an die Täuflinge: *Des heiligen Kirchenlehrers Johannes Chrysostomus ausgewählte Reden* (übers. von M. SCHMITZ = BKV¹ [63]), Kempten 1879, 91–131.

Catecheses ad illuminandos 1–8:
— *Jean Chrysostome: Huit catéchèses baptismales inédites* (hrsg. u. übers. von A. WENGER = SCh 50bis), Paris 1970.

Catechesis de iuramento:
— Ἰωάννου τοῦ Χρυσοστόμου κατηχήσεις. 1. Λόγος β': *Varia Graeca Sacra. Sbornik greceskikh neisdannikh bogoslovskikh tekstov IV–XV vekov* (hrsg. von A. PAPADOPOULOS-KERAMEUS), Leipzig 1975 (Petersburg 1909), 154–166.

Catechesis ultima ad baptizandos:
— Ἰωάννου τοῦ Χρυσοστόμου κατηχήσεις. 2. Λόγος γ': *Varia Graeca Sacra* (hrsg. von A. PAPADOPOULOS-KERAMEUS), Leipzig 1975 (Petersburg 1909), 166–175.

PAULINUS VON MAILAND
Vita S. Ambrosii episcopi Mediolanensis:
— *Paolino di Milano: Vita di S. Ambrogio* (hrsg. von M. PELLEGRINO = VSen.NS 1), Rom 1961.
— Paulinus von Mailand: Das Leben des hl. Ambrosius (übers. von I. OPELT): *Das Leben des heiligen Ambrosius. Die Vita des Paulinus und ausgewählte Texte aus den Werken des Heiligen und anderen Zeitdokumenten* (eingel. von E. DASSMANN), Düsseldorf 1967, 37–69.

RITUALE ROMANUM
— *Rituale Romanum Pauli V Pontificis Maximi jussu editum*, Città del Vaticano 1957.

TESTAMENTUM DOMINI
— *Testamentum Domini nostri Jesu Christi* (hrsg. von I. E. RAHMANI), Hildesheim 1968 (Mainz 1899).

B. LITERATUR

BOHL, H., *Kommunionempfang der Gläubigen. Probleme seiner Integration in die Eucharistiefeier* (Disputationes Theologicae 9), Frankfurt a. M. / Bern / Cirencester, U.K. 1980.

BOTTE, B., *Ambroise de Milan: Des sacrements. Des mystères. Nouvelle édition revue et augmentée de l'Explication du symbole.* Texte établi, traduit et annoté (SCh 25 [bis]), Paris 1961.

—, Notes critiques: ebd. 195–215.

CAPRIOLI, H., *Battesimo e Confermazione. Studio storico sulla liturgia e catechesi di S. Ambrogio*, Varese 1977.

CONNOLLY, H., The „De Sacramentis" a work of St Ambrose: DR 69 (1941) 1–13.

—, *The De Sacramentis a work of St Ambrose*, Downside Abbey 1942.

DASSMANN, E., Ambrosius von Mailand (339–397): TRE 2, 362–386.

—, *Die Frömmigkeit des Kirchenvaters Ambrosius von Mailand. Quellen und Entfaltung* (MBTh 29), Münster 1965.

DÖLGER, F. J., Der Durchzug durch das Rote Meer als Sinnbild der christlichen Taufe. Zum Oxyrhynchos-Papyrus Nr. 840: AuC 2 (1930) 63–69.

—, Heidnische und christliche Brotstempel mit religiösen Zeichen. Zur Geschichte des Hostienstempels: AuC 1 (1929) 1–46.

—, *Sphragis. Eine altchristliche Taufbezeichnung in ihren Beziehungen zur profanen und religiösen Kultur des Altertums* (SGKA 5,3/4), Paderborn 1911.

—, Zur Symbolik des altchristlichen Taufhauses. 1. Das Oktogon und die Symbolik der Achtzahl. Die Inschrift des hl. Ambrosius im Baptisterium der Theklakirche von Mailand: AuC 4 (1934) 153–187.

FALLER, O., Ambrosius, der Verfasser von De sacramentis. Die inneren Echtheitsgründe: ZKTh 64 (1940) 1–14. 81–101.

—, Was sagen die Handschriften zur Echtheit der sechs Predigten „S. Ambrosii de Sacramentis"?: ZKTh 53 (1929) 41–65.

—, Prolegomena: *Sancti Ambrosii Opera* 7 (CSEL 73), Wien 1955, 6*–125*.

GAMBER, K., Die Autorschaft von „De sacramentis": RQ 61 (1966) 94–104.

—, *Die Autorschaft von De sacramentis. Zugleich ein Beitrag zur Liturgiegeschichte der römischen Provinz Dacia mediterranea* (SPLi 1), Regensburg 1967.

—, Das Eucharistiegebet in der frühen nordafrikanischen Liturgie: *Liturgica 3* (SDM 17), Montserrat 1966, 51–65.

—, Ist der Canon-Text von „De sacramentis" in Mailand gebraucht worden?: EL 79 (1965) 109–116.

—, Ist Niceta von Remesiana der Verfasser von De sacramentis?: OstKSt 7 (1958) 153–172.

—, Nochmals zur Frage der Autorschaft von De sacramentis: ZKTh 91 (1969) 587–589.

—, Nochmals zur Schrift „Ad competentes" des Niceta von Remesiana: OstKSt 13 (1964) 192–202.

—, Die sechs Bücher „Ad competentes" des Niceta von Remesiana. Frühchristliche Taufkatechesen aus dem römischen Dacien: OstKSt 9 (1960) 123–173.

GRYSON, R., *Le prêtre selon saint Ambroise*, Louvain 1968.

HOFMANN, J. B. / SZANTYR, A., *Lateinische Syntax und Stilistik* (HAW 2,2/2), München 1972.

HUHN, J., Der dogmatische Sinn des Ambrosiuswortes: Planta Petri abluitur, ut hereditaria peccata tollantur, nostra enim propria per baptismum relaxantur (S. Ambrosius, De mysteriis 32): MThZ 2 (1951) 377–389.

ILLERT, D., Die „vollkommeneren Sakramente" bei Ambrosius: ZKG 73 (1962) 9–15.

JACOB, C., *„Arkandisziplin", Allegorese, Mystagogie. Ein neuer Zugang zur Theologie des Ambrosius von Mailand* (Theoph. 32), Frankfurt a. M. 1990.

JUNGMANN, J. A., *Missarum Sollemnia. Eine genetische Erklärung der römischen Messe* 2, Wien / Freiburg / Basel 5. Aufl. 1962.

—, *Die Stellung Christi im liturgischen Gebet* (LQF 19–20), Münster 2. Aufl. 1962.

KIRSTEN, H., *Die Taufabsage. Eine Untersuchung zu Gestalt und Geschichte der Taufe nach den altkirchlichen Taufliturgien*, Berlin 1960.

KLAUSER, T., Rez. K. Gamber, Domus ecclesiae: JbAC 11/12 (1968/1969) 215–224.

KLEINHEYER, B., *Sakramentliche Feiern 1. Die Feiern der Eingliederung in die Kirche* (GdK 7/1), Regensburg 1989.

KRETSCHMAR, G., Die Geschichte des Taufgottesdienstes in der alten Kirche: *Der Taufgottesdienst* (hrsg. von K. F. MÜLLER / W. BLANKENBURG = Leit. 5), Kassel 1970, 1–348.

LAZZATI, G., L'autenticità del De Sacramentis e la valutazione letteraria delle opere di S. Ambrogio: Aevum 29 (1955) 17–48.

LECLERCQ, H., Oraison dominicale: DACL 12, 2244–2255.

MADEC, G., L'homme intérieur selon saint Ambroise: *Ambroise de Milan. XVIe Centenaire de son élection épiscopale*, Paris 1974, 283–308.

[MAURINER,] In libros de sacramentis praefatio: PL 16, 409–418.

MESOT, J., *Die Heidenbekehrung bei Ambrosius von Mailand* (NZM.S 7), Schöneck / Beckenried (Schweiz) 1958.

MIRABELLA ROBERTI, M., Il battistero di S. Ambrogio: ders. / A. PAREDI, *Il battistero ambrosiano di S. Giovanni alle Fonti*, Milano 1974, 7–33.

MOHRMANN, C., *Die altchristliche Sondersprache in den Sermones des hl. Augustin 1* (LCP 3), Amsterdam 2. Aufl. 1965.

—, Observations sur le „De Sacramentis" et le „De Mysteriis" de saint Ambroise: *Ambrosius Episcopus*. Atti del Congresso internazionale di studi ambrosiani nel XVI centenario della elevazione di sant'Ambrogio alla cattedra episcopale (Milano 2–7 dicembre 1974) 1 (hrsg. von G. LAZZATI = SPMed 6), Milano 1976, 103–123.

—, Pascha, Passio, Transitus: dies., *Études sur le latin des chrétiens 1* (SeL 65), Roma 2. Aufl. 1961, 205–222 (EL 66 [1952] 37–52).

—, Le style oral du De sacramentis de saint Ambroise: dies., *Études sur le latin des chrétiens 3* (SeL 103), Roma 1965, 389–398 (VigChr 6 [1952] 168–177).

MORIN, G., Pour l'authenticité du De sacramentis et de l'Explanatio symboli de S. Ambroise: JLW 8 (1928; erschienen 1929) 86–106.

PETIT, F., Sur les catéchèses post-baptismales de saint Ambroise. A propos de De sacramentis IV, 29: RBen 68 (1958) 256–265.

PIÉDAGNEL, A., *Cyrille de Jérusalem: Catéchèses Mystagogiques*. Introduction, texte critique et notes d'A. PIÉDAGNEL, traduction de P. PARIS (SCh 126 [bis]), Paris 1988.

POTTERIE, I. DE LA, L'onction du chrétien par la foi: Bib. 40 (1959) 12–69.

PROBST, F., *Liturgie des vierten Jahrhunderts und deren Reform*, Münster 1893.

RAUSCHEN, G., Ps.-Ambrosii De sacramentis libri sex: *Monumenta eucharistica et liturgica vetustissima.* Digessit, vertit, adnotavit G. RAUSCHEN (FlorPatr 7), Bonn 2. Aufl. 1914, 98–141.

RILEY, H. M., *Christian Initiation. A Comparative Study of the Interpretation of the Baptismal Liturgy in the Mystagogical Writings of Cyril of Jerusalem, John Chrysostom, Theodore of Mopsuestia and Ambrose of Milan* (SCA 17), Washington, D.C. 1974.

RITTER, A. M., Arianismus: TRE 3, 692–719.

ROETZER, W., *Des heiligen Augustinus Schriften als liturgie-geschichtliche Quelle*, München 1930.

RÖNSCH, H., *Itala und Vulgata. Das Sprachidiom der urchristlichen Itala und der katholischen Vulgata unter Berücksichtigung der römischen Volkssprache durch Beispiele erläutert*, München 1965 (Marburg 2. Aufl. 1874).

SCHMITZ, J., *Gottesdienst im altchristlichen Mailand. Eine liturgiewissenschaftliche Untersuchung über Initiation und Meßfeier während des Jahres zur Zeit des Bischofs Ambrosius († 397)* (Theoph. 25), Köln 1975.

—, Nachwort: ZKTh 91 (1969) 589.

—, Zum Autor der Schrift „De sacramentis": ZKTh 91 (1969) 59–69.

SEIBEL, W., Fleisch und Geist beim heiligen Ambrosius (MThS.S 14), München 1958.

STUDER, B., Il sacerdozio dei fedeli in sant'Ambrogio di Milano (Rassegna bibliografica 1960–1970): VetChr 7 (1970) 325–340.

STUIBER, A., Doxologie: RAC 4, 210–226.

YARNOLD, E. J., „Ideo et Romae fideles dicuntur qui baptizati sunt". A Note on De sacramentis 1.1.: JThS.NS 24 (1973) 202–207.

REGISTER

Bibelstellen

ALTES TESTAMENT

Gen

1   22
1, 1–31   143
1, 2   211
1, 11f   119
1, 20f   119
1, 26f   177
2, 7.5–17   109
3, 1–6.15   125
3, 7   177
3, 19   38 109–111
4, 7   53
6, 3   213
6, 12 – 8, 12   213
6, 12 – 9, 17   95
14, 14–18   139
14, 18   157 241

Ex

4, 3f   245
7, 19–21   245
12, 11   87
12, 22   231
13, 21f   93 215
14   39
14, 9–12   93 215
14, 15–31   87
14, 21f   147 215 245
15, 10   215
15, 22–25   105 247
15, 23–25   147 215
16, 2–36   139 143
16, 13–15   239
16, 13–31   241
16, 33f   133
17, 1–7   54 159
17, 5f   243–245
30, 10   133

Lev

16, 2–34   133
19, 2   171

Num

17, 16–25   133

Jos

3, 15f   245
10, 12–14   99

Ri

6, 19–21.32   225

1 Kön

8, 27   171
18, 36–38   103 225 247

REGISTER

2 Kön

5, 1–14   85–87
5, 1–19   217
5, 14   221
6, 4f   251
6, 5f   247
6, 5–7   103 147

Ijob

1, 5   175
14, 4   129

Ps

1, 3   133
2, 7   117–119 175
4, 7f   49
7, 10   191
8   201
8, 2   171
8, 2.4–7   201
8, 7f   203
19, 2   171
23   63 163
23, 1f.4f   239
23, 1–5   163–165
24, 7f   233
29, 3   225
33, 6   211
33, 9   247
34, 9   253
43   63
43, 4   63 137 237
51, 9   137 231
69, 29   209
78, 25   241
80, 5.8.15.20   127
80, 9   167
103, 5   137 239
104, 15   253
110, 4   141
113, 4   171
116, 13   215
123, 1   199
133, 2   40 227
141, 3   191
148, 5   145

Spr

15, 1   193

Koh

2, 14   40 117 227

Hld

1, 2f   161
1, 3   40 227
1, 4   163 227
1, 5   231
4, 1–3   233
4, 7f   235
4, 10–12.16   249–251
4, 16   165
5, 1   165 253
7, 7f   235
8, 1f   235
8, 5   135 231
8, 6   51 183
8, 6f   237

Jes

1, 18   231
9, 5   99
11, 2   237
11, 2f   47 125
19, 20   101
26, 20   189
29, 13   189
33, 6   197

41, 4   157
44, 6   157
48, 12 157
58, 3–7 20
63, 1   233

Jer

15, 18 223

Klgl

4, 20   253

Sach

3, 3   233

Mal

2, 7   83 209
3, 1   83

NEUES TESTAMENT

Mt

1, 18   255
3, 10   251
3, 14f   89 121
3, 16   91
3, 16f   93
3, 17   225
6, 6   187–191
6, 9–13   169 199
9, 27–30 127
10, 16   225
11, 10   83
12, 22   127
15, 8   189

17, 2   231
18, 20   227
19, 26   197
20, 30–34 127
21, 14   127
24, 28   83 137
25, 26   169
25, 35–40 253
26, 26   249
26, 28   153 167
28, 19   31 103 107 113 221

Mk

1, 10   91
1, 10f   93
1, 11   225
7, 4   223
7, 19   173
7, 32–35   29–30 79
7, 32–37   209
7, 34   207
8, 22–25   127
9, 3   231
10, 27   197
10, 46–52   127
14, 22   249
14, 36   197

Lk

1, 35   215
1, 37   197
2, 14   173
3, 9   251
3, 22   91–93 213 225 233
7, 30   111
9, 29   231
11, 1   167
17, 21   171
17, 37   83 137
18, 35–43 127
22, 19   249

Joh

1, 17   159 215
1, 32f   223
1, 32–34   91
3, 4   253
3, 5   219
4, 14   159
5, 3f.6f   97–101
5, 4   221
5, 7   223
5, 37   225
6, 35   163
6, 35–58   173
6, 49   87 241
6, 49.58   151
6, 50f   243
6, 51   183
6, 51f.58   151
6, 53f.56   181
6, 55   181
6, 60–66   181
6, 68   181
9, 1–7   127
9, 6   18
9, 6f   129
9, 7   131
10, 38   211
11, 26   151
12, 32   163
13   42–44
13, 1–11   121
13, 4–14   43
13, 6   121
13, 8   44 121
13, 8–10   123 229
13, 14   44 229
14, 27   141
18, 17.25–27   113
18, 37   171
19, 31–34   159
19, 34   54 243
21, 15–18   113
21, 25   105

Apg

2, 1–4   107
4, 12   113
13, 33   117–119 175
17, 22–31   15

Röm

1, 20   211
4, 1–22   77
4, 11f.17f   241
6   38
6, 2   115
6, 3f   113
6, 4–11   221
6, 4–6   185
6, 6   115 185
6, 10   115 185
6, 15–23   219
8, 30   185
8, 31   179
12, 1   41
13, 12   175

1 Kor

1, 30   141
2, 9   135 219 239
9, 24f   81
10, 1f   93 215
10, 3f   253
10, 4   159
10, 4–6   243
10, 11   93
10, 17   53
11, 1   189
11, 24   249
11, 25f   153
12, 4–6.11   185
14, 22   99 107
15, 21   101
15, 44   253

2 Kor

1, 3   187
1, 21f   47 183 237
2, 15   79 135
2, 15f   207
4, 18   49 85 211
5, 17   145
9, 8   179

Gal

2, 19   115
4, 7   169

Eph

2, 5   169
3, 10   127
4, 5   97
5, 18   167
6, 11   179

Phil

2, 7   225
4, 3   209

Kol

1, 16   171
1, 18   117
1, 20   173
2, 12   113
2, 14   177
4, 3   191

1 Tim

2, 1   197
2, 1f   143
2, 5   101 145

2, 8   187 193
2, 9   195

Tit

3, 5   231
3, 5f   169

Hebr

1, 2f   181
7, 1–3   139
7, 2   241
7, 3   141 157 241
7, 17   141
9, 3f   133–135
9, 6f   133
13, 8   175

1 Petr

1, 12   135
2, 5   41
2, 9   41 135 229
2, 21   253
2, 22   89 121
3, 1–4   195
3, 20f   95

1 Joh

5, 8   32 219

Offb

1, 17   157
2, 8   157
3, 5   209
3, 11   137
22, 13   157 241

Personen

Augustinus 52 58

Bohl, H. 61
Borromeo, C. 46
Botte, B. 85 92–93 97 99 121 137 141 145 147 155 171 181 183 201 246

Caprioli, H. 28 47–48
Connolly, H. 8
Cyprian von Karthago 54
Cyrill von Jerusalem 14 30 32–35 38–40 58

Dassmann, E. 7 12 45
Dölger, F. J. 39 50 52 66

Egeria 65

Faller, O. 7–8 14 26 56 77 85 97 99 121 137 147 183 201 246

Gamber, K. 8–9
Gryson, R. 41 53 67 77

Hieronymus 58
Hippolyt von Rom 55
Hofmann, J. B. 123 137
Huhn, J. 45

Ignatius von Antiochien 53–54
Illert, D. 67

Jacob, C. 11 39 64–65
Johannes Chrysostomus 17 20 28 32 34–35 38–40 57
Jungmann, J. A. 52 59

Kirsten, H. 33
Klauser, T. 9
Kleinheyer, B. 37
Kretschmar, G. 30 38–39 64

Lanfranc 93
Lazzati, G. 9–11 13 77
Leclercq, H. 58

Madec, G. 18
Mauriner 7
Mesot, J. 21–22
Mirabella Roberti, M. 28 37
Mohrmann, C. 9 12–14 39 81

Nicetas von Remesiana 8

Paulinus von Mailand 24 60
Petit, F. 155
Philo von Alexandrien 39
Piédagnel, A. 14
Potterie, I. de la 47

Rauschen, G. 7
Ritter, A. M. 59
Roetzer, W. 16
Rönsch, H. 126 132

Schmitz, J. 9 15 19 22 28 30 53–55 57 60–63 65–67 77 155

Seibel, W. 42
Studer, B. 41
Stuiber, A. 59

Szantyr, A. 123 137

Yarnold, E.J. 76–77

Begriffe

abrenuntiare 82
altare 80 126 130 134–136 152 156–164 236–238
apertio 206
apertionis
    mysteria 74
    mysterium 206

baptisma 88 92–94 100–104 108–110 114 122 184 214 218
baptismum 74 86 90 102 108 110 128 206 222 228 254
baptisterium 132
benedicere 148 240
benedictio 244–248

catechumenus 218
consecrare 144 148–150 214 224 234 244
consecratio 88 142–146 246–248

ecclesia 98–102 158–160 164 168 182 200 218 226 230–240 248–252
    ecclesia Romana 120–122
episcopus 78
exorcismus 90

familia candidata 12 46 164

invocare 92 102 106 164 226
invocatio 90 106 124

lavacrum regenerationis 230–232
levita 80 84 108 208–210
lux mysteriorum 64 206

myrum 116

nomen dare 18 128

oblatio 148 152 202
offerre 78 122 138–140 152 156 172–174

paenitentia 128
pascha 86
peccata
    hereditaria 45 228
    propria 228
piscis 118
populus dei 158 166
praedicatio
    dominicae passionis 130
    (dominicae) crucis 35 214 216
presbyter 80 108 120
prex 90 106 224–226 244

regenerationis
  mysterium 218
  sacrarium 30 208
renuntiare 80 208–210 234

sacerdos 28 76–78 82–84 90
  106 114 120 124 132 138
  140–142 148–152 158 198
  208 216 224–226 240
  summus sacerdos 108 120
    132 152 208–210

sacerdotium 82 134 228
sacrificium 152 156 174 224
sancta sanctorum 30 208
sanctitas vestra 94 202
signaculum spirituale 47 50 124
  184 236

transitus 39 86

vestimenta candida 230–232

Sachen

Abrenuntiation 32–34 68 81–83
  209 235
Altar 33 52–54 59 81 127 131
  135–137 153 157–165
  237–239
Amen 60–61 95 151 155 179
  201–203 249
Anmeldung zum Empfang der
  Initiation siehe: Nomendatio
Apertio aurium siehe: Effata-
  Ritus
Arianer 59 187
Arkandisziplin siehe: Geheim-
  haltung

Baptisterium 25 28 30 37 51
  81 133 209
Basilika 25 28 37 51
Bischof 18–19 23–25 27–31
  34–35 37 40 43 47 59–60
  65 77–79 85 91 107–109
  115 121–125 143 149–153
  159 199 209–211
  217 227

Buße 20–21
Bußsakrament 51

Chrisam siehe: Myron

Diakon siehe: Levit
Doxologie
  am Ende von Katechesen 95
    155 179 203
  nach dem Vaterunser 59
    199–201

Effata-Ritus 28–30 77–79 207
Epiklese 30–31 47 57
Epiphanie 18
Eucharistie 51–63
Eucharistische Konsekration
  Konsekrationsworte 57 143
    149–151 173 247–249
  Wirkung 12 32 55 143–151
    159 173 181 245–249
Eucharistischer Kelch
  Bereitung 53–55 157–159
  Einzahl 53–54 157

Eucharistisches Hochgebet
  55–57
  Autor 55
  Entstehungsort 55
  Text 55–57 143 149 153
Exorzismus 23–24 30–31 91

Farbensymbolik
  weiß 46
Fasten 20–21
Firmung siehe: Siegelung mit
  dem Heiligen Geist
Fisch (als Symbol des Christen)
  119
Fußwaschung 43–46
  Bedeutung 43
  Einführung in Mailand 46
  Mysterium 44 121–123 229
  Ursprung 46
  Verteidigung 43 123
  Vollzieher 43 121
  Wirkung 44–45 125 229
  Zeichen der Demut 123–125
    229

Gabendarbringung 51–53
  Art der Gaben 52
  Ausschluß der Neophyten 51
    66–67
  Bedeutung 42 52
Gebetsordnung 10–11 153 167
  187–201
Geheimhaltung 10–11 25–26 28
  64 207 251
Geistliches Siegel siehe: Siege-
  lung mit dem Heiligen Geist
Gesang siehe: Kommunionge-
  sang
Glaubensbekenntnis
  siehe: Symbol

Handauflegung 24 37 49
Häretiker 17 25 48
Hoheslied 12

Karsamstag siehe: Samstag
Karwoche siehe: Woche vor
  Ostern
Katechesen, mystagogische
  63–68
  Bedeutung 66–68
  Zeitpunkt 64–66
Katechumenat 15–17
  Bedeutung 17
  Dauer 17
  liturgische Riten 16
  Unterweisung 15–17
  Verfall 16
  Zulassungsvoraussetzung 16
Kirche 51
Kommunion 59–63
  Art des Empfangs 60
  Bedeutung 62
  Häufigkeit 58 61 153 175
  Ort der Spendung 59
  Spendeformel 60–61 151
  Spender 60 151
  Wirkung 62 151–153 163
    167 173–175 183
    241–243 249 253
Kommuniongesang 63
Kompetentenzeit 17–28
  Buße 20–21
  Dauer 17
  Rückgabe des Symbolums
    27–28
  Skrutinien 23–24
  Sündenbekenntnis 19–20
    129
  Übergabe des Symbolums
    24–27 68
  Unterweisung 21–23 207
  Zulassungsvoraussetzung 19
Königtum der Gläubigen 41–42
  133–135 229

Kontaktkonsekration 54
Kreuzzeichen 16 25–26 40 47
 49 185 193 219–221

Levit 32–34 36–37 43 60 81
 85 109 209–211
Licht der Sakramente 64–65 131
 207

Mailändische Liturgie 33 46
Myron 40 42 117
Mysterien der Juden 85 95
 139–141

Nomendatio 17–19
 Art und Weise 18
 Bedeutung 19 129
 Termin 18

Öffnung der Ohren und der
 Nase siehe: Effata-Ritus
Osten 20 34 38 53 57 59 61
 175 209
Osterfest
 Ankündigung 18
Osternacht 18 28 51 59 63
Ostersonntag 52 65
Osterwoche 64–65

Pascha 38–39 87
Presbyter 32 34 36–37 43 81
 109 121 133 209
Priester siehe: Presbyter
Priestertum der Gläubigen
 41–42 133–135 229

Quadragesima 17–18 21

Redditio symboli siehe: Kompetentenzeit
Rituale Romanum 30
Rom 11 20 27 43 76–77
 121–123

Sakramente der Juden siehe:
 Mysterien der Juden
Salbung
 postbaptismale 40–42 115
  135 183–185 227
 präbaptismale 32 81
Samstag
 im Laufe des Jahres 20
 vor Ostern 28 77
 während der Quadragesima 20
Schismatiker 17
Schriftlesung, liturgische 21–22
 42 95 113 121 125–127 185
 187 207 217 229 237–239
Siegelung mit dem Heiligen Geist
 46–51
 Bedeutung 49
 Ritus 47 49 125
 Verpflichtungen 50–51
 Wirkung 48–50 125
  183–185 237
Sonntag
 nach Ostern 65 67
 vor Ostern 24 68
 während der Quadragesima 20
Sündenbekenntnis vor der Taufe
 siehe: Kompetentenzeit
Symbolum
 als Schutzmittel 27
 Rückgabe siehe: Kompetentenzeit
 Text 26–27
 Übergabe siehe: Kompetentenzeit

Taufaufschub 17 129
Taufbrunnen 31 34 36–37
    39–40 81 85–87 91 107–111
    117–121 125 131 185 223
    229 255
    Durchzug durch 39 87
Taufe 34–39
    Bad 35–39 111–119 185
    Bekenntnis 35 68 111
        221 227
    Termin 18 28
    Ursprung 35 101
    Wesen 35 38 111–119
        185 219–221
    Wirkung 19 38–39 45 48
        66 85 91 95 99 105 113
        119 123 129–133 137
        145 161–163 169 207
        213–215 219 223
        229–235 253–255
Taufen
    der Heiden 97 223
    der Juden 95
Taufeucharistie siehe: Eucharistie
Taufkleid 46 165 231
Taufwasser
    Weihe 30–32 89–91 105–107
        211 215–219 223 227
    Weihegebet 30–31 35 91
        107 131 215–217

Traditio symboli siehe: Kompetentenzeit

Unterweisung siehe: Katechumenat, Kompetentenzeit

Vaterunser
    Bedeutung 58
    Erklärung 10 169–177 199
    Text 58 167–169
Vor-Bilder
    der Eucharistie 12 127
        139–141 145–147 151
        157 239–247 253
    der Kirche 101 219
    der Taufe 10 12 87 93–95
        99–105 211–217 221–227

Weißes Kleid siehe: Taufkleid
Westen 33 53 55 57 61 209
Woche vor Ostern 21–22 68

Zahlensymbolik
    drei 35

Der bahnbrechende
Gesamtentwurf
ganzheitlicher Theologie

Neue Summe Theologie

Herausgegeben von
Peter Eicher

3 Bände mit insgesamt
1448 Seiten:
Band 1: Der lebendige Gott
Band 2: Die Neue Schöpfung
Band 3: Der Dienst der Gemeinde
ISBN 3-451-20694-3

„Diese Theologie bleibt nicht in den Sternen, sondern bereitet auf Schritt und Tritt den Boden des Lebens. Im besten Sinne: eine sehr ernsthafte, hilfreiche und kurzweilige Neue Summe Theologie" (Pfr. Dr. W. Friedberger in: Anzeiger für die Seelsorge).

„Diese Summe atmet ökumenischen Geist. Sie widersetzt sich autoritärem Wahrheitsverständnis und doktrinärer Unterwürfigkeit" (Nürnberger Zeitung).

„Schon jetzt gilt, daß ein sehr wichtiges, ein sehr lesenswertes, ein auf dem Stand heutigen theologischen Denkens stehendes theologisches Werk die Literatur bereichert" (Wolfgang Beinert, nach Erscheinen des 1. Bandes in: Theologischer Literaturdienst).

Verlag Herder Freiburg · Basel · Wien